생사학총서 4

자살위기 개입의 실제
자살예방 '생명지킴이' 양성

自殺危機にある人への初期介入の実際
自殺予防の「ゲートキーパー」のスキルと養成

후쿠시마 기요코(福島喜代子) 지음

양정연 옮김

이 저서는 2012년 정부(교육부)의 재원으로 한국연구재단의 지원을 받아
수행된 연구임(NRF-2012S1A6A3A01033504)

● ● ●

안타깝게도 일본은 자살이 아주 많은 국가입니다. 오늘 하루도 일본의 여러 지역에서 70~80명이나 되는 사람들이 자살로 목숨을 잃고 있을 것입니다.

1998년 이후, 연간 3만 명의 사람들이 자살을 시도하고 있지만, 자살에 대한 대처 노력은 지금까지 제한된 것이었습니다. 생명의 전화나 자살방지센터 등의 민간단체의 활동과 직무상 대응해야 하는 정신보건복지의료 관계자들만이 진심으로 활동해온 과제라고 말할 수 있을 것입니다. 2012년이 되어서야 겨우 자살자 수가 3만 명 이하로 떨어졌다고는 하지만, 아직도 매년 많은 사람들이 자살로 목숨을 잃고 있다는 사실에는 변함이 없습니다.

2006년에 자살대책기본법이 시행되면서, 자살예방은 국가적으로 대처해야하는 과제로 명시되었습니다. 지역에서 자살예방을 위한 활동이 장려되고, 각 지자체에 '자살대책 담당자'를 배치하도록 되었습니다. 각지에 계몽을 위한 포스터를 붙이고, 책자가 배포되고, 우울증 등을 경험했던 유명인사의 강연회가 개최되고, "자살을 예방합시다"라고 호소하게 되었습니다. 이것은 제가 원래 생각했던 움직이었습니다. 그러나 저는 "어떻게 하면 자살을 예방할 수 있을까"에 대해서 전할 기회도 없이 "자살을 예방합시다"라는 말을 듣게 된다면, 지역 사람들이 곤란해 하지 않을까 하는 생각이 들었습니다. 여기에서 말하는 지역 사람들이란 복지, 보건의료, 교육, 사법, 노동 등 상담기관 전문가를 비롯해 민생위원·아동위원, 보건사나 정신보건 봉사자 등을 포함한, 여러 다양한 부류의 사람들을 말합니다.

어떠한 전문가라도 자살 위기에 놓여 있는 사람이 "영원히 자살을 하지 않도록" 지원하는 것은 어렵습니다. 그러나 자살 위기에 놓인 사람을 마주했을 때, 보다 효과적이고 적절하다고 여겨지는 지원방법에 대해서는 일정한 이해가 있습니다. 그러한 방법이 보다 많은 사람들에게 전달되어야 하는 것은 아닐까를 생각하였습니다.

저는 사회복지사(지역을 기반으로 한 상담원조 전문가)입니다. 사회복지사는 인간의 복지 증진이나 사회 변혁 등을 목표로 하는 전문직입니다. 자살이 사회적으로 큰 문제가 되고 있는 현재, 저는 전문성을 살릴 수 있는 범위에서 제 자신이 할 수 있는 것을 노력하고 싶다는 생각을 하였습니다. 저는 사회복지사인 동시에 대인원조기법이나 훈련을 전문으로 하는 연구자이자 교육자입니다. 그래서 자살위기에 놓인 사람들을 접할 기회가 많은 사람들에게 필요한 지식과 기술을 전할 수 있는 연수방법(워크숍)을 개발하고 확산시킨다는 생각을 하고 있습니다.

제가 이 활동을 시작하자고 결심했을 때부터 중요하게 여겨 왔던 것이 두 가지 있습니다. 하나는 저 혼자서 할 수 있는 일은 한정되어 있기 때문에, 같은 분야에 관심을 갖고 활동하는 동료를 늘리는 것이고, 또 하나는 경험이나 직감에 의거한 것이 아니라 학술적인 근거에 의거한 내용의 워크숍을 제공하기 위한 노력을 한다는 것이었습니다.

2007년도부터 '자살위기 초기개입 연구회'라는 모임을 주재하며 활동하기 시작하였고, 2009년 가을부터 전국각지에서 워크숍을 개최하기 시작하였습니다. 그리고 워크숍을 개최할 때마다 참가하는 분들로부터 평가를 받았던 것이 활동의 원동력이 되었고, 부족한 점에 대해서는 개선을 거듭해 왔습니다. 기쁜 점은 한 번 워크숍을 개최되었던 지역에서 그 후에도 다시 기획되거나 몇 차례나 불러주는 경우가 많다는 점입니다. 며칠 전에도 1년 만에 다시 불러준 지역에서, 워크숍 참가자가 "직장 선배가 1년 전에 이 워크숍에 참가한 뒤에, 두어 명의 지역분이 자살하는 것을 막았다고 들었습니다. 저도 마찬가지로 지식과 기법을 배우고 싶어서 이번 워크숍에 참가하였습니다"라고 말씀하셨습니다. 참가형의 색채가 강한 워크숍이기 때문에 1회에 20명(최대 24명)밖에 참가할 수 없다는 제약이 있었음에도, 2014년 11월말까지 4년 넘게 전국적으로 대략 440회의 워크숍이 개최되었고 누계 약 8,800명의 사람들이 워크숍에 참가하셨습니다.

● ● ● ●

우리는 "참가형의 실천적인 연수가 아니면 습득할 수 없다"는 신념에서 참가형태로 소수를 대상으로 하는 워크숍을 제공하고 있습니다. 가능한 한 많은 사람들에게 워크숍을 제공할 수 있는 체제를 만들기 위하여, 워크숍 강사도 양성하고 있습니다. 워크숍에 참가한 경험이 있는 사람이 강사양성연수에 참가하면, '인정강사'가 될 수 있습니다. 인정강사가 2명이면 교재를 받고, DVD를 대출받아서 워크숍을 개최할 수 있게 됩니다. 이렇게 확대시킬 수 있는 활동을 하려고 하고 있습니다.

지금도 우리는 워크숍에 참가해야만 전달해드릴 수 있는 것이 있다는 확신을 하고 있습니다. 또한 이미 참가해주셨던 최일선의 보건사나 사회복지사들이 바로 그러한 사실을 실감하고 있기 때문에, 워크숍 개최가 확대되고 있는 것은 아닌가 생각합니다. 그렇기 때문에 당초에 이 책을 집필하는 것에 대해 주저하기도 했습니다.

그러나 시간적인 제약이 있는 워크숍으로는 전달할 수 없는, 워크숍 내용 근저에 있는 사고방식이나 근거를 문장화하는 것에 의의가 있다고 생각하게 되었습니다. 또 이 책의 출판을 권해주시고 편집에 도움을 주신 아카시서점 모리모토 나오키 선생님으로부터 "책을 읽음으로써 정보를 얻고자 하는 사람도 있지 않을까요?"라는 말을 듣고 마음이 움직였습니다. 연간 3만 명 가까운 자살자 수를 조금이라도 줄이기 위해서는 한 사람이라도 많은 사람들에게 자살위기에 놓

● ● ● ●

인 사람을 만났을 때, 초기개입으로 무엇을, 어떻게 하면 좋을지를 알려주는 것이 의의가 있다고 생각하게 되었습니다. 우리는 지역에서 자살위기에 있는 사람들이 "자살밖에 없다"고 믿고 궁지에 내몰린 상태로부터 "자살하지 않아도 될 것 같다", "살아갈 의미가 있을 것 같다"라고 생각하는 상태로 전환하도록 지원해줄 수 있는 동료를 늘려가고 싶습니다.

　책을 통해서 전달해줄 수 있는 것은 실천적인 연수를 통해서 얻을 수 있는 것과 비교할 때 한계가 있습니다. 그래도 이 책이 조금이나마 현장에서 진심으로 지원을 필요로 하는 사람들과 마주 대하고 있는 모든 사람들에게 도움이 되었으면 좋겠습니다.

2013년 5월

후쿠시마 기요코

목 차

서언 / 3

제1장
자살의 현 상황   13
1. 연간 자살자 수: 약 3만 명   15
2. 하루 자살자 수: 약 76명   16
3. 자살률: 인구 10만 명당 연간 22명   17
4. 자살률: 전 세계적으로도 매우 높은 편, 미국의 약 2배,   18
   영국이나 이탈리아의 약 4배
5. 교통사고 사망자 수의 약 6.3배   20
6. 자살자는 고연령층에 많다   20
7. 20세부터 39세의 젊은 층에서 사망원인 1위는 자살   21
8. 동반 자살 등으로 사망하는 어린이 :   21
   매년 30~70명, 3년간 약 150명
9. 자살은 남성의 비율이 단연 높다   23
10. 배우자가 없는 사람의 자살률이 높다   24
11. 자살한 사람의 대부분은 동거자가 있었다: 25
   남성 약 70%, 여성 약 80%
12. 직업이 없는 사람의 비율이 높다: 전체의 3분의 2   26
13. '도와 달라'고 말할 수 없는 사회   27

제2장

생명지킴이 양성의 필요성   33

1. 생명지킴이란   35
2. UN(국제연합)과 자살예방   36
3. 자살대책기본법, 자살종합대책대강   38
4. 자발적인 워크숍 참가자   39
5. 자살예방 대책의 효과   41
6. 외국 여러 나라의 자살예방 연수, 생명지킴이 양성 연구   48
7. 일본의 대책   59
8. 연수의 필요성   60

제3장

자살위기 초기개입 스킬   69

제1절 초기개입의 핵심   71

1. 자살에 관한 생각이나 신념을 확인한다   72
2. 신호를 알아차린다   78
3. 신뢰관계를 구축한다   87
4. 놓여있는 상황을 파악한다   98
5. 자살 위험성을 측정한다   102
6. 안전 확보·지지하는 동료와 연결한다   115
7. 팔로우업   139

제2절 커뮤니티 차원의 대처   144

1. 다층적 개입   144
2. 과음을 억제한다   145
3. 언론보도의 적정화   145
4. 커뮤니티 만들기와 활동   146
5. '연결하기' 실천과 '다면적으로 지원해 가는' 체제 만들기   148
6. 정신의료 서비스의 이용   149

제4장

자살위기 초기개입의 실제　　　　　　　　　　155

1. 신뢰관계의 구축　　　　　　　　　　　　　158
2. 놓여 있는 상황 확인　　　　　　　　　　　181
3. 위험성을 측정한다　　　　　　　　　　　193
4. 안전을 확보·의지할 수 있는 동료에게 연결한다　203
5. 팔로우업　　　　　　　　　　　　　　　　214

제5장

워크숍 개발과 강사 양성의 경위　　　　　　221

1. 워크숍 개발의 배경　　　　　　　　　　　223
2. 워크숍의 개발 방법　　　　　　　　　　　225
3. 자살위기 초기개입 스킬 연구회　　　　　　226
4. 문헌연구(해외, 국내문헌을 조사)　　　　　229
5. 시범 워크숍의 실시　　　　　　　　　　　229
6. 워크숍 참가자용 텍스트의 개발　　　　　　230
7. 시각 교재의 개발　　　　　　　　　　　　234
8. 강사 양성의 배경　　　　　　　　　　　　235
9. 강사용 교재 개발　　　　　　　　　　　　236
10. 강사양성 연수회　　　　　　　　　　　　239
11. 각 지역으로 확산　　　　　　　　　　　　239

제6장

자살위기 초기개입 스킬 워크숍의 구조와 내용　241

1. 워크숍의 특징　　　　　　　　　　　　　243
2. 워크숍의 구조　　　　　　　　　　　　　245
3. 워크숍의 구성　　　　　　　　　　　　　252

4. 워크숍의 제공 방법   254
5. 워크숍 참가로 상기하게 되는 것들   265
6. 워크숍 참가 후에 안타까운 결과가 발생한다면   269

제7장

워크숍 강사   273
1. 강사와 그룹워크 경험   275
2. 역할극이란   276
3. 자살위기에 있는 사람의 역할극 부담   277
4. 참가자와 강사의 위치관계   278
5. 역할극의 원활한 진행을 위해서   279
6. 역할해제   285

제8장

워크숍의 효과 검토   287
1. 서론   289
2. 방법   291
3. 결과   297
4. 고찰   305

마지막으로 / 317
역자 후기 / 321

제1장

자살의
현 상황

자살위기 개입의 실제

일본의 자살의 현 상황에 대해서는 보다 많은 사람들이 알 필요가 있다고 생각합니다. 많은 사람들이 많은 자살이 일어난다는 사실을 알고, 사회적인 과제로 인식하여 "어떻게든 해야 한다"고 생각할 필요가 있다고 생각하기 때문입니다. 여기에서는 몇 가지 통계수치를 바탕으로 자살의 현 상황을 정리하도록 하겠습니다.

1. 연간 자살자 수: 약 3만 명

일본의 연간 자살자 수는 1983년과 1986년에 2만 5,000명을 넘은 적이 있었지만, 1997년까지는 대부분이 2만 5,000명 미만이었습니다. 그것이 1998년에 단번에 3만 명을 넘어버린 것입니다. 1997년부터 1998년의 1년 간, 자살자 수만 8,400명 이상, 비율로 계산하면 34.7%나 증가하였습니다. 그 후, 연간 자살자 수는 3만 명 이상의 높은 수준을 유지하고 있습니다.

경찰청 통계에 따르면, 2011년의 자살자수는 30,651명이었습니다. 동일본을 휩쓸었던 미증유의 대지진 이후, 자살자는 일시적으로 감소할 것이라고 예상되었고, 실제로 전년도와 비교해서 감소(3.3%)하였습니다. 그리고 2012년에는 16년 만에 3만 명 이하로 떨어져 27,858명이 되었습니다(内閣府・警察庁, 2013). 그래도 여전히 높은 수준입니다. 매년 3만 명 전후의 사람들이 자살로 목숨을 잃고 있기 때문에, 2000년 이후 13년간 무려 약 40만 명 이상이 자살로 목숨을 잃었습니다. 이것은 도쿄도 시나가와구(東京都 品川區)의 인구

를 넘는 숫자입니다. 근래 13년간 도쿄의 특별구 하나 이상의 인구
가 자살로 사라져버린 셈입니다.

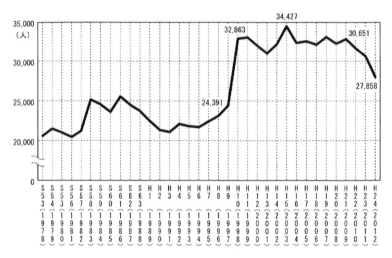

자료: 內閣府·警察庁 「平成23年中における自殺の状況」
(平成23年(2012년) 경찰청 자살자 통계원표 데이터를 바탕으로 내각부가 작성)

〈그림 1-1〉 자살자 수의 추이

2. 하루 자살자 수: 약 76명

일본의 1일 자살자 수는 약 76명입니다. 이것은 2012년 자살자 수
(27,858명)를 365일로 단순히 나눈 숫자입니다. 2011년까지 이 숫
자는 1일 80명을 넘었습니다. 지금 이 책을 읽는 순간부터 꼭 24시
간이 지난 내일 같은 시간까지 그 사이에 일본 전국에서 약 80명의

사람들이 자살로 목숨을 잃고 있는 것입니다.

일반인이 일상생활 중 자살에 대한 내용을 접하는 것은 언론보도로 한정되어 있을 것입니다. 언론보도에서 거론되는 것은 전체에서 극히 일부입니다. 실제로는 우리의 눈에 보이는 것보다 훨씬 더 많은 사람들이 자살로 목숨을 잃고 있습니다.

조금 엉뚱한 비교라고 생각할지 모르겠지만, 초등학교 학급과 비교하면서 생각해보면 좋을 것입니다. 초등학교의 한 학급당 아동 수는 평균 25.2명입니다(文部科学省, 2012). 단순히 계산한다면, 매일 평균 규모의 초등학교 약 세 학급에 상당하는 인원수가 자살로 사망하는 것입니다.

3. 자살률: 인구 10만 명당 연간 22명

자살이 많다는 것은 자살률에서도 나타납니다. 자살률은 인구 10만 명당 연간 자살자 수로 나타냅니다.

일본의 2011년 자살률은 인구 10만 명당 23.9명이었습니다. 2012년의 자살률은 조금 더 내려가서 21.8명이 되었지만 여전히 높은 수준입니다(內閣府·警察庁, 2013).

이 값은 지역별로 자살률의 차이를 알 수 있는 기준이 됩니다. 전국 평균은 10만 명당 22명이기 때문에, 인구가 약 5만 명인 시에서 평균과 같은 자살이 발생한다면, 자살률은 11명입니다. 인구 5만 명인 시에서 연간 자살자가 22명이 발생한다고 한다면, 자살률은 전국 평균의 약 2배가 되는 것입니다. 한편 인구 100만 명인 현에서 연간 자살자 수가 220명이라면 평균적인 자살자 수입니다. 자살자 수가 그 이상이 되면, 해당 현의 자살률은 전국 평균보다 높아지고, 반대로 자살자 수가 감소하면 전국 평균보다 적은 것이 됩니다. 인구 10만 명인 지자체에서는 평균적으로 1년에 22명, 최근 10년간 220명의 사람이 자살로 목숨을 잃은 것으로 됩니다.

2012년에 자살률이 높았던 현(자살률이 27.0이상)은 야마나시(山梨)현, 니이가타(新潟)현, 아키타(秋田)현, 고치(高知)현, 미야자키(宮崎)현이었습니다. 자살률이 낮았던 현(자살률이 19.0미만)은 교토(京都)부, 가가와(香川)현, 가나가와(神奈川)현, 나라(奈良)현이었습니다(內閣府·警察庁, 2013).

참고로 경찰청의 도도부현(都道府県) 단위의 통계는 자살 발생지 기준의 계상으로, 자살자의 거주지와는 일치하지 않는다는 특징이 있습니다. 후지산(富士山)의 산림을 감싸고 있는 야마나시현은 그 영향 때문에 자살률이 높게 나오는 경향이 있는 것 같습니다. 가장 인구가 많은 도쿄(東京)도는 자살률이 낮은 편이지만, 매년 3,000명 전후의 사람이 자살로 사망하고 있습니다(內閣府·警察庁, 2013).

4. 자살률: 전 세계적으로도 매우 높은 편, 미국의 약 2배, 영국이나 이탈리아의 약 4배

일본의 자살률은 전 세계적으로도 매우 높습니다. WHO(세계보건기구)의 자료를 기준으로 내각부가 실시한 국제비교에서는 세계에서 8번째였습니다. 일본보다 자살률이 높은 국가는 리투아니아, 한국, 러시아, 벨로루시, 가이아나, 카자흐스탄, 헝가리 등 동유럽을 중심으로 한 국가들이었습니다(內閣府, 2012).

따라서 일본의 자살률은 선진 7개국 중에서는 가장 높습니다. 선진국의 자살률은 프랑스 16.3(2007년), 독일 11.9(2006년), 캐나다 11.3 (2004년), 미국 11.0(2005년), 영국 6.9(2009년), 이탈리아 6.3(2007년) 입니다. 이것을 보면, 일본의 자살률이 미국의 약 2배, 독일이나 이탈리아의 약 4배에 이른다는 것을 알 수 있습니다. 선진국 중에서 이만큼 자살률이 높다는 것을 어떻게 받아들일 수 있을까요? 역시 사회적으로 대처해갈 필요가 있는 것은 아닐까요(內閣府, 2012).

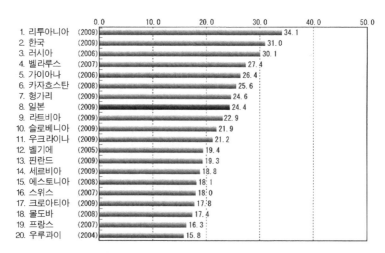

자료: 세계보건기구자료에서 내각부 작성

〈그림 1-2〉 외국의 자살사망률

5. 교통사고 사망자 수의 약 6.3배

교통사고 사망자 수는 오랫동안 정책적으로 대처했기 때문에 해마다 감소해 왔습니다. 2009년, 실제로 57년 만에 연간 교통사고 사망자 수가 5,000명 이하로 떨어졌고, 2012년에는 4,411명이었습니다. 국가적 차원의 시책효과가 나타나 사망률이 꾸준히 감소하고 있습니다(警察庁, 2013).

한편, 자살에 대해서도 정책적인 대처가 이뤄지고 있는데도 불구하고 자살자 수가 눈에 띄게 감소하고 있다고 볼 수는 없습니다. 단순히 계산하면, 자살자 수는 교통사고 사망자 수의 약 6.3배에 이릅니다. 향후 자살자 수도 정책효과가 나타나 교통사고 사망자처럼 감소되기를 바랍니다.

6. 자살자는 고연령층에 많다

자살자 수를 연령별로 보면, 60대가 가장 많아서 전체의 17.9%를 차지하고 있고, 다음으로 50대(16.8%), 40대(16.6%), 30대(13.6%)로 이어집니다. 70대는 13.1%, 80세 이상이 8.7%로 고령자가 꽤 높은 비율을 차지하고 있다는 것도 특징입니다(内閣府·警察庁, 2013).

일본은 초고령화 사회에 들어섰습니다. 향후 고령자는 수나 비율 모두 더욱 늘어날 것입니다. 그래서 전체 자살률이 어느 정도 떨어진다고 해도 고령자의 자살자 수는 늘어날 가능성이 있습니다. "이미 고령이기 때문에 자살 따위는 하지 않을 것이다"라는 생각은 틀린 것입니다. 그렇기 때문에, 고령자의 복지보건의료서비스에 관련된 사람들도 그러한 가능성이 있다는 것을 전제로 하여 지원을 해나갈 필요가 있습니다.

7. 20세부터 39세의 젊은 층에서 사망원인 1위는 자살

일본인의 사망원인 순위에서 자살은 암, 심장 질환, 폐렴, 뇌혈관 질환, 노쇠, 불의의 사고의 뒤를 이어 7위입니다(厚生労働省, 2012b).

그러나 20세부터 39세까지의 젊은 층에서는 자살이 사망원인 1위입니다. 2011년 후생노동성의 인구통계에 따르면, 이 연령층에서는 1년간 7,297명이 자살로 목숨을 잃었습니다. 이외에도 10세부터 14세까지는 74명, 14세부터 19세까지는 509명이 자살로 목숨을 잃었습니다(후생노동성, 2012b).

이와 같이 비교적 젊은 사람들이 사망했을 때, 가장 큰 원인은 자살일 가능성이 높습니다.

8. 동반 자살 등으로 사망하는 어린이 : 매년 30~70명, 3년간 약 150명

자살이 아동학대와 관련되어 있다는 것을 알고 계시는지요? 실은 연관성이 굉장히 높습니다. 일본에서는 아동학대로 인해 매년 30~70명의 어린이들이 목숨을 잃고 있습니다. 그뿐만 아니라, '아동학대'라는 말의 이미지에 맞지 않을지 모르겠지만, 학대로 인해 목숨을 잃은 어린이의 절반 정도는 부모 등 가족의 자살(혹은 자살미수)에 휘말려 목숨을 잃고 있습니다.

2010년 4월부터 2011년 3월까지 1년 동안에 98명의 어린이들이 부모 등 가까운 친족의 손에 의해 목숨을 잃었습니다. 그 중 부모 등 근친자의 자살(자살미수도 포함)에 휘말려 목숨을 잃은 어린이는 47명이었습니다(厚生労働省, 2012a). 2008년 4월 이후 3년 동안 '동반 자살'에 의한 것과 별도로 분류되고 있습니다(厚生労働省, 2010; 厚生労働省, 2011; 厚生労働省, 2012a).

어린이들은 어른의 보호를 필요로 합니다. 그러나 어린이는 부모를 선택할 수 없습니다. 어린이를 보호하는 입장인 부모가 신체적·심리적·사회적으로 내몰려 있을 때, 어린이는 자기 나름대로 열심히 부모를 지탱해주려고 합니다. 만약 부모가 자살에 내몰리는 상황으로 되지 않았더라면, 만약 부모가 자살이외의 수단을 선택했더라면, 이 어린이들은 목숨을 잃지 않아도 되었을 것이라고 생각하면 너무나도 슬퍼집니다.

부모가 무언가로부터 내몰렸다는 기분이 들고 다른 수단을 찾을 수 없다고 생각했을 때, 자신의 아이를 자살에 끌어들이는 것을 '동반 자살'이라는 말로 미화해서는 안 됩니다. 어린이 입장에서 보면, 앞으로 남은 기나긴 인생에서 여러 가지 경험을 할 수도 있는데, 어느 순간 타인의 손에 의해 목숨이 끊어졌다고 하는 사실입니다. 이러한 슬픈 경험을 하는 어린이를 한 명이라도 줄이기 위해서라도 자살 그 자체를 예방할 필요가 있다고 생각합니다.

9. 자살은 남성의 비율이 단연 높다

자살자 성별로는 남성의 비율이 단연 높습니다. 남성은 자살자 전체의 약 70%를 차지하고 있습니다. 그 중에서도 중장년 남성의 비율이 눈에 띄게 높습니다(內閣府·警察庁, 2013). 여성보다 남성의 자살자 비율이 높은 것은 세계적으로도 일반적인 현상입니다. 그리고 남성, 특히 중장년 남성의 특징은 자발적으로 도움을 구하지 않는다는 점입니다. 해외에서도 남성은 스스로 도움을 구하려 하지 않는 경향이 강하다고 하며, 이것에 대해 어떻게 하면 좋을지에 대한 시행착오가 계속되고 있습니다. 남성의 자살예방에 대해, "이렇게 하면 효과가 있다"라고 하는 단순한 대응책은 아직 발견되지 못한 상태입니다.

자살에 대한 종합적인 대처로서, 일본에서는 시즈오카현 후지시(静岡県富士市)에서 전개되었던 중층적인 활동, '후지 모델'이 높은 평가를 받고 있습니다. 후지 모델의 상징은 "아빠, 잠 잘 자고 있어?"라고 여학생(중고생)이 아빠에게 말을 거는 일러스트가 그려진 자살예방 포스터입니다(松本, 2011). 이 포스터는 ① 대상을 자살자 수가 가장 많은 중장년 남성에게 맞추고 있다는 점, ② 자살과 관련이 깊은 '불면'에 초점을 맞추고 있다는 점, ③ 주위 사람의 상징으로서 이미지하기 쉬운 '딸'을 등장시킨다는 점, ④ 딸 등 주위 사람들이 "걱정하고 있다"는 것을 언동으로 표현하는 것을 장려하고 있다는 점, 그리고 ⑤ "잠 잘 자고 있어?"라는 쉽게 말을 걸 수 있는 문구를 구체적으로 예시하고 있다는 점 등이 뛰어납니다. 이 포스터의 구도는 다른 도도부현에서도 인용할 수 있도록 채택되어 장려하고 있는데, 이러한 활동도 의의가 있는 것입니다.

10. 배우자가 없는 사람의 자살률이 높다

자살자 중에서 남성의 비율이 높은 것은 앞의 항목에서도 설명하였습니다. 자살률도 남성이 더욱 높습니다. 여성의 자살률이 14,9인 것에 비해 남성의 자살률은 39.6로 높습니다. 배우자의 유무로 보면, 배우자가 있는 사람에 비해 없는 사람의 자살률이 높은 경향을 보여줍니다(內閣府, 2012).

여성이고 배우자가 있는 사람의 자살률은 11.4입니다. 그리고 배우자가 없는 사람을 3가지 유형으로 나눠 분석해보면, 미혼 여성 자살률은 14.8, 사별을 경험한 경우는 22.8, 이별로 인한 경우는 34.8입니다. 사별한 여성의 자살률이 가장 높은 연령층은 30대였으며 (67.2), 이별한 여성의 자살률이 가장 높았던 연령층은 20대였습니다(54.4).

남성도 배우자가 있으면, 자살률이 28.5정도입니다. 배우자가 없는 사람의 자살률은 미혼 남성의 경우 43.6, 사별한 남성의 경우 76.3

인 것에 비해 이별한 남성의 경우는 163.1로 급격하게 올라갑니다. 사별한 남성의 자살률이 가장 높았던 연령층은 30대였으며(199.2), 이별한 남성의 자살률이 가장 높았던 연령층은 50대였습니다 (184.0).

남성과 여성을 비교하면, 남성 자살률이 높고 그 중에서도 사별이나 이별을 경험한 남성의 자살률이 높다는 것을 알 수 있습니다. 배우자를 잃은 사람에게 주의를 기울일 수 있는 사회를 만들어갈 필요가 있습니다. 또한 그러한 경험을 한 사람이 지원을 받을 수 있는 '장소 만들기'가 필요합니다(內閣府, 2012).

11. 자살한 사람의 대부분은 동거자가 있었다: 남성 약 70%, 여성 약 80%

앞의 항에서도 언급했듯이, 자살률은 1인 가구이거나 이별, 사별을 경험했다면 높아진다고 합니다. 그러나 자살자 전체로 보면 동거자가 있는 사람의 비율이 훨씬 높습니다(內閣府, 2012).

여성의 경우, 전체에서 76.6%가 동거자가 있던 상태였습니다. 19세 이하의 경우에는 90.2%가 동거자가 있었습니다. 동거자가 있던 비율이 가장 높은 것은 50대 여성으로 82.2%였지만, 그 외의 연령층에서도 70% 이상의 동거율을 확인할 수 있었고, 80세 이상의 여성에서도 72.1%가 동거자가 있었습니다(內閣府, 2012).

남성의 경우, 전체에서 67.3%가 동거자가 있는 상태였습니다. 19

세 이하인 경우에는 87.3%가 동거자가 있었습니다. 동거자가 있는 비율은 20대부터 60대까지 64%~67% 사이였고, 70대에서는 74.6%, 80세 이상 연령층에서는 79.7%가 동거자가 있는 상태였습니다(內閣府, 2012).

이처럼 자살한 사람의 대부분에게 동거자가 있었다는 점에서 동거자가 있다는 것만으로는 자살을 막을 수가 없다는 사실을 알 수 있습니다. 또 자살한 사람 중에는 가족 등 가까운 사람에게 결코 신호를 보내지 않았던 것은 아닌가 하고 생각되는 사람도 있습니다. 그러한 사람도 가족 이외의 사람에게는 어떤 신호를 보내고 있었다는 것이 사후에 알려지는 경우가 있습니다. 이러한 점에서 지역 내에서 자살의 신호를 알아차리려고 노력하는 사람이 많이 늘어날 필요가 있다고 생각합니다.

12. 직업이 없는 사람의 비율이 높다: 전체의 3분의 2

자살자를 직업 유무로 본 경우, 직업이 있는 사람보다는 직업이 없는 사람의 비율이 높습니다. 무직자(학생 등은 포함하지 않음)는 자살자 전체의 59%(16,651명)를 차지하고 있습니다. 무직자의 구성으로는 '연금·고용보험 등 생활자'가 자살자 전체의 22.4%(6,235명), '실업자'가 5.0%(1,404명)이었습니다. '주부'도 7.1%(1,968명)로 일정 비율을 차지하고 있었습니다. 또한 학생은 자살자 전체의 3.5%(971명)를 차지하고 있는데, 그 비율이 증가하는 경향을 보이고 있습니다.

한편, 직업이 있는 사람의 경우, 피고용자·직장인이 전체의 26.6%(7,421명)이고, 자영업·가족 종사자는 8.3%(2,299명)였습니다. 매년 약 1만 명의 직장인이 자살로 목숨을 잃고 있는데, 직장이나 일과 관련된 사람들이 받는 충격 또한 클 것이라고 생각됩니다.

자살자 수를 줄이기 위해서는 '남성 사회' 속에서 자살 문제에 대해 관심을 갖고 무엇인가 해보려고 하는 사람을 늘려 가는 것, 그리고 지역 내 1인 가구 남성 등을 포함하여 '[그들을] 염려하는' 사회 만들기가 필요하다고 생각합니다.

13. '도와 달라'고 말할 수 없는 사회

일본은 고도 경제성장이 끝난 후, 경제적으로 안정되지 않은 생활을 하고 있는 사람들이 많습니다. 한편, 저출산·고령사회로 변해가면서 한 세대당 수도 적어졌습니다. 따라서 가족이나 친척이 서로 의지하는 경향도 약해졌습니다. 국세조사에 따르면, 가구당 평균수가 가장 적은 곳은 도쿄의 2.03명이고, 다음은 홋카이도(2.21명), 가고시마(2.27명), 오사카(2.28명)순이었습니다(総務省, 2011).

그러한 가운데, 객관적으로 봐도 '곤란한' 상태여서 타인에게 도움을 요청하면 좋을 것 같은 사람들이지만, 스스로는 '도와 달라'고 말하지 않거나 말하기 어려운 사회로 되어버린 것은 아닐까요?

예를 들면, NHK 클로즈업 현대 취재연구팀이 정리한『도와 달라고 말할 수 없다-지금 30대에게 무엇이(助けてと言えない―いま30代に何が)』(文藝春秋, 2010)는 기타큐슈(北九州) 방송국과 후쿠오카(福岡) 방송국의 감독들이 취재한 내용입니다. 혹독하고 희망이 보이지 않는 어려운 상황 속에서 생활하고 있는 30대 젊은이들의 모습이 수록되어 있습니다. 영상을 보고 생각하게 된 것은 객관적으로는 내몰린 상태에 있다고 하더라도 스스로를 타이르는 "자기책임"이라는 말 때문에, "도와 달라"는 말을 계속해서 하지 않으려는 젊은이들의 모습이 실감나게 부각되어 있었다는 것입니다.

또 NHK '무연사회 프로젝트' 취재연구팀이 정리한『무연사회-무연고 사망자 3200명의 충격(無緣社會-"無緣死三万二千人の衝撃")』(文藝春秋, 2010)에는 연령에 관계없이 사람과의 인연을 끊은 사람들이 많다는 것을 분명하게 보여주고 있습니다. 여기에는 중장년층이 되어서 조용히 사망한 사람들의 모습도 수록되어 있습니다. 그리고 누구와도 인연을 맺지 않은 채 많은 사람들이 죽어가는 사회의 모습이 부각되어 있습니다.

저는 2009년부터 2010년에 걸쳐, 어느 노인양호시설에서 20일 정도를 통근하며, 그곳에서 생활하는 사람들로부터 이야기를 들을 수 있는 기회가 있었습니다. 노인양호시설이란 노인복지법 제 20조 2항에 규정된 노인복지시설입니다. 원칙적으로 신체·정신상 또는 환경상의 이유와 경제적인 문제를 갖고 있지만 스스로 일상생활이 가능한 고령자가 입소하는 시설입니다. 전국에 900개소 이상이 있으며 14만 명 이상의 사람들이 생활하고 있지만, 특별노인양호시설

(개호노인복지시설)과 달리 그다지 알려지지 않는 시설이라고 생각합니다.

입소자 한 사람 한 사람에게서 자세한 이야기를 들었는데, 대부분의 사람들이 젊었을 때부터 열심히 일을 해왔다고 합니다. 그 중에는 일본의 유명한 기업에서 일했던 사람도 있었습니다. 또한, 일본의 유명한 건축물 현장에서 일했던 것을 자랑스럽게 말하던 사람도 있었습니다. 많은 사람이 끝까지 일하고 싶다는 의욕을 갖고 있었음에도 불구하고, 고령자라는 이유로 일을 구할 수 없게 되었고 노숙자 경험을 하게 되었던 것입니다. 이야기를 나누었던 수십 명 중 게으른 성격 때문에 일을 하지 않으려고 한 것은 아닐까 라고 생각되는 사람은 없었습니다. 연금의 지불을 위한 수속이 충분하지 못해서 충분한 연금을 받을 수 없던 사람은 많았지만, 일할 수 있음에도 불구하고 무직으로 지내왔을 것 같은 사람은 없었습니다.

일부는 평생 미혼이었습니다. 반면 기혼인 사람들은 대개의 경우, 어떤 사정으로 가족·친척과 갈등이 생겨서 관계가 단절되었거나 연락이 된다고 하더라도 그 관계가 매우 약한 경우였습니다. 가족·친척과의 갈등의 대부분은 자신의 문제라기보다는 회사의 부도, 지인의 빚보증 등 경제적인 타격을 주는 사건을 계기로 생긴 것이었습니다. 그 결과, 관계가 단절된 후에는 이쪽의 연락처를 알고 있어도 장례에 불러주지 않거나 전화를 하더라도 끊어버리는 경험이 있었던 사람들이 많았습니다. 호적이 말소된 사람도 있었습니다. 그러한 상태임에도 불구하고 대다수의 사람들이 고향에 대해 이야기하고 고향에 있는 친척들에 대해 이야기해 주었습니다. 이 분들의 경우, 지금은 노인양호시설에서 의식주의 불편함이 없는 생활을 하고 있습니다. 그 사실이 이야기를 듣는 저에게는 위안이었습니다.

가장 곤궁했을 때, 그들 가운데 대부분의 사람들은 스스로 "도와 달라"는 말은 하지 않았다는 태도를 보였습니다. 일을 찾지 못한 채 노숙생활 또는 노숙에 가까운 상태를 이어가다가 몸 상태 등으로 인해 보호를 받게 되었고 최종적으로 노인양호시설에 오게 된 사람들이 많았습니다. 그 중에는 내몰려서 자살시도를 했던 경험을 말해주는 사람도 있었습니다.

우리 사회가 비교적 간단하고 쉽게 다른 사람과의 관계를 잃어버리는 것은 아닐까요? 그리고 타인과의 관계를 잃어버렸을 때, "도와 달라"고 말할 수 없는 사람이 많은 것은 아닐까요? 이와 같은 사회에서는 의식적으로 '관계 재구축'을 해나갈 필요가 있는 것이 아닐까요? 우리 워크숍에서는 이러한 사회적 배경에 대한 이해를 중요하게 하고 있습니다.

[참고·인용문헌]————————
警察庁(2013) 「平成24年中の交通事故死者数について」
厚生労働省(2010) 「子ども虐待による死亡事例等の検証結果について(第6次報告)」
厚生労働省(2011) 「子ども虐待による死亡事例等の検証結果について(第7次報告)」
厚生労働省(2012a) 「子ども虐待による死亡事例等の検証結果について(第8次報告)」
厚生労働省(2012b) '2011년 인구통계'
松本晃明(2011) 「うつ自殺を止める＜睡眠＞からのアプローチ' ちくま新書」
文部科学省(2012) 「平成22年度 学校基本調査」
內閣部(2012) 「平成24年版 自殺対策白書」
內閣部·警察庁(2013) 「平成24年中における自殺の状況」
NHKクローズアップ現代取材班 編著(2010) 「助けてと言えないーいま30代いなにが」

　　　　文藝春秋
NHK「無縁社会プロジェクト」取材班 編著(2010)「無縁社會-'無縁死三万二千人の衝撃'」
　　　　文藝春秋
総務省(2011)「平成22年 国勢調査」

자살위기 개입의 실제

제2장

생명지킴이
양성의 필요성

자살위기 개입의 실제

1. 생명지킴이란

자살예방 생명지킴이란 지역에서 자살 위기에 처해져 있는 사람에게 초기개입을 하여, 자살을 미연에 막는 사람을 말합니다. 그래서 자살 위기에 처해 있는 사람과 접할 기회가 많은 사람이 지역에서 생명지킴이 역할을 해주기를 기대하고 있습니다.

생명지킴이 양성은 1960년대 후반에 미국 필라델피아주에서 최초로 시작되었습니다. 문헌에는 1971년에 슈나이더 의사가 "Bulletin of Suicidology"에서 보고한 것이 최초인 것으로 되어 있습니다. 또 1980년대 초에는 캐나다의 임의의 민간단체와 앨버타주의 위원회가 협동으로 생명지킴이 양성 프로그램을 개발하였습니다. 캐나다에서 개발된 이 양성 프로그램을 국내외에 널리 보급하고 있는 Living Works 이외에 Question Persuade and Respond, Yellow Ribbon International for Suicide Prevention등의 단체를 통하여 강사를 양성하는 프로그램과 함께 양성 프로그램이 구미에서는 현재 상업적으로 이용이 가능하게 되어 있습니다(Isaac et al., 2009).

이와 같이 생명지킴이 양성은 국제적으로 널리 이뤄지고 있습니다. 일본에서도 2006년 자살대책기본법 제정 이후, 생명지킴이 양성이 자살대책의 중요한 요소로 자리 잡게 되었습니다. 2011년 말에는 생명지킴이를 GKB로 표기한 내각부의 포스터 광고방법이 국회나 언론으로부터 비판을 받은 적도 있었습니다. 우리는 포스터 작성에 일체 관여하지 않았지만, 일련의 소동이 발생한 후에 생명지킴이라는 말에 대한 인지도가 상승하였고, 우리 연구회에도 이전보다 더 넓은 다양한 층으로부터 문의가 오기 시작하였습니다.

2. UN(국제연합)과 자살예방

UN은 1996년에 'UN자살예방 가이드라인'을 승인하고, 그 후 "Prevention of Suicide: Guidelines for the Formulation and Implementation of National Strategies(자살예방 : 국가 전략의 책정과 실시를 위한 가이드라인)"를 출판하였습니다. 가이드라인에서는 자살예방을 위한 다양한 차원으로 개입이 이뤄져야 할 필요성이 지적되었습니다. 국가 차원의 법률제정이나 시책의 추진, 언론 대응, 지역 차원의 주민 계발활동, 자살 위험성이 높은 사람들에 대한 지원, 자살 미수자에 대한 직접적인 지원 등의 활동을 해야 한다는 점도 지적되었습니다. 그 중에서 '생명지킴이를 위한 훈련 프로그램 만들기'도 이뤄져야 하는 활동항목 중 5번째에 표기되어 있습니다(United Nations, 1996).

핀란드는 이 가이드라인을 바탕으로 활동을 시작하였고 자살의 감소라는 성과를 거뒀습니다. 이미 25개의 국가나 지역에서 대처 활동이 이뤄지고 있습니다.

그 후 UN은 2012년에 *Public Health Action for the Prevention of Suicide*(『자살예방을 위한 공중위생활동』)를 정리하고 발표하였습니다.

국가차원에서 자살예방의 전략적인 대책을 개발하기 위해서는 ① 관련된 기관·단체 및 사람들을 명확하게 하는 것, ② 자살과 관련된 상황분석을 시행하는 것, ③ 필요한 그리고 이용 가능한 사회자원을 명확하게 하는 것, ④ 정치적인 책임을 얻는 것, ⑤ 스티그마(편견)에 대한 대처, ⑥ 계발활동을 하는 것 등을 단계적으로 진행하는 접근방법을 제창하고 있습니다.

UN은 자살예방을 위한 전략적 활동에 필요한 요소로서, ① 정책목표의 명확화 ② 위험인자와 보호인자의 명확화 ③ 효과적인 개입방법 도입 ④ 일반인을 대상으로 하는 자살예방 대책(자살수단에 접근이 용이하게 이뤄지는 것을 제한, 과도한 음주 등을 자제하는 것을 자살예방활동의 일환으로 요청, 언론의 적절한 보도 지원) ⑤ 자살 위험성이 높은 사람들을 대상으로 하는 자살예방 대책(생명지킴이 양성, 지역 전체적인 활동 강화, 유가족을 비롯한 남겨진 사람들에 대한 케어) ⑥ 개인차원의 자살예방 활동(정신질환을 앓고 있는 사람, 자살 미수자에 대한 케어) ⑦ 정확한 통계와 조사연구 ⑧ 모니터와 평가하기 등을 거론하고 있습니다.

이와 같이 생명지킴이 양성은 주요 요소 중 하나라고 할 수 있습니다. UN에서는 "생명지킴이는 지역민들과 계속적으로 관계를 맺는 사람으로서, 많은 경우(절대조건은 아니지만) 전문가로서 활동하는 사람을 말한다"라고 하고 있습니다. 생명지킴이 양성은 지속적으로 실시되어야 하며, 또한 실시과정을 지속적으로 모니터링 및 평가해야 한다는 점, 전문가 양성 커리큘럼에 생명지킴이 양성을 추가하는 것이 이상적이라는 점, 생명지킴이 양성을 자살예방과 관련된 여러 가지 서비스의 개발이나 질적 향상과 동시에 협동하여 진행해야 한다는 점이 지적되고 있습니다(United Nations, 2012).

〈표 2-1〉 주요 생명지킴이(UN, 2012의 표를 바탕으로 한 후쿠시마(福島) 번역)

- 1차 의료 종사자(지역 보건의료기관 종사자)
- 정신보건복지의료서비스 종사자
- 구급구명서비스 종사자
- 교사 및 교육기관 직원
- 커뮤니티의 리더
- 경찰관이나 경찰 관계기관 종사자
- 군(軍) 종사자
- 사회복지서비스 종사자
- 종교관계 지도자
- 전통적인 치유서비스 종사자

3. 자살대책기본법, 자살종합대책대강

앞에서 언급했지만, 일본에서도 2006년에 자살대책기본법이 책정되고, 2007년에는 '자살종합대책대강'이 각의결정 되었습니다. 정부는 2016년까지 2002년 자살사망률의 20%이상 감소시키는 것을 목표로 삼고 있습니다. 자살률은 인구에 따라 변동하지만, 목표 달성을 위해서는 자살자 수가 2만 5,000명 이하로 되어야 할 것으로 보입니다. 자살종합대책대강에서는 세 번째 항목으로 "초기대응의 중심적 역할을 맡을 인재(생명지킴이)의 양성"을 들고 있습니다. 이 자살종합대책대강에서는 "초기대응의 중심역할을 맡을 인재(생명지킴이)"로서 ① 주치의 ② 교직원 ③ 지역보건 관계자나 산업보건 관계자 ④ 개호지원 전문인 등 ⑤ 민생위원·아동위원 등 ⑥ 사회적 요인과 관련된 상담원이 구체적인 대상으로 거론되어 있습니다.

이와 같이 국가도 의사·보건 관계자 등 의료보건 전문직뿐만 아니라 교직원 등 교육현장에 있는 사람이나 개호지원 전문인, 민생위원·아동위원, '사회적 요인과 관련된 상담원' 등 지역복지의 중심 역할을 맡고 있는 인재들까지 생명지킴이로 상정하고 있습니다.

참고로 자살종합대책대강은 2012년 가을에 개정되었지만 '초기 대응의 중심적 역할을 해낼 인재(생명지킴이) 양성' 항목은 그대로 남아 있습니다. 계속해서 필요한 대책의 하나로 자리매김하고 있습니다.

4. 자발적인 워크숍 참가자

저자가 근무하는 학교(루터학원대학)에서 제공하고 있는 자살위기 초기개입 기법 워크숍은 모든 사람들에게 개방되어 있습니다. 한편 지방에서 강사로 초빙되어 개최된 워크숍은 그 지역의 자살대책 담당자가 개최 안내 배부처를 검토하고 참가자를 모집하고 있습니다. 어느 곳이나 참가가 강제적으로 이뤄지는 곳은 거의 없습니다.

이러한 가운데, 지금까지 다양한 입장에 있는 사람들이 워크숍에 자발적으로 참가하고 있습니다. 참가자들은 스스로가 "자살위기에 있는 사람과 접할 기회가 있었다" 혹은 "앞으로 그러한 기회가 있을지 모른다"라고 자각하고 있는 사람들입니다. 많은 사람들이 지식과 기법을 얻기 위해서 우리 워크숍에 참가하고 있습니다.

지금까지 참가한 분들이 주로 갖고 있는 자격이나 입장은 다음과 같이 표로 정리하였습니다. 이와 같이, 다양한 입장에서 여러 가지 자격을 갖고 있는 사람들이 자살위기에 처해 있는 사람들을 위해 초기개입의 지식을 얻으려고 참가하고 있습니다.

〈표 2-2〉 워크숍 참가자의 직종이나 자격 종류

1. 보건사	17. 병원 사회복지사(MSW), 특히 구급병원 사회복지사
2. 정신보건복지 상담원, 정신과 사회복지사(PSW), 정신보건복지사	18. 간호사
3. 사회복지사	19. 자살예방에 관한 전화상담 자원봉사자
4. 개호지원 전문인(케어 매니저)	20. 공무원(특히 생활보호 담당자, 아동 상담소 직원)
5. 임상심리사	21. 산업 카운슬러
6. 의사, 특히 정신과의, 산업의	22. 민생위원·아동위원
7. 개호복지사, 홈 헬퍼(Home helper)	23. 목사, 승려
8. 사회복지시설 상담원, 지도원, 유료요양원의 상담원	24. 자살자 유가족
9. 사법서사, 변호사, 법 테라스(역자 주: 일본사법지원센터) 직원	25. 학생(대학생)
10. 소비생활센터 상담원	26. 경찰관(생활안전과 등)
11. 헬로워크(Hello Work, 고용센터) 직원, 청년 서포트 스테이션(Youth Support Station, 청년 구직 지원 센터) 상담원	27. 정신보건 자원봉사자, 경청 자원봉사자
12. 교원	28. 복지기기 판매 사업자
13. 학교 상담교사	29. 다중채무 관련 상담원
14. 소방대원, 구급대원	30. 암 자조 모임 기관
15. 약사	* 자격과 직종 등이 섞인 표가 되었습니다. 양해바랍니다.
16. 작업치료사	

5. 자살예방 대책의 효과

자살예방은 한 사람 한 사람의 자살을 방지하는 것과 동시에 자살률이나 자살자 수의 감소를 목적으로 하고 있습니다. 자살예방 대책의 효과를 검증하기 위해서는 본래 자살률의 증감을 검증해야 합니다. 자살률이란 인구 10만 명당 발생하는 자살자 수입니다. 자살은 큰 사회문제이긴 하지만 인구 10만 명당 자살률은 연간 수 명에서 수십 명입니다. 자살률이 높은 일본에서도 인구 10만 명당 24명 전후입니다. 그렇기 때문에 자살률의 추이를 검토하기 위해서는 꽤 많은 인구를 대상으로 개입을 한 후에 효과검토를 하는 것이 필요합니다.

또한 자살률 증감에는 여러 가지 요인이 영향을 줍니다. 경기 동향, 고령화 등 인구의 연령구성 변화 등이 큰 영향을 준다고 합니다. 특정 대책이나 프로젝트 도입의 효과만을 측정하는 것은 매우 어렵고 거의 불가능에 가깝다고 합니다. 그래서 사실상 자살예방의 효과 검증에는 상당히 곤란한 점이 동반됩니다.

그렇다고 하더라도 특정 커뮤니티에서 자살률이 감소했다고 인정되고 있는 활동이 있는데, 여기에서 몇 가지 대표적인 활동을 소개하겠습니다.

(1) 스웨덴의 섬에서 모든 일반의(GP)를 대상으로 한 연수

1980년대, 스웨덴 고틀란드(Gotland)라는 인구 6만 명이 채 안 되는 섬에서 조사가 시행되었습니다. 섬의 일반의(GP=General Practitioner : 섬에서 의료 서비스를 받으려고 하는 사람이 먼저 진료를 받게 되는 의

사) 18명 전원을 대상으로 우울증과 자살에 관한 2일간의 연수가 진행 되었습니다. 연수는 사례에 대한 강의와 토론으로 구성되었습니다. 자살의 실태, 증상, 병인, 고령자의 우울증상, 정신요법, 가족과 우울증 등이 다방면으로 포함된 연수였습니다. 연수 이외에 참가자가 자택에서 읽을 수 있는 참고문헌도 배포되었다고 합니다.

프로젝트의 결과, 이 섬에서는 연수 전과 비교해서 연수 후의 자살률이 통계적으로 유의하게 감소되었습니다. 일상기(baseline)에 인구 10만 명당 19.7이었던 것이 평가기에 7.1로 낮아졌습니다. 참고로 이 효과는 연수가 진행된 3년 후에 소멸했고, 자살률은 연수 전 수준으로 회복되었다는 것도 확인되었습니다. 팔로우업(follow-up) 때의 인구 10만 명당 자살률은 16.1이었습니다(Rutz, von Knorring & Walinder, 1992).

이 연구에서 자살자와 접할 기회가 많은 일반의(GP) 전원이 자살예방에 관한 연수를 수강했던 것이 효과가 있었다는 것을 알 수 있습니다. 한편, 연수 효과는 영속적인 것이 아니라(주: 섬의 일반의는 전근 등으로 인해 3년 동안 어느 정도 교체가 이뤄졌습니다.)는 것도 밝혔습니다. 즉, 한 번 자살감소 효과가 보였던 지역이라도 지속적으로 연수를 실시할 필요가 있다고 할 수 있습니다.

(2) 미국 공군의 리더 역할 모델과 지역개입을 강조한 활동

미국 공군에서 공군 커뮤니티 전체에 대한 자살예방 프로젝트도 효과가 확인되어 있습니다. 이 프로젝트는 1996년에 시작되어 그 후에도 지속적으로 실시되고 있는 공군 프로젝트입니다. 공군 인원은 대략 35만 명 전후입니다(주: 미국이 직접 전쟁에 관여되어 있는 정도에 따라 공군 인원은 증감합니다).

이 프로젝트는 자살예방에 관해 리더를 역할 모델로 하는 것과 지역에 다층적인 개입을 하는 것이 강조된 것이었습니다. 이 프로젝트에서는 정신질환이나 자살문제를 단순한 의학적 문제로 파악하고 있는 것을 바꿔 '커뮤니티 문제'로 파악하여 활동할 수 있도록 방침을 전환하여 그것을 구현하였습니다. 구체적으로 11가지 중심이 되는 내용이 거론되어 있습니다. 주된 것을 요약하여 소개해보면, ① 상층부의 자살 프로젝트에 대한 이해와 지지, 상층부로부터 프로젝트에 포함되어 있는 각종 연수 등에 참가할 것을 정기적으로 권장하는 것, ② 일반연수에 자살예방 연수가 포함되어, 전 군인이 배우고 있는 것, ③ 매년 공군 및 종업원을 대상으로 연수를 제공하는 것, ④ 지휘관은 정신보건 서비스 이용에 대한 가이드라인에 대한 연수를 수강하고, 부하가 초기에 도움을 요청할 수 있도록 권장하는 역할을 명확하게 하는 것, ⑤ 정신보건복지 서비스 이용이나 자살위기에 처해 있는 것에 대한 정보가 그러한 상태에 있는 사람에게 불리하게 작용하지 않도록 배려하는 시스템과 규칙 만들기, ⑥ 지역의 예방적 서비스 장려와 추진, ⑦ 군인과 그 가족의 생활의 질이나 커뮤니티의 문제를 파악하여 해결할 수 있는 체계 형성 등이었습니다. 프로젝트 도입 전 십수 년간 그리고 도입 후 십수 년간 합계 27년간을 비교한 결과, 자살률이 통계적으로 유의하게 떨어졌다는 것이 확인되었습니다. 프로젝트 전의 자살사망률이 1년당 자살률로 단순 환산하면 인구 10만 명당 12.132에서 9.548로 하락하였습니다.

더구나 이 프로젝트에서 2년간 공군과 관련된 군인 및 종업원의 90%가 생명지킴이 양성 연수를 수강하였습니다. 생명지킴이 양성 연수는 LINK 프로젝트라고 명명되었습니다. 알아차리는 것, 위험을 평가하는 것, 이어지는 자원을 알고, 연결되는 전략을 갖는 것이 강조된 연수입니다. 코호트 조사 결과, 1990~1996년과 1997~2002년을 비교하면, 자살에 관한 위험성이 33% 떨어졌습니다. 자살뿐만 아니라 타살, 가정 내 폭력(중간 정도와 심각한 정도의 폭력), 그리고 사고사도 유의하게 감소되었다고 보고되고 있습니다(Konx et al., 2010; Konx et al., 2003; SAMHSA's National Registry of Evidence-based Programs and Practices).

이 연구에서 자살을 단순히 의학적인 문제로 파악하는 것이 아니라, 커뮤니티 전체의 문제로 파악하여 다층적인 대책을 취하는 것이 유효하다는 것이 시사되고 있습니다. 커뮤니티나 조직 속에서 사회적 지위가 높은 사람에게도 역할이나 지위에 알맞은 적절한 연수가 제공되어, 조직 구성원 전체가 자살예방에 대한 공통인식을 갖는 것, 연수가 폭넓게 지속적이고 정기적으로 제공되는 것, 조기에 정신보건복지 서비스를 이용하는 것이 가능하도록 시스템 개선이 이뤄지는 것 등에 의의가 있다는 점을 이해할 수 있습니다.

또한 우르트 등(Oordt et al., 2009)은 미국 공군의 자살예방 연수 효과에 대한 연구보고를 하고 있습니다. 하루의 절반인 12시간에 걸쳐 제공되는 연수는 평가에 4시간, 대처와 치료에 4시간, 공군 특유의 과제 대응, 팔로우업, 고위험자에 대한 지속적인 지원 등에 4시간이 소요됩니다. 연수에서는 공군 자살예방 가이드라인 책자가 배포되고, 18가지의 추천 사항이 있는데, 파워포인트를 이용한 강의, 역할극, 패널 토론 등으로 제공되었습니다. 조사 대상은 82명의 정신보건복지 전문가(박사 수준의 임상심리 기술자가 50%에 가깝고, 박사 또는 석사 수준의 사회복지사가 4분의 1, 정신과의가 10% 조금 넘음)와 간호사, 정신과 사무 전문가가 포함됩니다. 전체의 43%는 자살예방에 대한 연수를 수강한 경험이 전혀 없거나 또는 거의 없는 상태였습니다. 사회인이 된 후에도 자살예방에 관한 연수를 수강했던 경험이 없는 비율은 42%였습니다. 그럼에도 불구하고 93%가 자살시도가 있었던 사람을 지원했던 경험이 있었습니다.

그 후, 절반에 해당하는 41명이 팔로우업 조사에 응답하였습니다. 그 결과 44%가 평가에서 자신감이 증가한 것으로 나왔습니다. 54%가 자살시도를 했던 사람에 대처하는 자신감이 증가하였습니다. 그리고 83%가 자살시도를 하였던 사람의 실천 방법을 바꿀 수 있었다는 결과가 나왔습니다.

미국 공군에서는 중층적인 자살예방 프로그램을 실시하고 그 중에서도 자살예방 연수는 공군 종사자 중 90%가 수강하고 있습니다. 그 덕분에 전체적으로 원래 낮았던 커뮤니티 자살률이 더 낮아지는 결과를 얻었습니다. 커뮤니티 속에서 많은 사람들이 강의 형식에 그치는 것이 아닌 실천적인 연수를 받았던 것이 효과가 있다는 것을 보여줍니다.

(3) 미국 대학에서의 자살예방 프로그램

미국 대학에서 자살예방의 효과가 있다고 알려진 활동이 보고되고 있습니다.

조프(Joffe, 2008)는 학생 수 약 4만 명인 일리노이 대학의 자살예방 프로그램에 대한 결과를 보고하였습니다. 우선 이 대학에서는 1976년부터 1983년 사이에 19명이 자살로 사망하였다는 사실이 기록으로 확인되었습니다. 10만 명당 6.9명의 자살률입니다. 미국의 15세부터 24세의 자살률은 10만 명당 12.5명인데, 이 수치와 비교해보면 일리노이 대학의 자살률은 낮은 편입니다. 자살한 사람의 68%가 정신과 진료를 받고 있었지만, 대학 상담센터의 사회복지사나 임상심리기술자의 지원을 받고 있던 학생은 겨우 1명이었습니다.

그래서 당초 대학에서는 자살 신호를 보내거나 자살미수 경험이 있던 학생들에게 대학 상담센터를 이용할(주: 사회복지사 또는 임상심리기술자의 개별면접을 받을) 것을 대학 교직원에게 주지시켰습니다. 3개월간 실제 이용자 수는 늘어나지 않았습니다. 대부분의 학생은 자살미수 행위를 부정하거나 "완전히 회복되었다"고 주장하였고, 면접예약을 하지 않거나 예약을 해도 오지 않았습니다.

그래서 프로젝트에서는 자살시도를 보이는 언동에 대해 명확한 기준을 주지시켰습니다. 교직원에게는 기준에 부합되는 학생은 모두 보고하도록 하였습니다. 그리고 자살시도의 가능성이 있는 언동이 있었을 때, 그 학생이 사회복지사 또는 임상심리기술자와 4회에 걸쳐 면접을 받도록 의무화하였습니다. 특히 첫 번째 면접은 반드시 자살시도 언동 혹은 퇴원 후 일주일 이내에 실시하도록 하였습니다.

면접은 평가를 중심으로 진행되었습니다. 자살에 대한 생각, 의도 그리고 자살수단의 입수에 대해 평가를 합니다. 그 후 자살시도 언동을 한 상황이나 환경, 학생의 생각, 감정을 재구축하는 지원을 합니다. 학생의 성장이력 등을 청취하고 대학의 자살예방에 관한 방침을 확인해 나갑니다. 학생이 "자살하는 것은 자신의 권리이다"라고 주장하더라도 대학은 '권리'라는 의견에 동의하지 않고 대응합니다.

이 프로젝트의 변경 포인트는 자살시도를 보이는 언동 판단기준에 합치된 언동이 있다면, 같은 대응을 하는 것으로 결정했다는 것입니다. "이 학생은 실제로는 죽을 생각이 없었다" "이 정도의 양을 복용하는 것으로는 죽지 않기 때문에, 죽을 의도는 거의 없었던 것이 틀림없다" 등 2차적인 해석(주: 많은 경우 위험성을 축소시키는 해석)을 매개로 하지 않고, 일정 기준을 충족하는 언동이 있다면, 교직원에게 보고하도록 주지시키고, 어떠한 내용이라도 기준을 충족시키면 같은 대응이 이뤄지도록 하였습니다.

학생의 재적수가 연평균 3만 6,000명인 대학에서 그 후 21년간 2,017건의 자살위기 사례에 대응하였고, 실제 자살자 수는 29명이었습니다. 일리노이대학에서 본 프로그램 도입 전 8년간과 도입 후 21년간의 자살률을 비교해 보면, 자살률은 인구 10만 명당 6.91에서 3.78로 낮아졌습니다. 또 유사한 프로그램을 실시하지 않았던 인근의 11개의 대학과 도입 전 4년간과 도입 후 6년간의 자살률을 비교한 결과, 일리노이대학에서는 자살률이 7.89에서 2.00으로 낮아진 것에 비해 인근의 11개 대학에서는 자살률이 7.07에서 8.68로 상승하고 있었습니다.

이와 같이, ① 자살을 암시하는 언동을 관계된 사람이 마음대로 "실제로는 죽을 생각은 없었다. 또는 두 번 다시 죽지는 않을 것이다" 등과 같이 판단하지 않고, 전 교직원이 놓치지 않고 동일한 대응을 하는 것, ② 사회복지사나 임상심리기술자와 면접을 4회 의무화하는 것, ③ 면접에서는 자살 생각, 의도, 수단과 학생의 성장이력 등을 판단하는 것에 중점을 두는 것, ④ 면접 가운데 학생의 생활환경, 학생의 자살시도에 관한 생각이나 감정을 보다 긍정적으로 재구축하는 지원을 하는 것을 시스템으로 확립한다면, 대학 등에서 자살이 감소할 가능성이 높을 것이라는 점을 시사해줍니다.

6. 외국 여러 나라의 자살예방 연수, 생명지킴이 양성 연구

지금까지 실시되어 온 자살예방 연수, 생명지킴이 양성의 선행연구에는 여러 가지가 있습니다. 여기에서는 대표적인 활동을 소개하고자 합니다.

(1) 유럽의 STORM 프로그램에 관한 연구
– 보건의료 전문가를 대상으로 하는 생명지킴이 양성 프로그램
유럽에서 실시되는 STORM이라는 자살예방에 관한 프로그램에 대해서는 다각적인 연구가 진행되고 있습니다.

영국에서는 정신보건 관계자 모두가 자살 위험 평가와 관리에 대한 연수를 받아야 한다는 지침을 국가에서 제시하고 있습니다. 그래서 STORM(Skill's Training on Management) 프로그램이 개발되었습니다.

STORM은 사회학습 이론을 그 이론적 토대로 하고 있고, 역할극과 비디오 교재를 이용한 연수입니다. 또 자살에 대한 태도에 대해서도 연수에서 다뤄집니다. 지식전수뿐만 아니라 역할극 등을 통해 수정을 시도하는 연수를 하는 것이 특징입니다. 그 근저에는 사람은 자신의 생각이나 신념(주: 여기서는 자살과 관련된 생각이나 신념)이 잘못되었다는 것을 알았을 때, 그 잘못에 대해 자기 수정을 하고 실천 속에서 응용하고서야 그 사람의 몸에 배게 된다는 생각이 있기 때문입니다. 자신의 생각이 잘못되었다는 것을 아는 것만으로 연습을 하지 않으면 불안이나 초조함으로 이어진다고 지적하고 있습니다.

모리스 등(Morriss et al.,1999)의 연수에는 정신보건전문교육을 받지 않은 간호사나 자원봉사 관계자 등 26명이 임의로 참가했습니다. 연수는 주 1회 2시간 세션을 4주간 실시하는데, 그 내용은 평가, 위기관리, 문제해결, 위기재발 예방에 대한 것이었습니다. 연수방법은 교육 비디오 시청 후, 역할극을 통해 상담원조기술의 행동 리허설을 행하는 것이었습니다.

이 연구에서는 연수 효과를 측정하기 위해 참가자의 역할극을 비디오 촬영(사전·사후·비교군)하여 평가하고, SIRI-2라는 자기기입식 척도를 이용한 평가를 하고 있습니다. 그 결과, 연수 참가 후의 사람들이 자살 의도나 계획을 묻는 것, 적절하게 문제를 해결하는 것,

장래 자살하고자 하는 생각이 강해졌을 때 대처하는 것 등의 항목에서 유의한 개선을 보였습니다. 또 SIRI-2척도의 점수가 개선되었고, 자살위기에 처한 사람을 대응할 때의 자신감도 위험평가, 위기 방지, 자살시도자에 대한 대처에 유의한 개선을 보였습니다(Morriss et al.,1999).

이 STORM은 여러 곳에 제공되고 있습니다. 애플비 등(Appleby et al., 2000)은 영국의 인구 약 13만 명의 주에서 응급병원, 내과, 정신과를 중심으로 하는 병원에 근무하는 의사, 간호사, 사회복지사 전원을 대상으로 STORM 연수를 제공하였습니다. 참가대상자(359명)의 약 절반인 167명이 참가하였습니다. 연구 제공방법은 유연하게 직원의 근무시간에 맞춰서 6시간 혹은 8시간(정신과 영역 관계자 대상)이 제공되었고, 103명이 전 시간 참가하였습니다. 연수 방법은 자료 배부, 강의, 토론, 시청각교재 사용, 역할극을 이용한 행동 리허설과 강사의 피드백이었습니다. 그 결과, 자살위기에 있는 사람의 대응에 대한 자신감은 4개 영역 모두에서 유의한 개선을 보였습니다. 자살에 대한 태도는 원래 부정적인 태도가 강했던 참가자에게 유의한 변화가 보였습니다.

자살의 위험 판단 및 임상적 관리 기법에 대해서는 연수 전후에 임의로 28명을 비디오 촬영하고 그 내용을 평가하였습니다. 비디오 촬영에 따른 평가에 대해서는 샘플사이즈가 적어서 정신보건복지 영역의 전문가에게는 유의한 개선이 보이지 않았습니다. 그러나 정신보건영역 전문가가 아닌 사람들에게는 유의한 개선이 보였습니다(Appleby et al., 2000).

참고로 이 프로젝트는 해당 주의 내과, 응급센터, 정신보건영역의 의사, 간호사, 사회복지사를 대상으로 하여 참가대상자의 약 반수 이상이 참가하여 실시되었기 때문에, 그 후 해당 주의 자살률이 낮아졌는지의 여부를 검증하였습니다. 그 결과 자살률은 (주: 아쉽게도) 낮아지지 않았다는 결론을 얻을 수 있었는데, 자살률 저하 효과는 쉽게 얻을 수 없다는 것을 보여주는 사례였습니다(Morriss et al., 2005).

그 후, 다른 연구에서 STORM에 관한 당시까지의 연구 성과가 재현될 수 있는지에 대한 확인조사가 이뤄졌습니다. 연수는 458명을 대상으로 진행되었습니다. 그 결과, 자살에 대한 태도나 대처하는 자신감에 유의한 개선을 보였습니다. 비디오 촬영을 통한 기법 획득 평가에 대해서는 임의로 참가에 동의했던 45명만이 대상이 되었습니다. 그 결과, 위의 조사에서 나타난 "기법 획득의 수준이 유의하게 개선되었다"라는 결과는 재현되지 않았습니다. 그러나 연수에 대한 평가에 대해 질적 조사를 행한 결과, 기법을 획득할 수 있었던 해당 연수에 대한 평가는 매우 높았습니다(Gask et al., 2006).

STORM은 자살예방의 트레이닝 패키지입니다. 자살예방에 대한 기법, 태도 개선 및 자살 위험에 대처할 수 있는 자신을 얻는데 효과가 있다는 것이 검증되고 있습니다. 4종류의 모듈이 설정되어 있고, 바쁜 일반의(General Practitioner : GP)도 참여하기 쉽도록 운영할 수 있습니다. 현재 STORM 연수 패키지는 상업적으로 보건복지 단체에 제공되고 있으며, 형무소 관계자 대상의 수정판도 제공되고 있다고 합니다(Green & Gask, 2005).

이처럼 영국에서는 국가 전체가 정신보건복지 영역의 최전선에 있는 전문가를 대상으로 강도 높은 실천적 연수가 제공되고 있습니다. STORM프로그램이 반드시 바람직한 결과를 얻고 있다고 할 수는 없지만, 영국의 자살률이 일본의 4분의 1정도(주: 통계연도에 따라 다르지만 일본의 자살률은 인구10만 명 당 24명 전후인 것에 비해 영국의 자살률은 6명 내지 9명 정도이다)인 배경에는 이러한 활동이 있었기 때문은 아닐까 생각하고 있습니다.

(2) 캐나다 교육기관의 생명지킴이 양성

북미에서는 교육기관(고등학교 혹은 대학교 차원)으로부터 수많은 생명지킴이 양성 프로그램이 제공되고 있습니다. 스튜어트, 워렌, 핼스트롬(Stuart, Waalen & Haelstromm, 2003)은 캐나다 5개 대학에서 13-18세 학생(13명)을 대상으로 프로그램을 일주일마다 2회 실시하고 있습니다. 연수내용은 ① 경청, ② 한계를 긋기, ③ 위기 이론, ④ 자살 신호, ⑤ 자살 위험 판단, ⑥ 자살을 원하는 청년이 나오게 되는 역할극 시나리오, ⑦ 지역 사회자원에 대한 것이었습니다. 연수 전후에 조사를 시행한 결과, 자살에 대한 지식, 태도, 기법 모두에서 '개선'의 방향으로 유의하게 변화되었습니다. 기술식 응답에 대한 분석에서도 연수전과 비교해서 공감적인 반응 등을 행한 비율이 증가하였다고 보고되고 있습니다. 비교대상군이 없는 조사이기 때문에 효과검증이라는 점에서는 한계가 있지만, 청년기를 대상으로 하는 연수에서도 충분한 시간이 마련된다면 개선될 수 있다는 점을 보여주고 있습니다.

또한 샤농 등(Chagnon et al., 2007)은 청년 대상의 업무를 하는 어른들을 대상으로 강의와 역할극을 통하여 자살위기에 있는 사람에 대한 개입과 관련해서, 문제해결 접근법과 상담의 기초를 조합시킨 연수를 3주 동안, 주 1회, 하루 3시간씩 실시하였습니다. 연수를 수강한 사람(43명)과 연수를 수강하지 않은 대조군(28명)을 비교하였더니, 연수를 수강한 그룹이 수강하지 않은 그룹보다 자살개입에 대한 지식, 태도, 기법 모두에서 유의하게 개선되었습니다. 또 6개월 후 팔로우업 조사에서도 유의한 개선이 유지되었다고 보고되고 있습니다. 또 이 조사에서는 63.3%의 사람들이 연수 후 6개월 이내에 자살위기에 있는(자살을 생각하고 있는) 청년에 대해 개입하였다(대처하였다)고 보고하고 있습니다.

3주간의 연수를 받고 강의뿐만 아니라 역할극을 활용한 실천적인 연수를 한 결과, 청년을 위한 생명지킴이가 될 수 있는 직원의 지식, 태도, 기법이 개선되었을 뿐만 아니라 수강자의 60%가 6개월 이내에 실제로 젊은 사람들의 자살위기에 개입했다는 것을 보고하고 있다는 점이 특징입니다. 실천적인 연수는 실제 행동으로 연결되기 쉽다는 것도 나타나고 있다고 할 수 있습니다.

(3) 미국 고등학교의 SOS(Signes of Suicide) 모델

SOS모델이란 중학교 및 고등학교 학생을 수강대상으로 한 생명지킴이 양성 프로그램입니다. 자기 자신이나 친구의 우울증, 자살하고자 하는 마음 등을 알아차리고 사람들의 지원을 얻도록 권장하는 프로그램입니다.

아셀타인과 드마르티노(Aseltine & Demartino, 2004)는 5개 고등
학교에 다니는 2,100명의 학생을 무작위로 두 그룹으로 나누고, 한
그룹에는 SOS프로그램을 제공하고, 대조군에는 제공하지 않았습
니다. 이 프로그램은 자살에 대한 인식을 개선하고 참가자의 자살
위험인자(우울증 상태 등)를 스크리닝하는 요소를 조합시켰습니다.
프로그램 가운데 학생들에게 "만약 자살 신호를 알아차리면, ACT
를 하라."고 전합니다. ACT의 A는 acknowledge(인식하다), C는
care(케어하다, 돕다), 그리고 T는 tell(전하다)입니다.

연수 전과 연수 후 3개월 때, ① 자살시도나 자살하려는 마음, ②
우울증이나 자살에 대한 지식이나 태도, ③ 지원을 요청하는 행동에
대해 자기 기입식 조사를 진행하였습니다.

그 결과 연수를 수강한 그룹에서는 연수를 수강하지 않은 대조군
과 비교해서 본인의 자살시도 행위가 40% 적었습니다(연수 후 3개
월 동안). 연수 수강그룹에서는 자살예방과 관련된 지식의 증가, 그
리고 보다 적응적인 사고의 변화가 보였습니다. 그러나 연수 수강그
룹에서 필요한 필요에 따라 도움을 요청하거나 어른들에게 상담하
는 행위는 증가하지 않았습니다.

이 조사는 그룹별 무작위 대조시험(RCT)을 통해 연수의 효과가
분명하다는 것을 보여주는 연구입니다. 지식이나 사고방식이 변하
는 것, 그리고 연수를 수강한 그룹에서 자살시도행위가 실제로 상당
히 감소하였다는 것은 획기적인 결과라고 할 수 있습니다. 다만, 청
소년에게 자살예방을 위한 계발적인 연수를 실시하더라도 그것이
바로 어른들에게 도움을 요청하거나 관련된 행위로 연결되지는 않

는다고 할 수 있습니다.

(4) 미국 중학교·고등학교의 QPR 모델

와이먼 등(Wyman et al., 2008)은 미국의 어느 지구의 모든 중학교·고등학교를 대상으로 생명지킴이 양성 연수를 제공하기로 하고, 학교별로 계층을 무작위로 분할한 후, 직종별로 추출된 17,017명 중 342명의 학교 직원을 조사대상으로 등록하였습니다. 그 중 10곳의 중학교, 6곳의 고등학교가 연수대상이 되었고, 166명이 생명지킴이 양성 연수를 수강하였습니다. QPR 모델(Question=묻다, Persuade=설득, Refer=다른 사람에게 연결함)을 바탕으로 한 연수는 전문 트레이닝을 받은 강사와 전문 트레이닝을 받은 학교 상담사가 짝을 이루어, 1시간 반의 연수를 하는 것입니다. 연수에서는 젊은 사람의 자살, 젊은 사람의 자살 위험인자, 신호, 학생에게 자살의도를 묻는 방법, 학생이 지원을 받도록 설득하는 방법, 학생을 지원과 연결시키는 방법 등을 배웁니다. 연수실시 후, 1년이 경과한 뒤에 지식, 생명지킴이 행동의 준비성, 학생을 대상의 생명지킴 행동, 학생을 지원과 연결시키는 것, 학생과의 교류 단계 등에 대한 자기 기입식 조사를 진행하였다.

그 결과, 생명지킴이 연수 효과에 대해서는 지식에 개선이 이뤄졌고, 또한 생명지킴 행동 가운데서도 학생을 지원과 연결시키는 것에 대해서는 유의한 효과를 보였습니다. 원래 생명지킴이에 대한 지식이 부족한 사람일수록 연수의 효과가 있었습니다.

그러나 실제로 학생에게 생명지킴 행동을 실천했는지의 여부에 대해서는 직종별로 나눠 보면, 교원 그룹만이 유의한 효과가 보였습니다. 또한 연수 실시 이전부터 이뤄진 학생과의 교류를 단계별로 보면, 원래 높은 사람(학생의 고민 등을 묻거나 이야기를 들어주거나 하는 빈도가 높은 사람)에게서만 생명지킴 행동은 유의하게 개선되었습니다.

동시에 이뤄진 학생에 대한 조사에서는 자살미수 경력이 있는 학생일수록 자발적으로 어른에게 상담하는 일은 없다는 것, 친구가 자신의 일을 어른과 상담할 것이라는 생각은 하지 않는다는 점이 분명해졌습니다.

이 조사로부터, 짧은 연수기간이라도 지식차원의 개선이 이뤄졌다는 것은 명백해졌습니다. 그러나 짧은 연수에서는 연수 수강 이전 단계에서의 소통의 기법 수준이 연수 효과에 영향을 준다는 것을 알 수 있었습니다. 또한 짧은 강의 중심의 연수에서는 연수를 받더라도 일부 전문직을 제외하고는 실제 행동으로 적용하는 행동 변용에는 이르지 않는다는 것을 알게 되었습니다. 그래서 생명지킴이에 대한 지식을 얻는 것만이 아니라 신뢰관계를 구축할 수 있는 소통이 가능한 연수를 제공하는 것, 그리고 배운 내용을 실제 행동으로 연결시킬 수 있는 연수가 요청된다는 것을 알 수 있었습니다.

또 학생은 과제를 안고 있을수록 "어른들에게 지원을 받아야 한다"는 것을 짧은 연수를 통해서 배우더라도, 그것이 곧바로 행동의 변화로 연결되지는 않는다는 점을 알 수 있습니다.

(5) 미국의 지역 생명지킴이 양성: 사마리턴 모델

지역 및 학교에서의 경청과 공감을 중요시하는 자살예방 생명지킴이 양성 연수도 진행되고 있습니다. 클라크 등(Clark et al., 2010)이 그 효과검토 연구에서 보고한 내용을 보면, 연수는 3시간으로 경청, 비판단적 태도, 자살 신호, 통계, 속설 등의 지식에 대한 강의, 지역별 자살예방 계획 만들기 등을 행하는 것이었습니다. 365명을 대상으로 연수의 사전·사후효과를 검토한 결과, 자살예방에 대한 자기효력감(주: '~를 할 수 있을 것 같은 느낌')은 개선을 보였습니다. 수강자 중 학력이 높을수록 또 연수수강 이전에 자살위기에 있던 사람과의 접촉 경험이 있는 사람일수록 수강 전에도 자기효력감은 높았고, 수강 후에도 역시 자기효력감이 높았습니다.

(6) 오스트레일리아의 소수민족을 대상으로 한 연수

캡 디안과 램버트(Capp, Deane & Lambert, 2001)는 오스트레일리아의 애버리지니(소수민족) 사이에 자살률이 굉장히 높은 것에 주목하여, 이 민족을 대상으로 생명지킴이 양성 워크숍을 개발하여 실시하였습니다. 워크숍은 자살에 대한 속설과 사실, 태도와 신념, 통계수치(국가 차원 및 지역 차원), 스트레스 요인, 위험 평가, 주의 신호, 소통 기술, 개인 및 커뮤니티 지원 네트워크, 타 기관으로 연결해줄 전략과 정보, 비밀 준수 의무 등의 내용을 포함하여, 역할극 및 소그룹에 의한 토론도 포함되었습니다. 참가는 임의로 이뤄졌고, 57명의 참가자가 8회 개최되는 워크숍 가운데 어느 과정에든지 참가하였습니다. 참가 전후의 자살에 대한 지식, 자살위기에 있는 사람을 도우려는 의향, 자살위기에 있는 사람을 정신보건의료 서비스에 연결시키려는 의향, 그리고 자살을 생각하고 있는 사람을 결정하는 자신감 등을 수치로 하여 조사한 결과, '자살위기에 있는 사람을 정신보건의료 서비스에 연결시키려는 의향'에 대해서는 워크숍 참가 후에 그 값이 감소하고, '연결하지 않는' 방향으로 변화되었지만, 그 이외의 3가지 요소는 유의하게 개선되는 방향으로 변화되었다는 결과가 보고되어 있습니다.

참고로 이 조사 결과의 특징은 수강자의 필요에 맞춰서 유연한 개최방법을 고려하였다는 것과 연수 참가자의 정신보건의료 서비스에 연결시키려는 의향이 감소하였다는 점입니다. 수강자는 자살을 생각하고 있는 사람에 대한 대응방법을 학습함으로써 반드시 그들을 정신보건의료 서비스에 연결시키는 것만이 그 해결방법은 아니라고 이해하였고, 그것으로 인해 정신보건의료 서비스에 연결하는 이외의 방법으로 지원하려고 하는 경향이 높아진 것은 아닐까 라는 점을 시사해주고 있습니다.

이 조사 후 2년이 지난 뒤에 이뤄진 팔로우업 조사에서는 자살위기에 있는 사람을 도우려는 의향, 자살위기에 있는 사람을 결정하는 자신감은 2년 후에도 높은 상태를 유지하고 있었습니다. 또 수강자 중 37.5%(40명 중 15명)가 2년 동안 자살위기에 있는 사람을 대처하였다고 보고하였습니다. 연수 종료 시에, 자살시도를 하였던 사람을 지원할 자신감이 높았던 사람일수록 수강 후에 실제로 자살시도를 한 사람을 지원하는 경향을 보였습니다. 한편, 자살시도를 한 사람을 정신보건의료 서비스에 연결할 의향이 있는가에 대해서는 수강 직후와 비교해서 팔로우업 시점에서 더욱 낮아졌다는 것을 알 수 있었습니다(Deane et al., 2006).

이 조사에서 생명지킴이 양성 연수가 적절히 제공될 경우, 많은 수강자가 생명지킴 행동을 실천할 가능성이 높다는 것이 시사됩니다. 이 조사에서는 거의 40%에 가까운 높은 비율로 실천이 이뤄지고 있었으며, 적어도 해당 소수민족 중에서는 자살을 생각하고 있는 사람을 대처하는 방법에 대한 지식과 기법을 습득함으로써 그 사람에 대한 지원방법의 선택지가 넓어졌고, 정신보건의료 서비스로 연결시키는 것만이 해결방법은 아니라는 (그 이외의 방법으로 해결하려고 하는 힘을 수강자가 지닌다는) 것을 알 수 있습니다.

7. 일본의 대책

일본에서도 자살예방 생명지킴이 양성 연수는 국가차원(竹島ら, 2009)이나 도도부현 차원에서 시작되었습니다. 현의 종합적인 자살예방 시책의 일부로서, 상담원 연수가 실시되고(本橋, 2009), 현의 민생위원·아동위원을 대상으로 하는 '마음의 상담원' 연수에서도 자살예방이 주제로 다뤄지고 있다는 보고가 있습니다(小嶋, 2009). 시의 정신보건복지 관련 직종의 연수(今井, 2007), 지역차원의 수용·공감, 경청의 역할극을 이용한 워크숍 사례(稻村, 2007) 등도 보고되고 있습니다. 그러나 과학적인 검증에 기초한 연구는 거의 이뤄져 있지 않습니다.

일본자살예방학회에서도 2010년부터 생명지킴이 양성 연수를 실시하고 있습니다. 오스트레일리아에서 개발된 것으로, 정신건강 문제를 갖고 있는 사람에 대한 초기개입 방법을 학습하는 연수교재, 정신건강·구급요법(Kitchener & Jorm, 2002=2007)을 바탕으로 하는 연수가 실시되었습니다. 정신과 의사 8명이 강사가 되어 원래 6시간 요구되는 연수를 2시간으로 단축하고 50명 정원의 연수로 제공하였습니다. 이 오스트레일리아의 정신건강·구급요법의 지침을 바탕으로 하는 생명지킴이 양성을 위한 자료는 내각부 홈페이지에서 다운로드 받을 수 있습니다(內閣府, 2010).

이 책에서는 제8장에서 생명지킴이 양성 연수(자살위기 초기개입 기법 워크숍)의 효과 검증의 결과를 보고하고 있습니다. 그 결과, 참가자들에게 일정한 효과를 보였다고 할 수 있습니다. 그러나 우리의 조사도 무작위 대조시험에 따른 비교연구는 아니었기 때문에, 그 효과에 대해서는 제한적이라고밖에 말할 수 없습니다. 또한 워크숍 자체가 전국적으로 제공되고 있고, 지역을 한정하여 제공할 이유는 없기 때문에 지역의 자살률 변화는 검증할 수 없습니다.

8. 연수의 필요성

(1) 연수수강자도 현실에서 실천하지 못한다

자살방지 상담 전문교육을 받았던 사람이라도 현실에서 적절한 대처를 하고 있다고는 할 수 없다는 사실이 지적되고 있습니다.

미샤라(Mishara, 2007a)는 미국의 모든 자살방지 전화상담(2,611건)을 모니터링조사하고 기관 방침에 기초한 개입 모델('경청 모델' 혹은 '협동적 문제해결 모델')과 실제 개입행동을 대조한 연구를 보고하였습니다. 이 조사 결과, 기관 방침과 실제 전화상담의 내용이나 질에는 상당한 차이가 있다는 것이 밝혀졌습니다. 1,431건을 분석대상으로 하였더니, 상담원은 체계적인 연수를 받고 위험평가를 반드시 실시하도록 지도를 받았음에도 불구하고, 위험평가 실시율이 50.5%(723건)로 예상보다 낮았습니다.

게다가 상담원의 응답을 '공감', '존중', '하지 말아야 하는 대응' 등으로 나눠서 평가한 결과, 공감을 하지 않는다(87건), 상담자를 존중하지 않는다(31건), 상담자의 구원에 응하지 않거나 도와줄 수 없다고 전한다(87건), 자살하도록 전한다(4건) 등 15.6%(223건)가 이미 정해진 '최저 수준' 이하의 평가에 해당하였습니다. 이러한 결과에서, 상담원의 질 확보, 표준적 대응법의 확립, 개입과정과 결과의 관련성 조사가 요망되는 것으로 지적되었습니다.

이와 같이 자살 위기에 있는 사람의 상담을 받기 위해 전문연수를 받은 사람조차, 실제 상담에서는 연수 내용을 반영하여 실천하지 않는 사람이 많다는 것이 밝혀졌습니다. 자살방지 전화상담원 대상의 연수 내용이나 방법은 밝혀지지 않았지만, 그것에 대한 연구 노력이 요구되고 있습니다. 현실에서 실천할 수 있는 연수의 내용과 제공 방법이 필요하다는 것을 시사해주고 있다고 생각합니다.

(2) 전문직 대상의 생명지킴이 양성 연수의 필요성

자살위기에 있는 사람에 대한 대응방법에 대해, 정신보건복지 분야의 전문가라면 일반적으로 충분한 지식과 기법을 보유하고 있을 것이라고 생각할지도 모르겠습니다. 그러나 구미에서도 전문직 양성교육 중에 자살위기에 있는 사람에 대한 대응 방법과 관련된 교육은 불충분하다는 것이 지적되고 있습니다.

우리나라에서는 의학교육에서 자살예방교육(須田ら, 2009)에 관한 연구보고가 있습니다만, 매우 한정적으로 실시되고 있을 뿐입니다. 저자도 자살위기에 있는 사람에 대한 대처방법에 대해 최소한의 것들을 대학 수업에서 가르치고 있습니다만, 학과의 학생 전원이 이수하는 과목으로 가르치고 있는 것은 아닙니다. 또 사회복지사는 물론 정신보건복지사(주: 양쪽 다 국가전문자격. 정신보건복지사는 정신보건복지 분야의 사회복지사 국가자격)의 양성 교재 등에서도 자살위기에 있는 사람을 위한 구체적인 대처방법에 대한 내용 기재는 한정되어 있기 때문에(日本精神保健福祉養成校協会編, 2012), 원재료를 사용하여 가르치고 있습니다. 그리고 자살위기에 있는 사람에게 대처방법에 대해 가르칠 수 있는 시간은 한정되어있기 때문에 충분한 시간을 낼 수 없는 것이 현실입니다.

(3) 임상심리 전문가에게도 필요

임상심리 전문가를 대상으로 하는 자살예방에 관한 교육이 불충분하다는 점에 대해서는 덱스터 마자와 프리맨(Dexter-Mazza & Freeman, 2003)이 연구보고를 하였습니다. 미국의 131곳 실습기관의 590명 임상심리학 박사과정 인턴(실습생)을 대상으로 조사를 진행하여 238명으로부터 응답을 받았습니다. 설문 대상자 가운데 99.2%가 실습기간 중 자살시도를 하였던 클라이언트를 담당하고 있었습니다. 커리큘럼 중 자살 대응에 대해 학습할 기회가 있었던 사람은 전체의 절반 정도(50.8%)였고, 그 중 대부분(73.8%)은 강의를 통해 수강한 것이었습니다. 자살 위험 평가에 대해서는 학습할 기회가 있었지만, 자살위기에 처해 있는 사람에게 구체적인 대응을 했던 사람은 전체의 16%에 불과하였습니다. 지식이나 대응할 수 있다는 자신감의 정도는 비교적 높았습니다(평가는 1-7의 범위 내에서 평균 5.33, 대응은 4.92, 지식은 4.89).

응답자의 4.6%(11명)가 담당 클라이언트의 자살로 인한 죽음을 경험하였습니다. 이 중 3명은 자살 위험 평가나 대응방법을 커리큘럼 내에서 학습하지 않았다고 보고하였습니다. 또 담당 클라이언트가 자살을 암시하거나 자살을 시도하거나 자살미수자라도 대처방법에 대한 훈련을 받은 사람은 3명에 불과하였습니다.

(4) 사회복지사에게도 필요한 연수

미국 사회복지사 교육에 관해서는, 펠드맨과 프리덴딜(Feldman & Freedenthal, 2006)이 NASW(전미사회복지사협회)에 등록되어 있는 사회복지사를 대상으로 조사를 하였습니다. 응답자는 석사이상의 학력을 갖고 있으며, 80%가 사회복지사 자격증을 갖고 있었습니다. 15만 명에 조금 미치지 못하는 대상자 중 3,000명을 무작위로 추출하여 이메일로 조사를 개시하였고, 그 중 2,760명이 발신 가능한 메일주소로 등록되어 있었고, 22%인 598명의 응답을 얻을 수 있었습니다. 그 결과 92.8%가 자살시도를 하였던 클라이언트를 지원한 경험이 있었습니다. 3분의 1이상(37.1%)이 조사 시점에도 자살시도를 하였던 클라이언트를 지원하고 있었습니다.

사회복지학 석사과정 커리큘럼에서 자살예방에 대해 학습한 사람은 21.2%에 불과하였습니다. 59.2%는 석사과정에서 자살에 대해 언급한 수업을 수강한 경험이 있었습니다. 또 61.2%는 실습 중에 자살에 관한 어떤 교육을 받을 수 있었던 기회가 있었다고 응답하였습니다. 많은 사람들이 교육 커리큘럼 중에서 자살예방에 관한 훈련이 부족하다고 느끼고 있었고(67.4%), 또 많은 사람들이 석사과정 수료 후에 필요한 훈련을 받았다고 하였습니다(72%). 그 결과, 조사 시점에서 약 80%의 사람들이 자살시도를 했던 클라이언트를 지원할 수 있는 자신감이나 역량을 갖고 있다고 느끼고 있었습니다.

(5) 전문직 종사자 간에도 기술수준에 차이가 있다

벨기에에서 정신보건복지의료 전문가를 대상으로 하였던 자살예방 기술에 관한 대규모 조사 결과를 시어더 등(Sheerder et al., 2010)이 보고하고 있습니다. 정신보건센터 직원, 일반의(의사 : GP), 자살예방 핫라인 자원봉사자, 병원 근무 간호사, 약사, 경찰이나 사법기관의 사회복지 전문직, 응급서비스전화 창구 담당자를 대상으로 하는 SIRI-2(독일어 판)를 사용한 조사였습니다. 980명이 조사 대상이 되었습니다. 약 절반 정도(53%)가 자살시도를 하였던 사람을 접한 경험을 갖고 있었습니다. 보건복지의료의 경력은 평균 9.2년이었고,

42%가 담당하고 있던 클라이언트의 자살을 경험하였습니다. 자살시도를 하였던 사람과 접하는 정도(자기평가)와 자살시도를 하였던 사람과 접하는 빈도는 자살위기에 처해 있는 사람의 대응 기술수준(자기평가)과 강한 상관관계를 나타내고 있었습니다. 또 자살예방에 관한 자기평가 수준과 SIRI-2의 점수에서도 상관관계가 보였습니다.

자살시도를 하였던 사람과 접하는 정도나 빈도가 중간 정도인 사람과 많은 경우의 사람 사이에는 자살예방 기술에 큰 차이는 보이지 않았습니다. 한편, 자살시도를 하였던 사람과 접하는 빈도나 정도가 낮은 사람과 중간 정도인 사람 사이에는 큰 차이가 보였습니다. 접하는 빈도나 정도가 낮은 사람 중에는, 자기평가는 높지만 SIRI-2 점수는 낮은 사람이 있었습니다.

이처럼 정신보건복지의 최전선에 있는 전문직 종사자라도, 그 양성과정에서 충분한 교육이 이뤄지지 않고 있다는 것이 지적되었습니다. 전문직 양성교육의 필요성이 지적되고는 있지만 지금까지의 자살예방 효과검증조사의 결과와 함께 생각해보면 자살예방에 관한 연수 효과가 지속되는 기간에는 한계가 있다는 것도 지적되었습니다. 전문직 양성교육 중에서도 다뤄질 필요가 있지만 현장에서 일하며 필요성을 절실하게 느낀 후에 실천적인 연수를 받을 수 있도록 하는 것이 필요할 것입니다.

지금까지 자살예방에 관한 연수, 생명지킴이 양성에 관한 연구를 개관했습니다.

일본에서는 자살이 큰 사회문제라는 것은 틀림이 없습니다. 따라서 일본의 사회체제에 맞는 자살예방의 중층적인 대책이 진행되어야 할 필요성이 있습니다. 그 중에서 자살예방 연수, 생명지킴이 양성에는 어떤 요소가 요구되는지, 다음 장에서 자살예방 생명지킴이 양성 워크숍의 구성이나 목적 그리고 내용 근거 등을 중심으로 다루겠습니다.

[참고·인용문헌]

Appleby, L., Morriss, R., Gask, L. et al. (2000) "An educational intervention for front-line health professionals in the assessment and of suicidal patients (The STORM Preject)", Psychological Medicine, 30, 805-812.

Seltinem R.H. & Demartiono, R.(2004) "An outcome evaluation of the SOS suicide prevention program" 94(3), 446-451.

Capp, K., Deane, F.P & Lambert, G. (2001), "Suicide prevention in Aboriginal communities : Application of community gatekeeper training", Australian and New Zealand Journal of Public Health, 25(4), 315-321.

Chagnon, F., Houle, J. & Marcoux, I. et al. (2007) Control-group study of an intervention training program for youth suicide prevention. Suicide and Life-Threatening Behavior, 37(2), 135-144.

Deane, F.P., Capp, K., Jones, C. et al. (2006), "Two year follow-up of a community gatekeeper suicide prevention program in an Aboriginal community", Australian and New Zealand Journal of Rehabilitation & Counseling, 12, 33-36.

Dexter-Mazza, E.T. & Freeman, K.A. (2003), "Graduate training and the treatment of suicidal clients: The students' perspective." Suicide and life-threatening behavior, 33(2), 211-218.

Feldman, B. N. & Freedenthal, S. (2006) "Social work education in suicide intervention and prevention: An unmet need?", Suicide and Life-Threatening Behavior, 36(4), 467-480.

Gask, L., Cixon, C., Morriss, R., Appleby, L. & Green, G. (2006), "Evaluationg STORM skills training for managing people at risk of suicide". Journal of Advanced Nursing, 54(6), 739-750.

Green, G., & Gask, L., (2005). "The development, research and implementation of STORM (Skiils-based Training on Risk Management). Primary Care Mental health, 3, 207-213.

今井博秦 (2007)「江別市内の精神保健福祉関連職種を対象とした研修会開催の報告」『北方圏生活福祉研究年報』31, 61-66.

稲村茂 (2007)「うつ病に焦点を当てた自殺予報のためのロールブレイン―グループという枠組みから」『集団精神療法』23(1), 34-38.

Isaac, M., Elias, B. & Kats, L.Y (2009) "Gatekeeper training as a preventative intervention for suicide : a systematic review." Canadian journal of Psychitry, 54(4) : 260-8.

Joffe, P. (2008)"An empirically supported program to prevent suicide in a college student population" Suicide and Life-Threatening Behavior, 38(1), 87-103.

Kitchener, B.A & Jorm, A.F. (2002), "Mental Health First Aid" ORYGEN Research centre, Melbourne. (=2007, 平成19年度科学研究費補助金(基盤研究)精神科早期介入と偏見除去のための臨床研修医への短期教育法の効果に関する介入研究：こころの救急マニュアル・プロジェクトチーム『こころの救急マニュアル(メンタルヘルス・ファーストエイド・マニュアル)』

小嶋秀幹(2009)「民生委員・児童委員に対するこころの相談員研修のとりくみ(特修 生きる力―自殺を防ぐには)」『月肝福祉』92(5), 31-34.

Konx, K.L., Litts, D.A., & G.W. et al. (2003) "Ri나 of suicide and related adcerse outcomes after exposure to a suicide prevention programme in the US Air force : cohort study." British Medical Journal, 327, 1376-1378.

Konx, K.L., Pflanz, S. & Talcott, G.W. et al. (2010) "The US Air Force Suicide Prevention Program : Implications for Public Heath Policy." American Journal of Public Health, 100 (12), 2457-2463.

Mishara, B.L., Chagnon, F. & Daigle, M. et al. (2007a) Comparing Models of HelperBehavior to Actual Practice in Telephone Crisis Intervention. Suicide and Life-Threatening Behavior, 37(3), 291-307.

Mishara, B.L., Chagnon, F. & Daigle, M. et al. (2007b) Which Helper Behaviors and Intervention Styles are Related to Better Short-termOutcomesin Telephone CrisisIntervention? "Suicide and Life-Threatening Behavior, 37(3), 308-314.

Morriss, R, Gask, L., Battersby, L., Francheschini, A. & Robson, M. (1999) "Teaching front-line health and voluntary workers to assess and manage suicidal patients." Journal of Affective Disorders, 52, 77-83.

Morriss, R, Gask, L., Webb, R., Dixon, C. & Appleby, L. (2005) "The effects on suicide rates of an educational intervention for front-line health professionals withsuicidal patients. (the STORM Project)", Psychological Medicine, 35, 957-960.

本橋豊 (2009)「秋田県における総合的な自殺予防対策の推進」『月肝福祉』92(5), 25-30.

内閣府 (2010)『ゲートキーパー養成研修テキスト』

日本精神保健福祉養成校協会編 (2012)『精神保健福祉士養成講座8 精神保健福祉援助演習(基礎・専門)』日本精神保健福祉養成校協会編、中央法規出版、第6章事例11

「自殺予防」pp231-235(福島喜代子分担執筆)

Oordt, M.S., Jobes, D.A., Fonsega, V.P., & Shmidt, S.M. (2009) "Training mental health professionals to assess and manage suicidal behavior : Can provider confidence and practice behavior altered?" Suicide and Life- Threatening Bahavior, 39(1), 21-32.

Ruts, W., von Knorring., L. & Walinder, J. (1992) "Long-term effects of an educational program for general practitioners given by the Swedish Committe for the prevention and Treatment of Depression." Acta Psychiatre Scand, (85), 83-83.

SAMHSA's National Registry of Evidence-based Programs and Practives. "United states Air Force Suicide Prevention Program".
http://nrepp.samhasa.gov/ViewIntervention/aspx?id=121 (2001-10-25확인)

Sheerder, G., Reynders, A., Andriessen, K. & Van Audenfohe, C., (2010) "Suicide Intervention skills and related factors in community and health professionals." Suicide and Life-Threatening Behavior, 40(2), 115-124.

Stuart, C., Waalen, J.K. & Haelstromm, E. (2003) "Many Helping Hearts : an Evaluation of Peer Gatekeeper Training in Suicide Risk Assessment." Death Studies, 27, 213-333.

須田顕・佐藤玲子・河西千秋ほか (2009)「医学教育における自殺予防のための教育」『自殺予防と危機介入』28(1), 44-48.

高橋祥友 (2006)『自殺予防』 岩波新書

竹島正・松本俊彦・川野健治ほか (2009)「自殺予防総合対策センターの取り組み―1年8か月を振り返って」『自殺予防と危機介入』28(1), 4-9.

United Nations (1996) "Prevention of Suicide : Guidelines for the Formulation and Implementation of National Strategies."

United Nations (2012) " Public Health Action for the Prevention of Suicide"

Wyman, P.A., Brown, C.H & Inman, J. et al. (2008) "Randomized trial of a gatekeeper porgram for suicide prevention : 1-year impact on secondary school staff." Journal of Consulting Clinical Psychology, 76, 104-115.

제3장

자살위기
초기개입 스킬

자살위기 개입의 실제

제1절 초기개입의 핵심

자살예방을 위해서는 자살위기에 있는 사람에게 적절한 초기개입이 필요합니다. 그래서 초기개입을 할 수 있는 인재를 양성하는 것이 필요합니다.

자살위기에 있는 사람을 위한 초기개입에는 어떤 스킬이 필요할까요? 자살위기에 있는 사람을 대응하는 것은 결코 쉬운 일이 아니며 섬세한 배려와 끈기, 때로는 임기응변이 필요하기 때문에, 보통의 방법으로는 안 됩니다. 그래도 지금까지 공통된 이해를 얻고 있는 핵심 내용이 있기 때문에, 그것을 중심으로 말씀드리도록 하겠습니다.

자살위기에 있는 사람을 위한 초기개입으로는 복수의 요소를 '일련의 흐름'으로 이해한다면 좋을 것입니다. 여기에서는 자살위기에 있는 사람에 대한 초기개입을 다음 7개 요소로 나눠서 설명하겠습니다.

〈표 3-1〉 자살위기 초기개입에 필요한 7가지 요소

---

1. 자살에 관한 생각이나 신념을 확인한다.
2. 신호를 알아차린다.
3. 신뢰관계를 구축한다.
4. 처해진 상황을 파악한다.
5. 자살의 위험성을 측정한다.
6. 안전 확보·지지하는 동료에게 연결한다.
7. 팔로우업

---

1. 자살에 관한 생각이나 신념을 확인한다

(1) 인간은 여러 가지 가치관이나 생각을 갖고 있다

인간은 여러 가지 가치관이나 생각을 갖고 있습니다. 자살에 대해서도 여러 자기 가치관이나 생각을 갖고 있습니다. 자살에 대해 자신이 어떠한 가치관이나 생각을 갖고 있는지를 아는 것, 지원을 필요로 하는 상대도 다양한 가치관이나 생각을 갖고 있다는 것을 알아둘 필요가 있습니다.

지원을 필요로 하고 있는 사람, 즉 자살위기에 있는 사람이 자살위기 상황에 마주했을 때, 퇴행적 혹은 자포자기적인 생각을 갖고 있는 경우도 많습니다.

(2) 자살에 관한 생각이나 신념을 뒤돌아본다

자살에 관한 생각이나 신념에는 여러 가지가 있습니다. 자살은 개인의 가치관이나 윤리와도 밀접하게 관계가 있는 사항입니다. 자살에 대한 개인적인 생각이나 신념을 단기간 내에 변경시키는 것은 쉬운 일이 아닙니다. 예를 들면, '자살은 하지 말아야 한다'는 생각이나 신념은 그 사람의 성장이력, 생활력(학력, 직업력, 병력 등), 종교, 윤리관, 생사관 등으로부터 큰 영향을 받습니다. 그래서 다른 생각이나 신념을 갖고 있는 상대에 맞춰서 자신의 생각을 유연하게 변화시키는 것은 간단하지 않습니다. 꼭 자신의 생각을 바꿀 필요는 없습니다. 일단은 나와 다른 기분이나 생각을 받아들이면 됩니다.

(3) 자살에 관한 많은 속설

자살에 관한 생각이나 신념 중에는 자살에 관한 지식 부족으로 인해 사실이라고 믿어지고 있는 것들이 많이 있습니다. 지원을 필요로 하는 많은 사람들이 '속설'을 믿고 있다고 합니다. 정신보건복지의료 전문가라도 자살에 대한 신념이나 생각이 반드시 옳다고 할 수는 없습니다. 예를 들면, '죽겠다, 죽겠다, 라고 하는 사람은 자살하지 않는다'는 생각이나 '상담인터뷰가 일어나는 곳에서 자살을 언급하면 자살을 유발하게 된다'와 같은 생각은 WHO(세계보건기구)의 '카운슬러를 위한 길잡이'에서도 지적되어 있는 바와 같이, 많은 사람들에게 '사실'로 받아들여지고 있습니다. 그러나 그러한 주장은 근거가 없으며 '속설'이고 오해입니다.

WHO의 자살예방 지침서 시리즈 '카운슬러를 위한 길잡이'에서는 자살행동에 관해서 자주 듣게 되는 속설 10가지를 들고 있는데, 이 내용을 소개하고자 합니다. 이들 속설은 전부가 '틀린 것'이라고 합니다. 참고로 이 자살예방 지침서 시리즈는 요코하마시립대학(横浜市立大学) 정신의학교실에서 번역되어 웹 사이트에서도 제공되고 있습니다(WHO, 2000=2007).

(4) 자살에 관한 올바른 지식을 얻는다

<표 3-2>에 실린 속설들은 자살에 관한 지식이 불충분하기 때문에 생겨난 억측이라고 합니다. 이렇듯 잘못된 생각은 올바른 지식을 얻음으로써 바꿀 수 있다고 생각합니다. 전문직 종사자라도 자살에 관한 생각이나 신념을 뒤돌아보고 확인하는 것이 매우 중요합니다.

〈표 3-2〉 자살행동에 대해서 자주 듣게 되는 속설 (주: 모든 속설이 잘못된 것입니다.)

① 자살에 대해 말하는 사람은 단지 타인의 관심을 끌고 싶은 것이기 때문에 자신을 다치게 하지 않는다. → X
② 자살은 항상 충동적이고 경고도 없이 일어난다. → X
③ 자살을 하려고 생각하고 있는 사람은 진심으로 죽고 싶다고 생각하고 있으며 실제로 죽을 것을 결심한다. → X
④ 어떤 사람이 개선의 신호를 보이거나 자살시도 후에 살아났다면 그 사람의 위험은 지나간 것이다. → X
⑤ 자살은 유전된다. → X
⑥ 자살시도자나 기수자는 모두 정신질환을 앓고 있다. → X
⑦ 만약 카운슬러가 환자와 자살에 대해 이야기를 하면 환자가 자살을 할 수도 있다. → X
⑧ 자살은 '일부 특별한 사람들'에게만 일어나는 일이고 평범한 사람들에게는 일어나지 않는다. → X
⑨ 사람이 한 번 자살을 시도하면 그 사람은 두 번 다시 자살을 시도하지 않는다. → X
⑩ 아이들은 죽음을 제대로 이해하지 못하고 있고 자살행위를 실시할 만큼의 인지적 능력을 갖고 있지 않기 때문에 자살하지 않는다. → X

　이러한 자살에 대한 잘못된 인식으로 인해 카운슬러는 자살하려는 경향이 있는 사람을 대상으로 해서, 일하는 것에 불안을 느끼거나 준비부족을 느낄지도 모른다. 따라서 이러한 사람에 대처하기 위해 효과적인 카운슬링 기법을 개발해야 한다. 자살위기 개입에 대한 정보, 트레이닝, 그리고 경험은 카운슬러의 능력을 높여준다. 트레이닝은 남의 감정에 온화하고 관용적으로 대응할 수 있는 능력을 키우고, 카운슬러의 방어나 수동성을 줄이고, 해결되지 않는 비탄한 문제를 극복할 수 있다는 내용을 포함해야 한다. 그리고 위험인자의 인식과 위기상태의 이해가 카운슬러에게는 매우 중요한 대처가 된다.

출처: 世界保健機關(WHO)(2000=2007) 自殺予防'カウンセラーのための手引き'
　　　(日本語版, 監訳: 河西 千秋, 平安 良雄, 橫浜市立大学医学部精神医学教室)

　전문직 종사자에게 양질의 교육이 제공되어도 수강자에게 자살시도 경력이 있거나 '자살은 개인의 권리'라는 신념을 갖고 있다면,

교육 수강 후에도 자살위기개입의 기술 수준이 낮은 상태로 머물러 교육 효과가 나타나기 어렵다는 조사 결과가 있습니다(Neimeyer et al., 2001).

그러나 전문직 종사자가 적절한 훈련을 받았을 경우에는 자살위기 대처훈련 수준이 높았으며, 자살시도자 지원을 담당했던 경험이 많고 '죽음'을 받아들이는 사고방식이 유연하면 유연할수록 자살위기개입 기술 수준이 유의하게 높아졌다는 결과가 나왔습니다(Neimeyer et al., 2001). 이러한 점으로부터 전문직 종사자도 자살에 관한 신념이나 사고를 되돌아볼 필요가 있다는 것을 알 수 있습니다.

(5) 상대의 마음이나 생각을 일단 받아들일 필요가 있다

한편, 자살위기에 처해 있는 사람은 자신과 다른 가치관이나 생각을 갖고 있습니다. 다른 사람의 이야기를 들을 때 상대의 마음이나 생각을 일단 받아들이는 것이 중요합니다. 위기상황에 놓여있는 사람의 이야기를 들을 때는 어떠한 생각이나 마음을 갖고 있더라도 우선 받아들일 필요가 있습니다. 카운슬링 입문이나 케이스워크(casework) 기초를 배우면 사람의 생각이나 마음을 받아들이는 것, 즉 '수용'의 중요함을 배우게 됩니다. 많은 사람들이 수용의 중요성을 알고 있습니다. 사람은 자신의 생각이나 마음이 무조건적으로 부정되거나 비난받지 않는다는 느낌을 받았을 때, 처음으로 마음을 여는 것입니다. 그래서 '상대의 마음을 일단 받아들인다.'는 것이 신뢰관계를 구축할 수 있는 기초가 되는 것입니다.

자살위기에 있는 사람의 경우에도 상대의 어떠한 생각이나 마음이라도 '일단 받아들이는' 자세를 취할 필요가 있습니다. 자살위기에 처해 있는 사람의 경우 "고민하고 있습니다", "어려움을 겪고 있습니다. 이야기를 들어주세요" 등 그래도 쉽게 받아들일 수 있는 마음이나 생각을 토로하는 것만은 아닙니다. "자살이 유일한 해결방법이다", "편해지기 위해서는 자살밖에 방법이 없다" 또는 "나 따위는 살아 있을 가치도 없다", "나에게는 더 이상 미래가 없다" 등, 지원을 하는 쪽의 생각과 일치하지 않는 좁은 시야의 퇴행적인 혹은 자포자기적인 생각을 하고 있는 경우도 있습니다.

이러한 생각이나 마음을 갖고 있더라도 일단 받아들여야 합니다.

(6) 자신이 '옳다'고 생각하고 있는 사람은 주의가 필요하다

많은 사람들은 "자신은 상대의 이야기를 잘 들어주는 사람이라서 상대 마음이나 생각을 받아들일 수 있다."고 평가하면서 잘하고 있다고 생각합니다. 그러나 자신의 가치관이나 생각이 '옳다'고 판단하고 있는 사람은 주의해야 합니다. 지원자가 자신의 (옳다고 확신하고 있는) 생각을 강요하려고 할 때. 대부분의 사람(위기에 처해 있는 사람)은 마음을 닫고 본심을 말하지 않게 되어버립니다.

내가 지금까지 경험한 바에 따르면, 사회에서 중요한 역할을 맡고 있는 사람, 혹은 조직 속에서 일을 잘한다고 평가받는 유형의 사람들 중에 자신이 옳다고 생각하는 것을 강요하는 사람이 많습니다. 또 자원봉사자로서 활동하고 있는 사람들 중에서도 상대의 이야기를 받아들이지 않고, 이야기를 시작하기만 하면 자신의 의견이나 가치관을 상대에게 전달하려는 사람이 상당히 많다는 것을 알고 있습니다.

이들의 공통점은 악의는 없지만, '자신은 올바른 생각을 갖고 있고 상대에게 그것을 전하는 것뿐이다'라고 생각하고 있다는 것입니다.

(7) 자신의 생각이 옳더라도

사람을 도우려고 할 때, 자신의 가치관이나 생각을 강요하는 것만으로는 정말로 지원을 필요로 하는 사람들에게 도움을 줄 수 없습니다.

자살을 생각할 만큼 궁지에 내몰려 있을 때, 아무리 '옳은' 생각을 전하고자 신념을 갖고 말하더라도 '아아, 이 사람은 나의 괴로움을 이해해주지 않는구나'라고 생각하며 자살위기에 처한 사람은 마음을 닫아버리는 것입니다.

지원자 쪽이 '자살을 해결수단으로 생각해서는 안 된다', '자살을 한다고 편해지지 않는다', '가족이나 주위 사람이 슬퍼하기 때문에 자살해서는 안 된다', '빚 따위로 죽을 필요는 없다', '죽을 각오로 하면 무엇이든 할 수 있다' 등의 생각을 갖고 있을 때, 그 생각을 상대에게 전하는 것만으로는 도움이 되지 않습니다. 그러한 사고의 강요나 설교는 상대의 마음을 닫게 만들고 오히려 궁지에 몰아넣는 것으로 이어질 수도 있습니다.

반복해서 말하지만, 사람은 처음부터 자신의 사고나 마음이 부정되거나 비난받지 않는다고 느꼈을 때, 비로소 마음을 엽니다. 그래서 '상대의 마음을 일단은 받아들이는' 것이 필요합니다.

(8) 항상 실천하는 것은 쉽지 않다

실천은 의외로 어렵습니다. "나는 남의 이야기를 잘 들어준다", "나는 많은 사람들의 생각을 받아들일 수 있다"라고 자기평가를 하면서, 상담지원 시에 자신의 생각을 강요하거나 상대의 생각이나 마음을 부정하는 사람이 많이 있습니다. 대인원조의 전문직 종사자 중에서도 "나의 생각이 옳다"라고 확신을 갖고 있는 경우, 무의식적으로 대화 속에서 자신의 생각을 상대에게 강요해버리는 경우가 있습니다. 많은 사람들이 "옳다"고 생각하는 자신의 생각을 상대에게 전한다는 것이, 오히려 '생각의 강요' 혹은 '상대의 생각이나 마음을 부정'하는 것이라는 사실을 눈치 채지 못하고 있습니다. 그래서 적절한 기술을 지니는 것이 필요합니다.

2. 신호를 알아차린다

(1) 신호는 알아차리기 쉬운 것만 있는 것이 아니다

자살위기에 있는 사람은 어떠한 신호를 보내고 있다고 합니다. 그러나 자살 신호를 알아차리는 것은 쉬운 일이 아닙니다. 자살 신호는 알기 쉬운 것만 있는 것이 아닙니다. 행위나 대사 등 명시적으로 제시되는 것도 있지만, 태도나 표정 등 신경을 써도 신호라고 받아들이지 못하는 것들도 포함됩니다. 가족이나 가까운 사람들에게는 결코 신호를 보내지 않으려고 했던 것은 아닐까 하고 생각되는 사람도 있습니다.

예를 들면 다음과 같습니다.

① 지인에게 여러 차례 휴대전화로 전화를 걸고 상대의 상태에 대해 신경 씀. 자신에 대한 상담은 하지 않음(20대 남성).

② 아침에 가족(부모)이 외출하는 것을 극단적으로 싫어하고 막으려고 함(10대 여자).

③ 몇 년 째 연락이 없던 멀리 사는 지인이 갑자기 집 근처 역에서 전화를 걸어 이쪽의 안부를 물음. 그러나 만나자는 제안 등을 한 것은 아님(50대 남성).

④ 전철 역 승강장에서 열차를 말없이 기다리다가 "시원한 바람이 불고 있네요"라고 혼잣말을 함(20대 남성).

⑤ "당분간 혼자 있고 싶다"고 친한 사람에게 간절히 원함(20대 여성).

⑥ 지인과 외식 도중 동작이 느려지고 같은 이야기(고민)를 계속 반복해서 말함(20대 남성) 등.

구체적으로는 위의 내용과 같은 행동이나 말을 하였던 사람이 유감스럽게도 직후에 자살로 목숨을 잃은 경우도 있습니다. 주위 사람들이 '알아차리기 쉬운 신호'는 어떠한 사례에도 없었다고 보고되고 있습니다. 그러나 '평소 모습과는 다르다'고 하는 느낌은 있었을 것이라고 생각합니다.

(2) 절반 이상의 사람은 바로 이전 달에 병원·클리닉에서 진료를 받았다

WHO(2000=2007)에 따르면, 자살한 사람의 40~60%가 자살하기 전달에 병원이나 클리닉에서 진료를 받았습니다. 많은 사람들은 정신과 의사보다도 1차의료 기관의 의사(주: 지역의 내과 주치의에 가까운 개념)에게 진료를 받고 있었습니다. 한편 장(張, 2006)의 일본 내 대학구명센터에 이송된 자살자를 대상으로 한 조사(93가지 사례)에서는, 적어도 26%(24가지 사례)는 자살 직전 약 한 달 이내에 정신과 이외의 과에서 진료를 받고 있었습니다. 그 중 동시에 정신과 치료를 받고 있었던 사람은 3가지 사례뿐이었습니다. 전체의 55%가 과거에 정신과 수진이력이 있었고, 46%는 자살당시에 정신과 치료를 받고 있던 상태였습니다(pp. 113-137).

또 WHO(2000=2007)에 따르면, 후진국과 선진국 모두에서 자살한 사람의 80~100%가 어떤 정신질환을 앓고 있었다고 합니다. 기분장애(주: 소위 우울증, 조울증 등) 등을 앓고 있던 사람이 평생 동안 자살할 위험성은 6~15%, 알코올 의존증인 사람의 경우는 7~15%, 조현병인 사람의 경우는 4~10%로 추정되고 있습니다. 일본에서도 장(2006)의 조사에 따르면, 89%가 자살 당시에 어떠한 정신장애가 진단된 상태였고 우울증이 전체의 54%, 조현병과 그와 가까운 질환이 26%, 알코올·약물 의존증이 6%를 차지하고 있었다고 보고되고 있습니다.

2011년도 자살대책백서에서는, 세계보건기구(WHO) 국제공동연구에 의한 국내조사 결과가 발표되었습니다. 발표에 따르면, 종합병원 내과 외래수진을 한 사람 중에서 무작위로 추출한 1,555명을 정신과 의사가 진찰한 결과, 정신과 의사가 우울증이라고 진단한 환자 중 내과의가 우울증으로 진단한 환자의 비율은 19.3%에 불과하였다고 합니다. 이처럼 우울증 환자의 대부분이 의료기관에 다니고

있음에도 불구하고, 적절한 진단이 이뤄지고 있지 않다는 것도 문제
입니다(內閣府, 2011).

(3) 우울증 판정

우울증에 대해서는 자가진단을 할 수 있는 짧은 질문표도 개발되
어 있습니다. 여기에서는 PHQ-9 일본어판을 소개합니다(<표 3-3>).
우울증 진단에 어떤 항목이 관련되어 있는지를 이해할 수 있습니다.
우울증의 진단과 치료는 전문가에게 맡겨야 하지만 생명지킴이가
적절한 의료서비스로 연계하려고 할 때, 일정한 지식을 갖고 있는
것이 유용합니다.

(4) 알아차린 사람이 말을 걸지 않으면 모른다

자살위기에 있는 사람의 경우, '우울증'은 대표적인 정신질환입
니다. 그래서 위에서 말한 자가진단표의 제3항목에도 관계하지만,
'2주 이상 잠을 잘 잘 수 없었다' 등의 대표적인 증상을 확인하는 것
은 자살 신호를 알아차리기 위한 첫걸음이 됩니다. 우울증이라고 모
두가 자살을 생각하고 있는 것은 아니지만 신호를 알아차릴 수 있는
가능성은 높아집니다.

우울증의 대표적인 증상인 '잠을 잘 못 잔다', '식욕이 없다', '흥
미가 생기지 않는다'는 등의 증상도 겉으로 봐서는 모르는 것들이
많습니다. '피곤한가 보다' 정도는 알지만 피곤해 보인다고 모두 우
울증에 해당되는 것은 아닙니다. 그래서 누군가 '피곤한가 보다'라
고 생각해도 그것이 우울증 증상이라고 단정지을 수 있는 사람은 없

〈표 3-3〉마음과 몸에 대한 질문표

마음과 몸에 대한 질문표

감수 : 가미지마 구니토시(上島 国利) 교수. 국제의료복지대학(国際医療福祉大学)

무라마쓰 쿠미코(村松 公美子) 교수. 니이가타세이료대학대학원 인상심리학

연구과(新潟青陵大学大学院 臨床心理学研究科)

최근 2주 동안 다음과 같은 문제로 얼마나 자주 시달리고 있습니까?	전혀 없다	종종 있다	절반 이상	거의 매일
1. 사물에 대해 거의 흥미가 없거나 재미가 없다.				
2. 기분이 침울하거나 우울하거나 또는 절망적인 기분이 든다.				
3. 잠들기 어렵거나 중간에 깬다. 반대로 잠이 많다.				
4. 피곤한 느낌이 들거나 기력이 없다.				
5. 식욕이 그다지 없거나 과식한다.				
6. 자신은 안 되는 사람, 인생의 패배자라는 생각에 마음을 둔다. 또는 자기 자신이나 가족에게 미안하다고 느낀다.				
7. 신문을 보거나 텔레비전을 보는 것 등에 집중하기가 어렵다.				
8. 타인이 느낄 정도로 움직임이나 말하기가 늦어진다. 반대로 초조하거나 진정할 수 없어서 평소보다 활동이 많다.				
9. 죽는 것이 낫다고 생각하거나 자신에게 어떤 방법으로 상해를 가하려고 생각했던 적이 있다.				

※ 상기 1부터 9의 문제에 따라, 일하거나 가사 일을 하거나 타인과 잘 지내는 것이 얼마나 어렵습니까?

전혀 어렵지 않다 □   약간 어렵다 □   어렵다 □   지극히 어렵다 □

[절반 이상], [거의 매일]이 5개 이상일 경우, '마음'이나 '몸' 상태가 좋지 않을 가능성이 있습니다. 우선 의료기관을 방문하여 상담하시기 바랍니다.

'마음'과 '몸'의 질문표는 PRIME-MD™ PHQ-9의 일본어 번역판입니다.

을 것입니다. 한편 잠을 잘 못 자는 것, 식욕이 없는 것, 흥미가 생기지 않는 것 등의 상태를 스스로 호소하는 사람은 적습니다. 그래서 누군가가 '그러한 상태일지 모른다'고 먼저 알아차려주는 것이 필요합니다. 그리고 마음먹고 당사자에게 그러한 상태인지 여부를 물어봄으로써 확인할 수 있습니다.

참고로 그러한 상태에 이르기까지 대부분의 경우는 어떤 계기가 있습니다. 아무런 계기도 없이 잠을 잘 못 자거나, 식욕이 없거나, 흥미가 생기지 않는 상태에 빠지는 사람은 많지 않습니다. 그러한 상태에 빠지는 데에는 여러 가지 계기가 있습니다.

생명지킴이가 되려는 사람은 자살위기에 있는 상태가 될 가능성이 있는 여러 가지 계기에 대해 알아야 하며, 게다가 자살을 생각할 만큼 궁지에 내몰리는 마음을 상상할 수 있는 힘을 갖는 것이 필요합니다. 우리 워크숍 참가자 가운데 초기에 솔직하게 "자살하려고 하는 사람의 마음을 알 수 없다", "왜 자살하려고 하는지 상상할 수 없다"고 말하는 사람이 있었습니다. 보건복지의료 전문가 중에서도 위와 같은 발언을 하였던 사람이 있어서 놀랐습니다. 이러한 인식은 유감스러운 일입니다. 모르더라도 '알려고'하는 것이 중요합니다. 생명지킴이가 되려는 사람은 사람의 상태나 마음에 대한 상상력이나 공감하는 힘을 가질 필요가 있습니다.

(5) 여러 가지 계기나 이유가 있는 것을 인식한다

자살위기의 상태로 되는 데는 여러 가지 계기가 있습니다. 신체적·심리적·사회적 상태의 모든 요소가 계기가 될 수 있습니다. 그 위에 복수의 계기가 복합적으로 엉켜서 자살로 내몰리는 경우가 많습니다(주: 몇 년 전까지 정부<경찰청>의 자살통계자료에는 자살의 이유를 한 명당 한 건만으로 집계해 왔습니다. 그러한 통계방법에 대해서는 비판이 있었습니다. 그래서 최근에는 한 명의 자살 이유를 복수의 원인으로 집계해서 올리게 되었습니다).

그러면 자살의 계기나 이유는 어떻게 다양한 것일까요?

① 신체적 측면의 계기나 이유

신체적인 측면만으로도 여러 가지 계기가 있을 수 있습니다. 예를 들면, 난치성 병이나 불치병, 장애를 갖고 있거나 고통이 따르는 병 등이 계기가 되기도 합니다. 알코올 의존증, 약물 의존증 등도 자살과 강한 상관관계를 갖습니다. 또 신체적인 부분에 대한 자기 생각이 원인이 되는 경우도 있습니다. 현재의 아름답고 못생김(얼굴이나 신체 부분)도 있다면, 과거와 비교해서 변화가 일어난 것(아름다움을 잃었다, 나이 들었다 등)도 계기가 됩니다.

② 사회적 측면의 계기나 이유

사회적 측면에 대해서는 가족관계, 지인관계(소속집단과의 관계) 등이 크게 관련되어 있습니다. 가족관계에서는 부부관계, 부모와 자식관계, 형제관계, 고부·시부와의 관계 등의 갈등과 같은 것들이 계기가 됩니다. 폭력 등에 따른 가족 간의 갈등은 더욱 심각합니다. 학대나 가정폭력(DV)은 자살과 강한 연관성을 갖습니다. 피해를 받은 쪽은 물론 가해자 측도 자살할 확률이 높아진다고 합니다. 한편으로는 가까운 사람을 잃는 경험도 강한 관계성이 있습니다.

지인관계(소속집단과의 관계)에서는 학교·직장·지역 내에서의 인간관계가 잘 안되거나 나쁜 방향으로 변화(집단 따돌림, 직장 내 괴롭힘, 배제)하는 것 등이 계기가 됩니다. 연애관계에서의 갈등도 계기가 되며, 연애를 할 수 없다거나 연애 실패, 불륜 등도 계기가 될 수 있습니다.

사회적 관계에서는 생활과의 관계도 큰 요인으로 됩니다. 업무관계, 금전관계, 학업관계, 취업관계 등이 크게 관계되어 있습니다. 업무관계에서는 일이 잘 안 풀린다, 실업, 사업실패 등이 있습니다. 이것들과 크게 관계가 있는 것은 금전관계입니다. 수입이 없다, 수입 원천이 없어졌다 등은 자살의 큰 요인이 됩니다. 또한 빚 문제, 타인의 빚을 떠맡는 것 등은 심각한 문제입니다. 그리고 젊은 세대에게는 학업에 있어서 좌절하거나 취직에서의 좌절이 큰 요인이 됩니다.

③ 심리적 측면의 계기나 이유

위와 같이 신체적 혹은 사회적 측면에서 문제를 갖게 되면, 사람에 따라 완전히 궁지에 내몰리게 되는 경우가 있습니다. 그 중에서도 절망감, 무력감, 견딜 수 없는 고독감, 딜레마, 남에게 짐이 된다는 느낌 등은 자살과 강한 관련성을 갖고 있습니다(Joiner, Kalafat & Draper et al., 2007). 이러한 느낌은 강한 정신적인 고통을 초래합니다.

정신적인 고통이 크더라도 완충재(buffer)가 충분한 사람은 자살을 생각하는 데까지 이르지 않을 수도 있을 것입니다. 완충재에 대해서는 나중에 언급하겠습니다만, 완충재가 될 만한 요소를 갖고 있지 않은 사람일수록 자살을 생각하게 되는 경우가 많다고 합니다.

④ 신호를 알아차린다

자살위기에 있는 사람은 어떠한 신호를 보내고 있다고 합니다. 그것은 대화, 태도, 모습, 행동 등 놓치기 쉬운 것이지만, 평소 그 사람을 알고 있는 사람이라면 '평소와는 다르다'고 느낄 수 있는 것일 수도 있습니다.

또 평소 그 사람을 모르는 사람이라도 대화, 태도, 모습, 행동, 신체증상, 감정표현 등을 보고 '왠지 걱정된다'고 신경이 쓰인다면 주저하지 말고 말을 걸어보는 것이 필요합니다. 예를 들면, 자살다발지역에서 자살예방 활동을 하고 있는 분들은 전혀 모르는 타인의 태도, 모습, 행동을 보고 판단하여 주저하지 않고 말을 겁니다. 이것이 바로 자살예방 생명지킴이에게 요구되는 행동을 하는 것입니다.

⑤ 성별이나 연령에 따른 경향을 알아둔다

자살에 이르는 계기나 이유는 성별·연령에 관계없이 생기는 것도 있지만, 성별·연령에 따라 어떠한 경향이 보이기도 합니다. 예를 들면, 여성보다 남성들이 직업이나 금전관계의 문제를 안고 있어서 자살에 대한 생각에 빠지는 경우가 많을 것입니다. 한편, 남성보다 여성이 육아나 시댁의 가족관계 때문에 문제를 갖게 되는 경우가 많을 것입니다. 또, 연령이 높은 사람보다는 젊은 사람이 학업이나 취업에 관한 문제를 안고 자살에 대한 생각에 빠지는 일도 많을 것입니다. 반면, 연령이 높은 사람은 주변사람들의 죽음이나 질병에 관한 문제를 안고 있을 경우가 많을 것입니다.

자신과 다른 성별·연령의 사람을 지원할 때는 자신과 다른 관점이나 사고를 갖고 있다는 것을 전제로, 상상력과 공감할 수 있는 힘을 바탕으로 이야기를 들을 필요가 있습니다. 자살에 이르는 계기나 이유는 성별·연령에 따른 경향을 갖고 있다고는 하지만 각양각색이라는 것에는 변함이 없습니다.

⑥ 지역 내에서 알아차리는 사람이 있다는 것이 중요하다

자살의 계기나 신호는 "이것만 신경을 쓰고 있다면 된다."는 것이 아닙니다. 그래서 지역 내에서 자살위기에 있는 사람과 접할 기회가 많은 사람들이 생명지킴이로서 "알아차리자"라고 신호를 포착하는 것이 중요합니다. 바쁘더라고 신호를 놓치지 않으려고 하는 사람이 많은 것이 중요합니다.

3. 신뢰관계를 구축한다

(1) 자살위기에 있는 사람의 특징을 이해한다

신뢰관계를 구축하는 전제로서 자살위기에 있는 사람에게 자주 보이는 특징을 이해해두는 것이 중요합니다. 이들의 핵심을. ① 양가성(ambivalent), ② 시야협착, ③ 정신적 고통, ④ 살아갈 이유를 찾

고 싶다 등으로 나누어서 설명하겠습니다.

① 양가성

자살위기에 있는 사람은 상반되는 두 가지 마음을 동시에 갖고 있습니다. 그러한 상태를 '양가성'(ambivalent)이라고 합니다. 확실히 '죽고 싶다'라고 생각하고 있지만, 동시에 '살고 싶다'라고도 생각하고 있습니다. 그래서 자살위기에 있는 사람의 양가성을 이해하는 것이 중요합니다. 그 두 가지 마음을 이해하고 우선 그 각각의 마음 상태에 가까이 다가갑니다. 다만, 전체 대화를 통해서는 '죽고 싶은' 마음을 지지하고 강화시키는 것이 아니라, '살고 싶은' 마음으로 바꿀 수 있도록 지원하고 강화시키며 지원해 나갑니다.

② 시야협착

자살위기에 있는 사람은 시야가 좁아져서 상황을 일방적으로만 본다고 합니다. 그러한 상태를 '시야협착'이라고 합니다. 객관적으로는 해결 가능한 문제를 갖고 있어도 혹은 '죽음'이라는 선택을 할 만큼의 큰 문제는 아닌 것으로 보이더라도, 유일한 선택지가 자살이라고 굳게 믿어버립니다. 이것을 두고 "어둡고 긴 터널 속에 있는 것 같다."고 표현하는 사람도 있습니다. 그래서 자살위기에 있는 사람의 시야협착 상태를 이해하고 그러한 상태에서 탈출하여 시야가 열린 상태로 될 수 있도록 지지하고, 지원해나가야 합니다. 마음에 다가서면서 최종적으로는 다른 선택지도 있으며, 죽음 이외의 방법이 있다 하는 방향으로 마음이 움직이도록 합니다.

③ 정신적 고통

자살위기에 있는 사람은 자신의 정신적 고통을 이해해주기를 원하고 있습니다(Shneidman, 1985=1993). 그래서 생명지킴이는 초기개입 시 우선 정신적 고통을 이해하려고 하는 것이 특히 중요합니다. 죽으려고 생각할 만큼 내몰린 상태, 생각, 마음을 이해하는 것이 중요합니다.

구체적으로는 자살위기에 처해 있는 사람의 절망감, 무력감, 견디기 힘든 고독감, 딜레마, 타인에게 짐이 되고 있다는 생각 등을 이해하는 것이 특히 중요합니다. 그리고 그러한 마음에 맞추어 공감하려고 노력하고 있는 것이 상대에게 전달되도록 소통을 할 필요가 있습니다.

정신적 고통을 이해하고 있다는 것을 전달하려고 할 때, "괴롭겠네요" "힘드시겠네요" 등 대충 마음의 이해에 머물러서 매뉴얼을 그대로 읽는 것처럼 대응하지 않는 것이 중요합니다.

또, 자살위기에 있는 사람이 지니고 있는 문제를 파악할 수 있을 때, 정신적 고통을 충분히 이해하기 전에 해결책을 미리 제시해버리는 사람이 있습니다. 그러나 해결방법의 제시나 다른 사람 또는 기관에 상담하러 가도록 설득하기 전에 충분이 정신적 고통을 이해하려고 하는 모습을 전해주는 것이 중요합니다. 그렇게 함으로써 신뢰관계를 비로소 구축할 수 있게 되는 것입니다.

④ 살아갈 이유를 찾고 싶다

자살위기에 있는 사람은 살아갈 이유를 찾고 싶다고 생각하고 있습니다. 자살위기에 있는 사람은 이제 자신이 세상에 머물러 있을 이유가 없다 혹은 있어서는 안 되다고 믿고 있는 경우가 있습니다. 한편으로는 어디에선가 살아갈 이유, 살아갈 의미를 찾아내고 싶다고 생각하고 있습니다. 그래서 생명지킴이가 되는 사람은 초기개입을 할 때, 살아갈 이유를 함께 찾으려고 노력해야 합니다. 이 세상에 머물기 위한 이유를 찾으면 죽지 않는 결단을 내릴 수 있게 되기 때문입니다.

이상과 같은 상태에 있는 것을 이해한 상태에서, 초기개입을 해나갈 필요가 있습니다.

(2) 신뢰관계 구축의 중요성

누군가의 상담을 받거나 지원을 하기 위해서는 우선 신뢰관계를 구축하는 것이 중요합니다. 내담자는 '이 사람이라면 이야기해도 되겠다'라는 생각을 하게 되면서 비로소 마음을 여는 것입니다. 반대로 '이 사람은 신뢰할 수 없다', '이 사람은 어차피 내 이야기를 들으려고 하지 않아'라는 생각이 들면 마음을 닫을 것입니다. 지역에서 활동하는 생명지킴이는 "선생님, 고민이 있습니다. 들어주세요"라고 하면서 오는 능동적이고 온순한 내담자만을 상대하는 것이 아닙니다. 그렇기 때문에, 신뢰관계를 구축하는 고도의 스킬을 지닐 필요가 있습니다. 신뢰관계를 구축하는 스킬은 강의를 수강하고 머릿속에서 이해하는 것만으로 누구나 바로 할 수 있는 것이 아닙니다.

신뢰관계의 질은 그 후의 지원 결과에도 큰 영향을 주는 것으로 밝혀졌습니다. 일반적인 상담지원 관계에서 피상담자에게 어떠한 방법·접근법을 사용할 것인지 등의 요소와 비교하더라도, '신뢰관계의 질'이 그 후의 내담자에 대한 지원효과보다 더 큰 영향을 준다는 것이 밝혀졌습니다(Lambert, 1992).

자살위기에 있는 사람을 깊이 이해하기 위해서는 그 사람의 정신적 고통을 충분히 이해한 후에 신뢰관계를 구축해갈 필요가 있습니다. 신뢰관계를 구축하기 위해서는 수용하고 공감할 수 있는 힘이 요구됩니다. 실제로 신뢰관계를 구축해갈 때는 여러 가지 스킬을 사용합니다. 신뢰관계를 구축하기 위해 필요한 스킬은 지금까지 여러 가지가 소개되어 있습니다. 여기에서는 대인원조의 접근법으로서 과학적으로도 그 유효성이 인정되고 있는 동기부여 면접(Miller & Rollnick, 2002)에서 소개되고 있는 스킬의 일부를 중심으로 설명하겠습니다. 구체적으로는 ① 열린 질문, ② 긍정한다, ③ 공감적 반영, ④ 핵심어를 반복한다, ⑤ 정리한다 등입니다.

① 열린 질문

열린 질문이기 때문에 "예", "아니요"로는 대답할 수 없는 질문입니다. 열린 질문의 반대어가 닫힌 질문입니다, 닫힌 질문은 "예", "아니요"로 대답하는 질문입니다. 예를 들면, "지금 괜찮지요?"라고 물으면 "예."라고 대답하거나 "아니요."라고 대답하게 됩니다. 그래서 "당신은 괜찮지요?"는 닫힌 질문입니다. 닫힌 질문은 그 후의 대화가 확장되지 않는 경향이 있습니다.

닫힌 질문은 질문자의 가치관이 강요되기 쉽습니다. 예를 들어, "설마 없어지려는 것은 아니지요?"라는 질문은 "예"나 "아니요"로 대답하는 질문입니다. 질문자 측이 "없어질 일이 없다"고 가정하고 있는 것이 드러나 보입니다. 한편, "앞으로 어떻게 할까요?"라든가 "어딘가 갈 생각이세요?"라는 물음은 "예"나 "아니요"로는 대답할 수 없는 질문입니다. 대답할 수 있는 폭이 넓기 때문에 그 후의 대화로 이어지게 됩니다.

"예", "아니요"로는 대답할 수 없어도, 답이 하나밖에 없는 질문도 그 후의 대화로 확장되기 어렵습니다. 예를 들면, "오늘 아침식사로 무엇을 먹었습니까?" "당신은 몇 살입니까?" "당신의 출신지는 어디입니까?"등의 답변은 정해져 있습니다. 내담자는 정해진 답변만을 말하기 쉽습니다.

한편 "컨디션은 어떻습니까?"라고 물으면 상대는 "예"나 "아니요"로는 대답할 수 없습니다. 이것은 열린 질문입니다. 답에는 여러 가지 선택지가 있습니다. "컨디션이 아주 좋습니다"라고 대답할 수도 있습니다. "최악의 컨디션입니다"라고도 대답할 수 있습니다. 또 "보통입니다"나 "그냥 그렇습니다"라고도 대답할 수 있습니다. 이와 같이, 대답하는 측이 대답을 폭넓게 할 수 있도록 하는 질문이 열린 질문입니다.

대화를 처음 할수록 이러한 열린 질문을 해나가는 것이 중요합니다. 그렇게 함으로써, 자살위기에 있는 사람이 조금씩 이야기를 시작하게 됩니다.

② 긍정한다

여기에서 긍정한다는 것은 '상대 마음이나 생각을 인정하고 일단 받아들이는' 것을 말합니다. 이때, 질문자 측의 가치판단을 강요하지 않는 것이 중요합니다.

자살위기에 있는 사람의 생각이나 가치관이 반드시 지원하는 측과 일치하는 것은 아닙니다. 때로는 부정적일 수도 있거나 소극적일 수도 있으며 반사회적일 수도 있습니다. 상대가 자신과 너무나 다른 생각이나 가치관을 갖고 있을 때, 상대의 이야기를 일단 받아들이는 것조차 어렵다고 느낄 때도 있습니다.

특히 자신의 생각이나 가치관이 '옳다'고 생각하는 사람은 무의식적으로 '긍정하지 않는' 것을 반복하고 있는 경우가 있기 때문에 주의해야 합니다. 자신의 생각이나 가치관이 사회적으로 더 받아들이기 쉬운 것일 때, 상대의 생각이나 가치관을 쉽게 부정하거나 무시하고 자신의 생각이나 가치관을 강요하려고 합니다.

그래서 자살위기에 있는 사람에게 초기개입에서는 어떠한 생각이나 가치관이더라도, 자신과 다르다고 하더라도, 의식적으로는 일단 긍정하도록 합니다. 그렇게 함으로써 상대에게 '이 사람은 자신의 생각을 강요하려 하지 않는다'는 느낌이 전해집니다. 사람은 상대가 자신에게 가치판단을 강요하지 않는다는 사실을 알고 난 후에 마음을 열기 시작하는 것입니다.

③ 공감적 반영

공감이란, '상대의 입장이라면 어떤 기분일까?'라고 상상하고, 그 마음을 느끼려고 하는 것입니다. 공감은 상상하거나 느끼는 것으로서 지원자 측의 내면적인 움직임이 됩니다. 공감하는 데에는 상대의 입장이나 그것에 따르는 마음을 상상하는 힘이 필요합니다. 섬세한 수준의 감정을 느껴서 알 수 있게 될수록 공감하는 힘은 커지게 됩니다. '힘들다', '괴롭다', '지쳤다' 이 세 가지의 감정뿐만 아니라, 조금 더 섬세한 수준의 마음을 상상할 수 있게 되는 것이 바람직합니다. '힘든' 것이라는 것은 내몰린 것인가, 압도된 것인가, 절망감인 것인가, 딜레마에 빠진 것인가. '괴로운' 것이나 '지친' 것은 고독하기 때문인가, 속이 타기 때문인가, 무력감에 시달리고 있기 때문인가. '힘들다', '괴롭다', '지친다' 등 크게 묶을 수 있는 감정 뒤에 있는 섬세한 기분을 상상할 수 있으면 좋습니다.

공감은 동정과는 다릅니다. 동정은 이야기를 듣는 측이 느낀 감정입니다. '가엾다', '불쌍하다'등의 감정은 인간다운 감정이지만 공감되지 않습니다. 동정은 굳이 말하자면, 한쪽이 안전하다고 느껴지는 입장에 있을 때 느끼는 감정입니다.

반영은 상대에 대해 상상했던 마음을 상대에게 전달하는 것입니다. 원래 반영 혹은 반사는 언어로 표현하는 것뿐만 아니라 비언어적 소통으로도 할 수 있고, 그것이 중요하다고 여겨져 왔습니다. 그러나 공감할 수 있다고 하는 것을 상대에게 전달하는 데에는, 상대에 대해 상상했던 마음을 언어화해서 전달하는 것이 보다 강한 효과를 볼 수 있습니다.

공감은 '자신의 체험 공유'와는 다릅니다. 공감적 반영이 이루어지도록 촉진하면, "저도 비슷한 경험이 있어요"라든지 "저도 같은 마음이 되었던 적이 있어요"와 같이 자신의 체험이나 감정을 말하는 사람이 있습니다. 그러나 그러한 것들은 자기개시(自己開示)입니다. 피어 서포트(동료지원, peer support)나 자조그룹의 장(주: 비슷한 과제를 가진 사람들끼리 서로 유지하기 위하여 모이는 모임)에서는 상담을 받는 측이 자기개시를 하는 것에 큰 의의가 있습니다. 그러나 일반 상담의 경우에는 원칙적으로 보다 적절한 응답이 우선되어야 합니다. 너무 빠른 자기개시로 인해서 이야기 초점이 모처럼 내담자(자살위기에 있는 사람)에게 맞춰져 있던 것을 자신(지원자 측) 쪽으로 끌어당기는 경우가 있습니다. 이야기 초점이 지원이 필요한 측에서 지원하려고 하는 쪽으로 옮겨가 버리면 이야기가 깊어지지 않을 위험성이 높습니다.

④ 핵심어를 반복한다

핵심어를 반복한다는 것은 상대 이야기 속에서 핵심이 되는 이야기를 반복하는 것입니다. 자살위기에 있는 사람이 이야기를 시작하면, 생활상황이나 신체·심리·사회적인 상황에 대해 이야기를 할 때도 있습니다. 이때 우선 맞장구를 치는 것이 중요합니다. 다만, 맞장구에서 머무는 것이 아니라 상대 이야기 속의 핵심이 되는 말을 반복적으로 이야기해주는 것이 효과적입니다. 이때 핵심어의 어미를 거론하지 않고 중립적으로 이야기하도록 합니다. "치료가……", "가족에게……", "직장 상사가……", "새벽 3시에……", "승강장의 빈 곳……" 등 화제의 중심이 되는 핵심어를 반복함으로써, 지원자의 말이 상대의 귀에 들어가 '이야기를 잘 들어 주는구나'라고 하는 것이 전달됩니다.

⑤ 정리한다

정리한다는 것은 상대의 이야기를 요약하는 것입니다. 자살위기에 있는 사람이 자신의 생활상황이나 신체·심리·사회적인 상황 등에 대해 이야기를 했을 때, 상대 이야기를 요약하고 일단락 시킬 때 이뤄집니다. 정리한 내용을 상대에게 말함으로써, 지원자 측이 상대의 이야기를 정확하게 이해하고 있는지의 여부를 확인합니다. 상대가 보충 설명하고 싶은 것이 있다면 보충하도록 하고, 또 잘못 이해된 부분이 있다면 정정하게 하는 등 서로 소통하면서 서로에 대한 이해를 깊게 합니다.

예를 들면, "그렇다면 수입이 ○○한 상태이고, 현재 ○○병을 앓고 있고, 가족에게는 ○○같은 취급을 받고 있다고 느끼고 있군요. 그래서 기분이 ○○게 되어서 궁지에 내몰린 것 같은 기분이 되었군요" 등 상대 이야기의 내용을 요약하고 말로 표현합니다. 자살위기에 있는 사람에게 지원자의 말이 귀에 들어가서 머릿속이 정리되도록 기여하는 측면도 있습니다. 참고로 여기에서 제시한 사례는 길었지만, 어느 정도 이야기를 정리해서 말할 내용이 있다면, 그때마다 짧게 정리해서 말해주는 것도 좋습니다.

(3) 경청만으로는 충분하지 않다

카운슬링의 기본을 배우다 보면 경청을 강조하는 것을 알 수 있습니다. 경청(마음을 기울여서 상대의 이야기를 듣는 것)은 매우 중요합니다. 그러나 경청만으로는 자살위기에 있는 사람을 대응하는 방법으로서 충분하지 않습니다.

예를 들면, 임의로 자살 위기개입의 스킬에 대한 연수를 받았던 그룹과 경청·공감을 배우는 피어 카운슬링(동료상담, peer counseling) 연수만을 받았던 그룹을 대조군으로 비교한 결과, 경청·공감 중심의 연수를 받은 쪽에서는 자살위기에 있는 사람들에 대한 개입 스킬이 충분하지 않았다고 보고되어 있습니다(Stuart e el., 2003).

또한 미샬라 등(Mishara et al., 2007a)은 미국 전체의 자살 핫라인 전화상담(2,611건)을 모니터링조사하고 상담원의 언동에 대해 얻은 자료에서 '지지적 접근과 좋은 신뢰관계', '협동적 문제 해결', '경청', '하지 말아야 할 응답' 4가지 인자를 추출하였습니다.

미샬라 등(Mishara et al., 2007b)은 다른 연구에서 이들 4가지 인자의 수준 평가, 상담원의 상담내용의 '공감', '존중', '방향성 제시'의 정도와 상담자의 감정이나 상태의 개선상황과의 관계를 분석하였습니다. 그 결과, '지지적 접근과 좋은 신뢰관계'의 인자 및 '협동적 문제 해결' 인자는 상담자의 '개선'과 강한 상관관계를 보였습니다. 그러나 '경청'의 인자는 상담자의 '개선'과 상관관계가 보이지 않았습니다.

게다가 상담원의 상담내용에서는 '공감', '존중'의 평가가 높을수록, 상담자의 개선상황이 좋아진다는 결과가 나왔습니다.

또 '방향성 제시'에 대해서는 '상담자 이야기의 흐름에 맞춰서 이야기를 듣고 지원자는 전혀 방향성을 제시하지 않는다'는 것에서부터 '지원자가 방향성을 제시하고 이야기를 듣는다'는 5건법(5件法)에 따른 평가를, '지원자는 방향성을 제시하지 않는다', '양자의 혼합', '지원자가 방향성을 제시한다'의 3단계로 집약하여 분석하고 있습니다. 그 결과, '양자혼합' 형태의 상담방식이 가장 크게 상담자의 개선으로 이어졌습니다. 이어서 '지원자가 방향성을 제시한다'가 그 뒤를 이었고, '지원자는 방향성을 제시하지 않는다'는 상담방식은 상담자의 개선으로 이어지기가 가장 어렵다고 하는 결과가 나왔습니다.

이러한 점들은 협동적 문제해결 혹은 지지적 접근을 바탕으로 하는 신뢰관계를 구축한다면, 상담자의 감정이나 상태를 개선하기가 쉽다는 점을 시사하고 있습니다. 한편, 경청만으로는 상담자의 감정이나 상태 개선이 이뤄지지 않는다는 것을 알려주고 있습니다.

또한, 상대의 이야기 흐름에 따라 이야기를 듣기만 하는 것보다는 상담을 받는 자가 일정한 방향성을 제시하는 면담을 하는 쪽이 상담자의 개선으로 이어진다는 조사결과가 있습니다. 자살위기에 있는 사람의 개입에서 경청만으로는 충분한 효과를 얻을 수 없다는 것을 시사해주는 점입니다.

4. 놓여있는 상황을 파악한다

(1) 놓여있는 상황을 파악한다

생명지킴이가 되는 사람이 "왠지 모르게 신경 쓰인다."고 느낀다면, 그 사람은 앞에서 말했던 스킬을 활용하면서 신뢰관계를 구축해야 합니다. 생명지킴이가 공감적이고 비판적이지 않은(자신의 가치판단을 강요하지 않는) 태도를 계속 취한다면, 자살위기에 있는 대다수의 사람들은 마음을 열고 이야기를 할 것입니다.

조프(Joffe, 2008)는 자살위기에 있는 사람(미수자 포함)에 대한 초기 면담에서 평가를 중심으로 하는 중요성을 지적하고 있습니다. 자살 위험과 함께 자살시도 때의 상황이나 환경을 우선적으로 평가하고 생각이나 감정의 재구축을 지원하는 것의 중요성을 지적하고 있습니다. 그런 뒤에 성장이력 등을 파악하는 것이 중요하다고 설명하고 있습니다.

생명지킴이는 자살위기에 있는 사람이 처한 상황을 파악하기 위해 노력하고, 자살을 생각하는 데까지 이르게 된 계기나 이유, 현재의 문제 상황 등을 파악하는 것이 중요합니다. 자살은 복합적인 문제입니다. 자살위기에 있는 사람 대부분은 하나의 고민만을 갖고 있는 것이 아니라 주된 고민 이외에도 여러 가지 고민을 갖고 있습니다. 생명지킴이는 자살위기에 있는 사람이 처한 상황의 다면성과 시간 축을 의식하면서 상황을 파악해가야 합니다.

(2) 계기나 이유의 파악

자살생각에 이르기까지는 어떤 계기나 이유가 있습니다. 자살위기에 처해 있는 사람이 마음을 열려고 한다면 그 사람에게 어떤 지원이 필요한지를 알기 위해 자살을 생각하게 된 계기나 이유를 물어봐야 합니다.

상대의 상태를 보면서, 어떠한 계기로 마음이 내몰리게 되었는지 등 질문을 통해 파고 들어갑니다. 많은 사람들은 주로 문제가 되는 것(예를 들면, 수입 감소, 학업부진, 인간관계 파탄, 배제된 경험 등)

을 거론하면서 그것에 대해 고민하며 이야기를 합니다.

한편 계기나 이유는 복합적인 경우가 많습니다. 그래서 가장 큰 문제가 어느 정도 명확하게 드러난 후, 그 사람이 다른 부분에서도 갈등을 갖고 있지 않은지도 확인해야 합니다. 자살은 복합적인 문제이기 때문에 가장 큰 문제만을 다루는 것만으로는 충분하지 못한 경우가 많기 때문입니다.

이때 의식하면 좋은 것은, ① 신체적인 상황(질병이나 장애 등), ② 일상 활동과 관련된 사회적 상황(직업, 학교, 다니고 있는 기관 등), ③ 비공식적인 관계와 관련된 사회적 상황(가족, 친구 관계, 지역민과의 관계 등), 그리고 ④ 경제적인 상황(수입, 빚 등)에 관한 문제나 갈등의 유무를 물어보는 것입니다.

참고로 이 시점에서는 자살위기에 있는 사람이 어떤 문제 때문에 고민하고 갈등하고 있는지를 파악하기 위해 질문을 하는 단계입니다. 그래서 "가족과 상담했습니까?" 등의 질문은 피하는 쪽으로 하는 것이 좋을 것입니다. 상대의 문제를 어느 정도 파악하기 전에 미리 그러한 질문을 하면, "제가 아니라 다른 사람에게 상담했더라면 좋았을 텐데"라는 메시지를 상대에게 전달하는 것으로 되어 버립니다. 모처럼 신뢰관계를 구축하여 (친하지 않을지도 모르는) 사람에게 무거웠던 입을 열고 상담을 시작하려고 한 것이기 때문에, 그 사람이 안고 있는 문제를 포괄적으로 파악해가야 합니다.

(3) 현재 상황의 파악

그들이 처한 상황을 파악하기 위해서는 앞의 항에서 밝힌 문제나 갈등을 갖고 있는 영역인 '지금 현재'의 상황을 파악하는 것도 중요합니다. 문제나 갈등을 갖고 있는 영역이 병이나 장애일 경우라면, 지금 현재의 컨디션, 통증의 유무, 수면, 식욕이나 의욕 정도나 빈도를 묻습니다. 학교나 직장 등에 관한 경우는 현재 그 문제의 심각성이나 곤란한 정도를 묻습니다. 가족이나 친구 관계에 갈등이 있는 경우는, 지금 가족이나 친구와 관련된 정도나 질적인 면을 묻습니다. 수입이 없어진 상황이라면 일상생활이 가능한지, 대출이 있다면 그 금액은 어느 정도인지, 현재 수입의 상환으로 대출 금액이 줄어들고 있는지 등을 묻습니다. 이와 같이 긴장이나 갈등을 갖고 있는 영역을 파악할 수 있다면, 현재 상황을 구체적으로 물어도 괜찮을 것입니다.

(4) 문제나 과제를 입체적으로 파악한다

문제나 과제는 입체적으로 파악하는 것이 중요합니다. 문제나 과제는 시간의 흐름 속에서 조금씩 커져가다가 지금 현재에 이르는 경우가 많습니다. 그래서 우선 문제나 과제가 생긴 발생 시점을 파악해야 합니다. 발생 시점을 알 수 있다면, 지금에 이르기까지의 기간도 알 수 있습니다. 그리고 초기 상황과 지금 현재 상황의 두 가지 모두에 대해 묻습니다. 상황은 정도, 빈도 등을 물으면서 파악합니다. 이렇게 묻다보면 문제나 과제를 입체적으로 파악할 수 있습니다. 예를 들면, 불면 등으로 인해 몸 상태가 안 좋다면 언제쯤부터 잠을 잘 잘 수 없었는지, 그리고 처음에는 불면의 정도가 어느 정도였고 지금은 어느 정도인지 등을 파악함으로써 그 기간과 처음의 상태, 그리고 지금의 상태를 알 수 있고 불면의 상태를 입체적으로 파악할 수 있게 됩니다.

(5) 상황을 파악하고 '걱정'이라고 느꼈다면

신뢰관계를 맺고 그 사람이 마음을 열고 자신이 처한 상황에 대해 보여주었다면, 지원자는 '이 사람은 괜찮을까?' 또는 '걱정이네'라고 느낄 때가 있습니다. 특히 우울증의 대표적인 증상 중 몇 가지에 해당된다면 더욱 그렇습니다(앞의 <표 3-3> 우울증과 자가진단표 등 참조). '괜찮을까', '걱정이네'라는 생각 속에는 '죽어버리는 것은 아니겠지'라는 근심이나 두려움이 함께 하는 경우가 많습니다. 그러한 근심이나 두려움을 무시하지 말기 바랍니다. 당신이 모처럼 느낀 '괜찮을까', '걱정이다'라는 마음은 어쩌면 타당한 근심이나 두려움인 경우가 많기 때문입니다. 그래서 자신이 '걱정이다'라고 느끼는 마음을 자살위험 평가에 활용하기를 바랍니다.

5. 자살 위험성을 측정한다

(1) 자살위험 평가의 중요성

지원자가 '이 사람이 자살을 생각하고 있지는 않을까, 걱정된다'라고 느꼈다면, 자살위험 평가를 시행합니다.

조이너 등(Joiner et al., 2007)은 미국 전체의 120곳 자살예방 전화상담의 표준모델을 수립하는 프로젝트에서 전체를 망라하는 문헌조사를 실시하고, 자살위험의 평가에 필요한 요소를 뽑아서 정리하였습니다. 자살위험을 파악하기 위해서는 자살 요인에 관한 사실관계 파악, 그리고 자살의 의도를 확인하는 것이 중요하다고 지적하고 있습니다. 일본에서도 지금까지의 생명의 전화를 통한 자살위험도의 평가방법이 보고되었는데(原, 1983), 그 내용에서도 자살의 의도를 확인할 필요성을 지적하고 있습니다.

(2) 4명 중 1명(23.4%)은 자살하고 싶다고 생각해본 적이 있고, 20명 중 1명은 1년 이내에 자살하고 싶다고 생각해본 적이 있다.

사람은 일어나지 않기를 바라던 일이 일어날 것 같은 예감이 들때, '일어날 리가 없다'고 자신을 다독입니다. 그것은 자살에 대해서도 마찬가지입니다. 고민이 있는 사람의 상담을 받았을 때, '이 사람이 자살을 생각하고 있을 리가 없다'고 자신을 다독거리는 경우가 있습니다. 그러나 내각부가 성인 3,000명을 대상으로 실시한 조사에 따르면, '자살하고 싶다고 생각해 본 적이 있는' 사람은 유효 응답자(2,017명) 중 23.4%(472명), 즉 거의 4명 중 1명이었고, 20%에 해당하는 22.7%(107명)은 "1년 이내에 자살하고 싶다고 생각해 본 적이 있다"고 응답하였습니다. 즉, 응답자의 20명 중 1명은 1년 이내에 자살하고 싶다고 생각해 본 적이 있다는 것입니다. 자살을 생각하는 것이 그다지 놀라운 일은 아닙니다(內閣府, 2012). 한편, 장(張, 2006)이 대학병원 정신과 수진자(임의로 협력을 얻을 수 있었던 93명: 우울증 관련자 중 72명, 조현병 관련자 중 21명)를 대상으로 한 조사에서는, "죽고 싶다고 생각해 본 적이 있는가?"라는 물음에, 우울증 관련자 중 78%, 조현병 관련자 중 76%가 "있다"고 응답하였습니다. 그리고 "자살을 생각해 본 적이 있는가?"라는 물음에는 우울증 관련자 중 56%, 조현병 관련자 중 57%가 "있다"고 응답하였습니다. 즉, 정신과 수진자 중 절반이 자살로 인생을 끝내고 싶다고 생각하고 있다는 것입니다(pp. 139-156).

'괜찮을까', '걱정된다'라고 생각하고 있는데, '그런 일은 일어날 리가 없다'고 스스로 판단해버리는 것은 위험합니다. 본인에게 확인하지 않고, 이런 것을 판단해서는 안 됩니다. 그렇기 때문에 본인에게 "자살의 의도가 있는지 아닌지"에 대해 묻고 확인하는 것이 중요합니다.

(3) 자살예방 상담 전문교육을 받아도 자살위험 평가를 실시할 수 없는 경우가 있다

칼라파트 등(Kalafat et al., 2007)이 자살방지센터 전화상담에 걸려온 상담 중 임의로 조사에 협력한 2,702개의 전화 내용을 분석하였는데, 자살방지센터 관계자는 1,085명을 '자살 의사 있음', 1,617명을 '자살의사 없음'으로 분류하였습니다. '자살의사 없음'으로 분류된 사람 중 팔로우업 조사에 동의한 801명에 대해 3주 후에 조사를 실시하였습니다.

그 결과, 52명은 "자살예방 상담을 위해 전화를 걸었을 때, 자신에게는 자살의사가 있었다"고 응답하였고, 그 중 27명은 "전화상담원에게 자살의사가 있다는 것을 전했다"고 응답하였습니다. 상담원은 이들의 전화 상담을 받으면서, 자살의사의 확인이나 자살위험 평가를 적절하게 시행하지 않았던 것으로 보입니다. 이들은 자살방지센터에 전화를 걸어 상담한 것 때문에 "오히려 기분이 침울해졌다."고 응답하고 있습니다(Kalafat et al., 2007).

이처럼 전문교육을 받은 전화상담원이라도 자살위험 평가를 충분히 하지 못하고 있는 현재의 상황이 보고되고 있습니다. 자살하려는 의사가 있어서 자살방지를 위한 전용전화로 스스로 전화를 하였던 상담자 가운데, 7%가 조금 안 되는 사람들이 상담원에게서 '자살의사가 있다'는 평가를 받지 못한 채 전화를 끊었다는 것을 의미합니다.

이러한 점에서, 지식전수 형태의 연수나 짧은 연수에서는 주저하게 되는, 일반적으로는 묻기 어려운 평가를 위한 질문항목 등은 습득하지 못하는 것으로 추측됩니다.

(4) 자살을 화제로 하더라도 자살을 조장하는 것은 아니다

자살을 화제로 삼으면, 자살하도록 선동하는 것은 아닐까 하고 생각하기 쉽습니다만, 그것은 틀린 것이며, 속설입니다. 세계보건기구(WHO)의 '카운슬러를 위한 길잡이'에서는 "카운슬러가 환자와 자살에 대해 이야기를 나누면, 환자에게 자살생각을 일으키게 된다고 하는 것은 잘못된 것이다"라고 강조하고 있습니다. 카운슬러가 자살에 대한 이야기를 꺼내는 것만으로는 자살행위가 일어나는 경우는 없으며, "실제로는 그 사람의 신체에 나타날 정도의 일시적 감정에 대한 평가나 스트레스로 인해 발생한 상태를 정상화시키는 것이 자살생각의 경감을 위한 필수 요소이다"(WHO, 2000=2007)라고

하고 있습니다. 즉, 그 사람의 마음을 받아들여 대응하거나 일상생
활의 문제를 해결하거나 경감시키는 것들을 통해서 비로소 자살하
려는 생각이나 시도가 없어지게 되는 것입니다.

(5) 자살을 화제로 삼으면 오히려 자살의 충동성은 일시적으로 내려간다

지원자가 자살시도가 의심되는 데도 불구하고 조심스럽게 우회
적으로만 묻는 경우, 자살위기에 있는 사람, 즉 자살을 고민하고 있
는 사람은 '자신과 정면에서 마주대할 마음은 없구나' '빨리 다른 상
담자에게 가주었으면 하고 생각하고 있구나'라고 느끼곤 합니다.

한편, 지원자가 과감하게 "죽으려는 생각을 갖고 있어요?", "자살
해 버려야지 하고 생각하고 있나요?"라고 직접적으로 물어보면, 자
살위기에 있는 사람은 '이 사람은 궁지에 내몰린 나의 마음을 정면
에서 마주하려고 하고 있다'고 느껴서, 지원자의 진지한 태도를 바
로 정면으로부터 느낍니다. 이것은 실제로 '자살위기에 있는 사람'
의 역할극을 깊이 있게 진행하다보면 실감할 수 있습니다. 자살위기
에 있는 사람은 자살을 고민하는 도중에 지원해 주려고 하는 사람이
비판적이지 않은 태도로 따뜻한 마음을 유지하면서 "자살을 생각하
고 있는가?"라고 물으면 "그렇다"고 자살의사가 있다는 것을 인정
합니다. 그리고 "이제야, 여기까지 내려와 주었네" "드디어 서로 마
주해줄 수 있는 것인가"와 같이 마음이 편해지게 됩니다.

이와 같이, 자살의사가 있는 사람들에게 자살에 대해 직접 말을
함으로써, 자살에 대한 강한 충동성을 (일시적이라도) 떨어뜨린다
고 합니다. 일시적이더라도 자살에 대한 충동성을 낮추는 것에는 의

미가 있으며, 충동성이 낮게 되는 가운데, 본인의 정신적 고통을 일으킨 문제의 경감이나 해결을 시도하고, 지원 체제를 정비하며 그 사람의 자살위험을 더욱 낮춰갑니다.

그래서 자살위험 평가에서는 본인에게 자살의사가 있는지 여부를 묻는 것이 핵심이 됩니다.

(6) 자살위험을 측정하다

미국에서는 2005년에 정부 보조금을 얻어 자살위기개입 전화상담센터 전국조직이 설립되었고, 현재 120곳의 센터가 가입되어 있습니다. 그때까지 자살위기에 있는 사람들에 대한 표준화된 위험평가 항목이 없었기 때문에, 조이너 등(Joiner et al., 2007)은 문헌조사와 실천의 종합적인 리뷰를 시행하였습니다. 그 결과, 세 가지 요소를 자살위험과 관계되어 있는 것으로 정리하고, 그 위에 "자살을 방지할 수 있는 완충재의 유무" 요소를 추가하여, 위험판정의 표준화 항목을 수립하였습니다. 그것은 ① '자살생각(자살을 생각함, 정신적 고통, 딜레마 등)', ② '자살의 가능성(자살미수 경력, 자살수단 입수의 쉬운 정도 등)', ③ '자살 의도(준비, 계획 등)', ④ '자살을 방지하는 완충재의 유무'였습니다.

참고로 자살생각이 있고, 자살 가능성이 높고, 자살의사가 있고, 계획이 있는 경우-즉, 가장 자살위험이 높은 경우-완충재가 아무리 있다고 하더라도, 위험이 높다는 것에는 변함이 없다는 것이 강조되고 있습니다.

그래서 여러 가지 정리하는 방법이 있지만, 생명지킴이는 가능한 범위에서 다음과 같이 요소의 유무나 상태를 파악하려고 하는 것이 중요하다고 생각합니다.

〈표 3-4〉 자살위험 평가에 필요한 항목

---

① 자살 위험인자의 유무
② 정신적 고통의 정도
③ 생활력
④ 자살 계획의 구체성이나 실현 가능성
⑤ 자살 보호 인자(완충재)의 유무

이제부터 위 항목의 내용을 따라 설명하겠습니다.

① 자살 위험인자의 유무

자살 위험인자란 이러한 요소(속성 등)가 없는 사람과 비교해서 이러한 요소를 갖고 있는 사람이 자살할 가능성이 더 높은 요소인 것입니다. 먼저 속성이나 질환에 대해 기술하겠습니다.

(a) 성별

여성보다는 남성이 더 자살할 위험성이 높습니다.

(b) 연령

젊은이보다는 중장년층이 자살로 사망하는 비율이 높습니다. 사망순위를 보면, 앞에서 언급하였듯이, 모든 연령에서 자살은 사망순위 7위입니다. 그러나 젊은층(20~39세)에서 자살은 사망순위 1위입니다.

(c) 정신질환

정신질환이 없는 사람보다는 정신질환이 있는 사람이 자살할 위험성이 더 높습니다. 우울증, 조울증, 조현병, 알코올 의존증, 약물 의존증 등을 앓고 있다면 이런 질환이 없는 사람과 비교해서 자살 위험성은 높아집니다.

② 정신적 고통 정도

조이너 등(Joiner et al., 2007)은 자살로 이어지기 쉬운 정신적 고통으로 다음의 5가지를 특히 거론하고 있습니다.

(a) 절망감

절망감이 강하면 자살 위험성이 높아집니다. 궁지에 내몰려 있는 마음이나 내몰려져 있지만 도망갈 수 없는 마음 등이 관계있습니다.

(b) 무력감

무력감이 강하면 자살위험성이 높아집니다. 본인이 아무것도 할 수 없다는 느낌, 자신에게는 사태를 타개할 힘이 전혀 없을 것 같다는 느낌에 휩쓸리게 되면, 자살 위험성이 높아집니다.

(c) 참을 수 없는 고독감

강한 고독감에 견디지 못한다고 느끼는 상태라면 자살 위험성은 높아집니다. 이 느낌은 주변에 가까운 사람이 있는지 여부에 상관없이 생기는 것 같습니다. 예를 들면, 가족이 있거나 친구 등이 주변에

있더라도, 본인이 '고독하다'고 강하게 느끼고 있다면, 그것은 견딜
수 없는 고독감입니다. 다른 사람과 연결되어 있다는 느낌이 없다
면, 그러한 상태에 빠져서 객관적으로는 완충재가 될 수 있는 지원
을 얻을 수 있는 상태인데도 자살해버리는 사람이 있습니다.

(d) 딜레마

딜레마에 빠진 느낌이 강하면, 자살위험성이 높아집니다. 주변으
로부터 2개 이상의 요구를 동시에 들어줄 수 없을 때, 그 사이에 낀
사람은 딜레마에 빠졌다고 느낍니다. 그러한 느낌이 강하면, 스스로
는 어떻게 할 수 없는 고통을 느끼게 되고 자살위험성이 높아집니다.

(e) 다른 사람에게 짐이 된다

다른 사람에게 짐이 된다는 느낌이 강하면, 자살 위험성이 높아집
니다. 객관적으로는 어떻든 다른 사람에게 짐이 된다는 느낌은 사람
에 따라 다릅니다. 다른 사람에게 짐이 된다고 본인이 강하게 느끼
고 있다면, 거기에서부터 해방되고 싶다고 하는 마음이 강해지고 자
살위험성은 높아집니다.

③ 생활력

생활력도 위험인자의 하나로 들 수 있습니다. 특히 자살 위험성을
높인다고 밝혀진 생활력으로서, 자살미수 경력, 자상행위, 상실경
험, 타자에게 가한 폭력, 피학대 경력 등이 거론됩니다.

(a) 자살미수 경력

자살미수 경험은 자살과 관련된 가장 강한 위험인자가 됩니다. 자살미수를 한 뒤, 주변사람이 "두 번 다시 이런 일을 하지 마세요"라고 말을 하고, 본인이 "알겠습니다"라고 응답하면, 주위 사람들은 자신을 위해 안심하는 경우가 있습니다.

그러나 자살에 이르게 된 배경의 이해, 정신적 고통에 대한 이해 그리고 살아갈 이유나 희망의 확인 등의 방도를 구하지 않고, "두 번 다시 하지 않도록"이라는 약속만을 얻어내더라도, 그것은 큰 억지력으로 될 수 없습니다. 자살미수 경험이 있는 사람은 그 후에도 자살을 시도할 위험이 높습니다. 또 어떤 방법으로 자살을 성공하지 못했던 사람은 다른 방법으로 자살을 성공시키려는 경향이 있다는 것도 밝혀졌습니다. 매년 자살로 목숨을 잃은 사람 중 약 20%가 자살미수 경력이 있다는 사실이 확인되었습니다.

(b) 자상행위

자상행위를 하는 사람, 특히 계속적으로 자상행위를 하려는 사람은 자살할 위험이 높습니다. 치사성이 적은 방법으로 자상행위(주: 객관적으로 죽음까지는 이르지 않는다고 생각되는 방법으로 인한 자상)를 하고 있다면, "그러한 행위는 어차피 죽을 생각이 없고 사람의 주의를 끌고 싶어서 하고 있는 것이 틀림없다"고 주변사람들이 단정해 버리는 경우가 있습니다. 그러나 자상행위를 생각하고 자상행위를 행하는 사람은 자살의 위험이 높다는 사실이 밝혀지고 있습니다.

(c) 상실경험

개인적인 상실을 경험한 사람은 자살 위험성이 높습니다.

상실경험의 대표적인 예는 사별입니다. 가까운 가족을 잃었던 경험, 가까운 친구를 잃었던 경험 등은 자살의 위험인자가 됩니다.

그러나 상실경험은 사별에 한정되는 것이 아닙니다. 이별, 실업(구조조정 등), 경제적 손실(사업의 실패 등), 지위 실추(퇴직, 범죄행위로 인한 체포 등), 신체기능 상실(질병을 앓거나 장애를 갖게 됨)등도 포함됩니다.

상실의 크기는 잃어버린 것의 객관적인 가치로 결정되는 것이 아니라, 본인에게 있어서 얼마나 가치가 있었느냐에 따라 정해집니다. 예를 들면, 나이를 먹으면서 치아를 잃는다는 것에 그다지 저항감을 느끼지 않는 사람도 꽤 있을 것이라고 생각됩니다. 그러나 건강한 치아를 자랑스럽게 생각하며 소중하게 느껴온 사람이 나이를 먹음에 따라 치아를 잃게 되면서 자살을 생각하게 된 사람도 있습니다. 주식의 폭락으로 거금을 잃어도 정신적으로는 거의 타격을 받지 않는 사람도 있는 반면, 객관적으로는 비교적 경미한 경제적 손실이더라도 자살을 생각하는 사람이 있습니다. 또한 질병이나 장애로 인한 신체적 기능의 상실도 자살 위험인자의 하나가 됩니다. 만성적인 아픔이 따르는 병이나 장애는 자살 위험성을 더욱 높인다고 합니다.

(d) 타인에게 가한 폭력

타자에게 폭력을 휘두른 경험이 있는 사람은 자살할 위험성이 높습니다. 아이를 향한 학대, 가정 폭력(domestic violence, DV) 등이 대표적인 사례입니다. 가정 내 폭력에 한정되지 않고 지인을 향한 폭력도 포함됩니다. 타인을 향한 폭력성이 자신에게 향했을 때, 자살이라는 행위에 이어지기도 합니다. 코너 등(Conner et al., 2009)은 자살과 선행한 현상에 유발되어 생기는 반응적 공격성(주: 욕설을 듣고서 홧김에 받아 치는 것 등)과의 관계성이 예측한 대로 나왔다고 보고하였습니다. 오히려 어떤 결과를 얻기 위한 수단으로서 공격을 사용하는 능동적 공격성이 남성의 경우, 자살과 관련성을 보였다고 보고하고 있습니다.

이와 같이 공격성이나 폭력성은 자살과 관련성을 보이고 있습니다.

(e) 피학대 경력

과거에 학대받은 경험이 있는 사람은 자살을 할 가능성이 높습니다.

④ 자살 계획의 구체성이나 실현 가능성

자살 위험성의 중요한 판단재료로 되는 것이 자살계획입니다. 자살계획이 얼마나 구체적인지 그리고 실현 가능성이 얼마나 있는지를 파악함으로써 그 시점에서의 자살 위험성의 높은 정도를 파악할 수 있습니다.

(a) 계획의 구체성

계획의 구체성을 파악하기 위해서는 ① 방법(수단), ② 시기(언제), ③ 장소(어디에서)가 정해져 있는지, 어느 정도 정해져 있는지 등을 물을 수 있습니다. 위의 요소가 구체적으로 정해져 있을수록 위험성은 높습니다.

(b) 실현 가능성

계획에 대한 실현 가능성을 파악합니다. 계획하고 있는 수단이 얼마나 실현 가능성이 있는지, 준비는 어디까지 진행되었는지를 묻습니다. 실현 가능성이 높은 방법을 선택해서 자살할 준비가 진행되고 있을수록 위험성은 높습니다.

참고로 이러한 정보를 얻는 것은 보다 구체적으로 실효성 있는 안전 확보와 연결됩니다.

⑤ 자살 보호 인자(완충재)의 유무

자살 위험성의 판단에는 보호 인자의 유무 파악도 중요합니다. 보호 인자란 자살 위험성을 낮출 수 있는 요인이 되는 것, 즉 완충재가 되는 것을 의미합니다. 보호 인자가 있는 사람일수록 자살 위험성은 낮아지고 보호 인자가 없는 사람일수록 자살 위험성은 높아집니다.

예를 들면, ① 가까운 사람의 지원 유무, ② 종교, 민족적 신조 등에 따른 억제, ③ 장래 계획이나 목표, ④ 사회에 만족하는 연결성, ⑤ 정신보건복지나 정신의학서비스의 이용 등이 보호인자로 됩니다.

(7) 전문가에게 맡기는 것을 염두에 두면서 한다

이처럼 자살 위험성은 당사자로부터 복수의 요소를 듣고 종합적으로 판단할 필요가 있습니다. 생명지킴이가 모든 항목에 대해 묻고 판단하는 것은 현실적이지 않으며, 곤란할 수도 있습니다. 자살

위험 평가는 전문가에게 연결해서 맡기는 것도 염두에 두면서 진행합니다.

(8) 생명지킴이나 관련된 사람들로 가능한 지원을 한다

한편, "죽고 싶다"고 말로 표현하는 사람을 모두 곧바로 정신과 의사에게 연결해주는 것은 현실적이지 않은 경우도 있습니다. 지역에서 활동하는 생명지킴이가 자살생각을 하는 사람을 병원이나 클리닉에 연결시키는 것은 아주 곤란한 상황을 동반하는 것일 수도 있습니다. 사회 전체의 편견 문제, 의료 서비스의 시스템 문제, 본인이나 가족의 의사 등이 있습니다. 또한 어떻게든 의료 서비스로 연결되어도 본인의 요구 혹은 희망에 맞는 서비스를 얻을 수 없는 경우도 유감스럽지만 있습니다.

그래서 생명지킴이는 전문가 등에게 연결시킬 때의 판단기준 등도 알아두어야 하는 동시에 생명지킴이를 비롯하여 관련된 사람들이 할 수 있는 대응책도 알아 두는 것이 중요합니다.

6. 안전 확보·지지하는 동료와 연결한다

(1) 자살위험 평가지표

생명지킴이는 자살위기에 있는 사람을 어떻게 평가하고 대응해야 하는지 알고 싶어 합니다. 그래서 비교적 알기 쉬운 지표 중 하나로 세계보건기구(WHO)의 '1차의료 기관의 의사를 위한 길잡이' 지표(표 3-5)를 소개합니다(주: 1차의료 기관의 의사는 일본의 내과 주치의에 가까운 개념입니다). 의사용 지표이기 때문에 진단이나 평가는 전문가 판단에 맡길 것을 전제로 참고하시기 바랍니다(WHO, 2000=2007).

이 지표의 특징을 몇 가지 설명하겠습니다.

① 자살 위험도가 가장 낮은 단계 '0' 이외의 모든 단계에서 "자살하고 싶다는 생각이 있는가?"라고 물을 것을 권유하고 있습니다

WHO는 '1차의료 기관의 의사를 위한 길잡이'에서 '정서불안정'이라고 추정될 정도로 자살위험이 있는 0에서 6까지의 7단계 중, 밑에서 2번째 단계의 대상자에게도 "자살하고 싶다는 생각이 있는가?"를 물을 것을 권유하고 있습니다. 본인의 상황에 대해, 객관적으로 판단할 수 있는 항목만으로는 자살 위험도를 파악하기가 어렵기 때문이라고 추측됩니다. 본인이 자살에 대해 어떻게 생각하고 있고 어떠한 의도를 갖고 있는지(혹은 갖고 있지 않은지)를 묻고서야 비로소 자살 위험도가 명확해지기 때문일 것입니다.

② '죽음'에 대해 생각하고 있어도 그것만으로 위험도가 높다고 할 수는 없습니다

'죽음'이나 '자살'에 대해 '생각하는 경우가 있는' 상태더라도, 그것만으로는 자살 위험도가 높다고 할 수 없습니다. WHO의 표에서는 '죽음에 관한 막연한 사고'를 갖고 있는 사람이라도 자살의도가 없는 경우에는 자살 위험도 단계 2, 즉 가장 아래에서 3번째, 위에서

〈표 3-5〉 자살예방의 단계별 정리

다음 표는 의사가 환자의 자살위험을 의심하여 결정하였을 때의 환자 평가나 대응의 주요 단계를 정리한 것입니다.

자살 위험도	징후	평가	행동
0	비탄 없음		
1	정서 불안정	죽음을 생각하는지 물음	공감을 하며 들음
2	죽음에 관한 막연한 사고	죽음을 생각하는지 물음	공감을 하며 들음
3	막연하게 죽고 싶다는 생각	자살의사(계획·방법)의 평가	대체방법 등 가능성을 추구함 지원체제의 결정
4	죽음을 생각하지만 정신질환은 없음	자살의사(계획·방법)의 평가	대체방법 등 가능성을 추구함 지원체제의 결정
5	죽음을 생각하며, 정신질환이 강하고 생활상의 스트레스가 있음	자살의사(계획·방법)의 평가 자살을 하지 않는다는 약속	정신과 의사 소개
6	죽음을 생각하며, 정신질환이 강하고 생활상의 스트레스나 초조함이 있으며, 과거에 자살시도 경력이 있음	환자와 함께 함(자살 수단에 접근하는 것을 막기 위함)	입원

출처: 世界保健機関(WHO, 2000=2007) 自殺予防 「プライマリ・ケア医のための手引き」、日本語版初版、監訳: 河西千秋, 平安良雄、横浜市立大学医学部精神医学教室より)

5번째에 머무르게 됩니다. 죽음에 대해 막연하게 생각하고 있는 사람일지라도 모두가 자살 위험성이 높은 것이 아닙니다. 죽음에 대해 생각하는 사람이라도 자살 계획이 없는, 혹은 있더라도 계획이 구체적이지 않은 경우에는 자살 위험성이 비교적 낮다고 판단할 수 있습니다. 이러한 판단도 본인에게 확인하고 나서야 비로소 명확해지는 것입니다.

③ 계획이 막연한 경우는 중간정도의 위험입니다

자살 의도가 있더라도 자살 계획에 대해 구체적으로 묻다 보면, 계획이 구체적이지 않거나 실현 가능성이 낮은 계획인 경우가 있습니다. WHO의 지표에서도 자살 의도가 있는 사람 중에서 정신질환이 없거나 강한 생활 스트레스가 없는 사람의 자살 위험성은 중간정도, 즉 자살 위험도 단계가 3 혹은 4정도라고 합니다. 자살 계획이 보다 구체적으로 바뀌고 실현가능성이 높을 때, 자살 위험성은 높아집니다. 그 때문에 자살 의도가 있다는 것을 알아차리더라도, 자살 계획의 구체성이나 실현 가능성을 파악하고서야 비로소 보다 높은 정도의 자살위험 평가가 가능합니다.

④ 계획이 구체적이고 생활 스트레스 혹은 정신질환이 있다면 자살 위험도
   는 높아집니다

자살 의도가 있고 자살 계획이 구체적이라면 자살 위험성은 높아집니다. 그런 경우에도 자살 위험인자의 유무에 따라 자살 위험성이 다릅니다. 특히 정신질환의 유무는 큰 핵심요인입니다. 우울증, 조울증, 조현병, 알코올 의존증, 약물 의존증 등은 자살 위험성을 높입니다. 또한, 평상시에 강한 스트레스를 받고 있다면 자살의 위험성은 높아집니다. 그 때문에 그렇게 생각에 깊이 빠지게 된 계기나 생

활에서 문제의 현 상황을 물어서 파악해가는 것이 중요합니다. 또한 감정적으로 초조감이 강하면 자살의 위험성은 높다고 판단합니다.

⑤ 자살미수 경력이 있는 사람의 자살 위험성은 특히 높습니다

자살미수 경험이 있는 사람의 자살 위험성은 높습니다. 자살미수 경력의 유무는 자살 위험성을 가장 잘 예측할 수 있는 인자가 됩니다.

자살미수의 경험이 있기 때문에 주위 사람들에게 "두 번 다시 자살 같은 것은 하지 않도록 하세요"라고 타이르는 말을 듣고 "예, 알겠습니다"라고 말하면, 주위에서는 "그 사람은 두 번 다시 자살하지 않겠지"라고 안심하기 쉽지만, 그러한 판단을 해서는 안 된다고 합니다. 또 자살미수 경험이 있는 사람은 어떤 방법으로 자살에 실패하여 미수로 끝났다고 하더라도, 그 후에 자살 수단을 바꿔서 자살에 성공하려는 경향이 있다는 것도 알려져 있습니다.

(2) 자살 위험도에 따른 대응(행동)

WHO는 '1차의료 기관 의사를 위한 길잡이'에서 자살 위험도에 따라 행동을 취할 것을 권하고 있습니다. 그 특징을 다음과 같이 정리하겠습니다. 이러한 행동은 의사를 대상으로 한 지침이라는 것을 참고해 주시기 바랍니다.

① 공감을 하며 듣는다

의사를 위한 지침에서도 공감을 하면서 듣는 것이 행동으로 제시되어 있습니다. 자살 위험도가 비교적 낮다고 판단되더라도, 정서불안이나 죽음에 대한 막연한 사고를 갖고 있는 사람에게 공감하는 자세나 응답은 중요합니다.

② 대체방법을 함께 생각하다

자살 위험성이 어느 정도 있다고 판단되는 경우, 자살 이외의 대체방법을 함께 생각해가는 것이 중요합니다. 많은 사람들은 자살을 생각하고 있을 때, 어떠한 문제를 갖고 있는 것이며, 또 어떤 고민이 있는 것입니다. 문제나 고민이 있고 그것에 대한 생각을 깊게 하다가 자살을 생각하게 되는 경우가 대부분입니다. 그래서 문제를 해결하거나 경감하거나 또는 고민을 덜어줄 수 있는 방법에 대해 함께 생각하는 것입니다. 또한 어떤 일을 받아들이는 방법이나 느끼는 방법을 바꿀 수 있도록 돕는 것도 하나의 방법입니다.

③ 지원체제를 매칭하여 결정한다

자살 위험성이 어느 정도 있는 경우, 지원체제를 '매칭하여 결정(역자 주: 일본어로는 同定이라는 용어로 표현됨)하도록 권합니다. 여기서 '매칭하여 결정한다'(同定)는 것은 그 사람을 지원할 수 있는 사람을 파악해가는 것을 의미합니다. 지원체제는 공공기관이나 비영리단체뿐만 아니라 주변 사람들이나 그 사람을 지탱해줄 수 있는 사람들이 포함됩니다.

참고로 생명지킴이는 매칭하여 결정하는 것뿐만 아니라 그 사람에게 구체적으로 지원이 가능한 사람을 알아내고 연결시켜줘야 합니다. 연결시켜줘야 하는 대상에 대해서는, 뒤에 나오는 '지지하는 동료에게 연결한다'는 항에서 언급하겠습니다. 자살 위험도가 높은 경우에는 정신과 의사에게 연결해주거나 정신과로 입원하도록 연결하기도 합니다.

④ 정신과 의료로 연결해 줄 때

본인이나 관계자로부터 자살의 '자'자라도 들리면 바로 정신과로 연결하거나 입원시키려고 하는 것은 권장되지 않습니다. 자살 위험도를 판단하여, 아래에서 5번째(단계 0에서 4)까지는 특히 정신과 의사나 입원이라는 말을 사용하지 않습니다.

정신과 의사에게 연결하는 것은 단계 5이상에서 제시됩니다. 단계 6에 해당할 만큼 자살 위험도가 높은 경우에는, 의사에 대해서도 당사자와 '함께 곁에 있는' 것이 권유되며, 입원과 연결시키는 것이 권유됩니다. 자살의 위험성과 충동성이 특히 강한 사람의 경우는, 혼자 놔두지 않고 확실하게 안전한 장소에서 생활할 수 있도록 해야 합니다. 단지 지역에서만 지지하는 것으로는 한계가 있다는 것도 알아야 합니다.

단계 4나 단계 5정도의 자살 위험도인, 자살 위험도가 중 정도인 경우, 위험도의 판단을 위해 정신질환의 유무를 판단할 필요가 있습니다. 그래서 생명지킴이는 의사와 같은 기준으로 행동해서는 안 됩니다. 정신질환이 의심되고 그 유무가 명확하지 않은 경우, 빨리 정신과 의료로 연결될 수 있도록 하는 것이 필요합니다.

(3) 안전 확보

자살위기에 있는 사람을 지원하기 위해서는 안전을 확보하는 것

이 중요합니다. 조금이라도 안전성을 높이거나 충동성을 낮추는 데 도움이 될 수 있도록 다양한 선택지를 갖는 것이 바람직합니다. 이 것은 자살 충동을 뒤로 미루고 자살 행위를 방해합니다(エリス・ニューマン, 1996=2005). 자살을 연기하는 동안에 충동성이 내려가 도록 하는 것입니다.

여기에서는 ① 자살 수단이 실행되지 않는 방안을 생각한다, ② 자 살하지 않도록 약속한다, ③ 완충 단계(ワンクッション)를 두는 약속 을 한다, ④ 음주하지 않도록 약속한다 등의 내용에 대해 설명하겠습 니다.

① 자살의 수단이 실행되지 않는 방법을 생각한다

자살 수단이 구체적(방법, 시각, 장소 등)일 경우, 그리고 그 실현 가능성이 높은 경우, 자살 위험성은 높아집니다. 계획의 구체적인 방법을 알아냈을 경우, 그러한 수단이 실행되지 않도록 지원을 합 니다.

약물이나 도구를 사용할 계획인 경우, 자살위기에 있는 사람의 가 까이에 있는 약물이나 도구를 제거합니다. 자신이 그것을 가져올 수 있다면 자신이 맡아 보관합니다. 자살위기에 있는 사람과 가까운 사 람들과도 연대하여 지원할 수 있는 체제가 갖춰진 경우, 주변 사람 들에게 맡기는 것도 생각할 수 있습니다. 또한 높은 곳에서 뛰어내 릴 계획을 세운 경우, 그런 곳에 가까이 가지 않도록 보호합니다. 예 를 들면, A씨는 다량의 약물복용으로 자살을 계획하고 있는 친구에 게서 모든 약물을 가져와버렸습니다. B씨는 "칼이 무서워"라는 친구의 전화를 받고 곧장 친구의 아파트로 달려가서 칼을 가져왔습니다. 미국 경찰이나 소방에 관련된 정신의료팀은 뛰어내리려고 하는 사람의 몸을 안전하게 끌어안는 훈련을 받고 있습니다.

칼이나 끈 등 입수하기 쉬운 물건일 경우, '그런 것을 보관하더라도 의미가 없지 않나?"라고 생각할지 모릅니다. 그러나 생명지킴이가 자살위기에 있는 사람과 신뢰관계가 구축되어 있는 경우에는 자살수단으로서 준비되어 있던 것을 맡아 보관하는 것에는 상징적인 의미도 추가됩니다. 그리고 그것은 강한 억제력으로 이어집니다.

자살 예정 일자가 기념일과 관련이 있는 경우에는 그 일자를 전후하여 위험성은 보다 높아집니다. 예를 들면, 특정한 사람의 생일이나 결혼기념일 등이 정해져 있는 경우입니다. 그래서 그러한 특정일 전후로는 특히 주의하며 지키는 것이 필요하게 됩니다.

자살자의 과반수가 총으로 목숨을 잃는 미국에서는 정신보건복지의료에 관련된 전문의의 경우, 정기적으로 환자의 총 소지나 안전한 총의 취급에 대해 이야기를 나눌 것을 권유하고 있습니다. 사회복지직은 총의 소지(34%), 안전한 총의 취급(15.3%)의 실시율이 비교적 낮은 것이 문제입니다. 다만, 환자가 우울증 증상을 보이거나 자살시도를 했었던 환자를 담당하는 경우에는 보다 많은 사회복지사가 총 소지에 대한 평가와 안전한 취급에 대해 이야기할 의향이 있다고 보고되어 있습니다(Slovak, Brewer & Carlson, 2008).

② 자살하지 않도록 약속한다
신뢰관계가 구축되어 있는 경우에 "자살을 하지 않는다"는 약속

을 하는 것에는 의미가 있습니다. 일본에서도 다카하시(高橋, 1989)가 '자살하지 않는다는 약속'(Contract against suicide)을 했는데, 자살할 것 같으면 반드시 치료자에게 연락을 취할 것, 그리고 연락을 취하기 전까지는 자살행동을 하지 않을 것 등을 약속한다고 소개하고 있습니다. 자살하지 않는다는 약속을 하는 것은 최근까지 미국의 자살예방연수에서도 중점적으로 다뤄졌고 연습되었던 내용입니다.

　그러나 자살하지 않는다는 약속에 치우친 자살예방교육은 비판을 받고 있습니다. '자살하지 않는다는 약속(혹은 계약)'을 맺는 것의 유효성에 의문이 제기되었기 때문입니다. 자살하지 않겠다는 약속은 ① 계약이 가능한 심신 상태가 아닌 자에게 계약을 요구하는 것으로 된다는 점, ② 불안정하고 섬세한 상태의 자살위기에 있는 사람의 책임만을 증대시킨다는 점, ③ 계약서에 사인하지 않으면 강제로 입원하게 된다는 것에 대한 공포심이 생겨난다는 점, ④ '성실하지 않다'고 받아들일 위험성이 있다는 점 등이 구체적인 문제점으로 지적되었습니다(Lewis, 2007; Range et al., 2002). 이런 점들은 북미 의료기관 등에서 자살위기에 있는 사람과의 면담을 담당하는 대인원조 담당자가 정해져 있는 '자살하지 않는다는 계약'의 계약양식을 사용하여, "이 서류에 사인을 하고, 자살하지 않는다는 계약을 해주세요"라고 강요하고, "당신이 계약을 거부하면, 강제로 입원시킬 필요가 있습니다"라고 통보하는 식으로 운용했기 때문에 더욱 심각하게 되어서 논의가 이뤄진 것입니다.

　한편, 대인원조 담당자가 신뢰관계를 구축한 후에 성의를 갖고, '자살하지 않는다는 계약'을 맺는 것과 같이, 자살위기에 있는 사람과 대화를 거듭하는 과정은 자살위기에 있는 사람에 대한 평가와 개입의 일부로 된다는 큰 장점이 있습니다. 좋은 계약이 되기 위해서는 협동적이고 긍정적이며 개인의 상황에 맞는 구체적인 배려가 있는 계약이어야 합니다(Range et al., 2002). 구체적으로, 자살위기에 있는 사람의 상황에 대한 배려가 있는 제안에 대해서는 많은 동의를 얻고 있습니다. 그러나 내용이 너무나 추상적일 경우에는 효력도 제한적이게 됩니다. 가장 알기 쉬운 사례로는, 시간을 정해놓는 약속을 하는 것입니다. "다음 주에 한 번 더 방문할 때까지는", "3일 후에 전화할 때까지는", "다음다음 주 면담할 때까지는"과 같이 시간의 범위와 자신이 다시 접촉할 시기를 특정한 뒤에 그 때까지는 "자살하지 않겠다고 약속해 달라"고 제안하여 동의를 얻는 것이 효과적입니다.

또 가능하면 약속내용은 협동적이고 긍정적인 것이 될 수 있도록 합니다. 상대의 상황이나 의향을 충분히 들어주면서 약속을 정하는 것이 중요합니다. 본인의 마음에 들지 않는 조건(예를 들면, 강제 입원수속)과 교환 등으로 강요하는 것과 같은 약속은 피해야 합니다.

③ 완충 단계를 두는 약속을 한다

자살위기에 있는 사람과 접하다 보면, 자살 위험성은 있지만 지금 즉시 입원해야 하는 단계는 아니라고 판단될 때가 있습니다. 자살계획이 구체적이지 않은 경우나 준비성이 낮은 경우가 이에 해당됩니다.

그러나 생명지킴이는 자신과 관계된 자살위기에 있는 사람이, 언제 초조함이 강해지고 충동성이 높아지는지를 예측하기 어렵습니다. 그래서 그들이 '자살하자'는 생각이 들 때, 반드시 연락을 취하도록 약속하는 것도 하나의 방법이 될 수 있습니다. 즉, 자살의사가 다시 명확해졌을 때 완충 단계를 두는 것을 약속하는 것입니다.

생명지킴이는 직무상 지원하도록 되어 있는 사람에게는 자신의 사무실 연락처와 상담창구 개설시간대를 알려서 연락할 수 있도록 합니다. 예를 들면, "8:30~17:00사이에 제 사무실로 연락주세요" 등을 전하는 것도 선택지 가운데 하나입니다. 그러나 주간의 창구 개설시간에 연락하도록 전달하더라도, 더욱 염려가 되는 것은 저녁부터 야간에 걸친 시간대입니다. 그래서 가능한 한 24시간 내내 전화를 받아줄 수 있는 사회자원도 함께 소개합니다.

각 도도부현의 정신보건복지센터(주: 마음 건강센터 등의 명칭인 곳도 있음)가 24시간 내내 대응하는 등 선진적 조치를 취하는 곳도 생겨나고 있습니다. 그럴 경우에는 그 창구를 소개해줍니다. 또 생명의 전화(일본 생명의 전화 연맹, 2009)나 자살방지센터, 사회적 포괄 지원센터 등 귀중한 활동을 이어가고 있는 민간, NPO법인 등의 사회자원을 소개해줄 수도 있습니다.

상대가 가까운 사람(예를 들면, 친한 친구, 늘 왕래하고 있는 친척 등)으로 언제든지 달려갈 수 있는 관계인 경우에는, "언제든지 나에게 전화해"와 같이 자신의 연락처를 알려주는 것도 하나의 선택지가 됩니다.

자살하려는 충동성이 높아졌을 때, 완충 단계를 두고 어떠한 별도의 행동을 취할 것은 '약속'하는 것에 의미가 있기 때문에, 효과는 조금 낮겠지만, 경우에 따라서는 그 사람의 입장에서 볼 때, '지금은 연락할 기분이 아니지만, 드디어 라고 하는 때에 연락하고 싶은 상대'를 알아내고 그 사람에게 연락하도록 하는 것도 하나의 선택지가 됩니다.

④ 음주하지 않도록 약속한다

음주나 마약 등의 약물은 판단능력을 감소시키고 충동적인 행동을 하기 쉽게 만듭니다. 자살 충동이 높을 때 "음주를 하지 않는다" 등의 약속을 하는 것에는 의미가 있습니다. 판단능력을 감소시키거나 충동성이 높아지는 것을 예방하는 것만으로도 안정성이 조금은 올라갑니다. 효과는 감소하지만, 음주량을 줄인다는 약속을 하는 것만으로도 안전성은 조금 높아질 것입니다.

(4) 살아갈 이유를 함께 찾는다

지지해주는 동료에게 연결해주기 위해서는 자살위기에 있는 본인부터 어떠한 사람이 버팀목이 되어줄 수 있는지, 또 어떤 사람이라면, 연락을 취하는 것을 승낙할 것인가 등을 신중하게 알아내는 것이 필요합니다. 완강하게 마음을 닫고 있는 사람을 어딘가로 연결하려고 하더라도, 본인에게서 얻은 정보를 바탕으로 시작하지 않으면 잘 이뤄지지 않기 때문입니다.

그럴 때, '살아갈 이유를 함께 찾는다'는 마음으로 몇 가지 질문을 해가는 것이 차후로 이어집니다.

① 변화할 수 있도록 지원한다

자살위기에 있는 사람들 중에는 '죽을 수밖에 없다' 혹은 '죽는 것이 최선의 해결방법이다'라고 굳게 믿고 있는 경우가 많습니다. 자살위기에 있는 사람의 처한 상황이 너무나 괴롭고 힘든 상태일 때, 그 사람이 놓여있는 상황, 그 사람의 생각이나 마음에 공감하는 것만으로는 좀처럼 다음 단계로 전개되어 갈 수 없습니다.

살아갈 이유를 찾는다는 것은 자살위기에 있는 사람의 상황에 공감하면서도, 본인의 관점을 바꿀 수 있도록 도움을 주는 것입니다. 생명지킴이는 시야협착에 빠져서 '죽을 수밖에 없다'와 같은 생각을 하고 있는 사람에게 '살아갈 이유가 있다', '살아갈 의미가 있는 것이 틀림없다', '이 세상에 머물러 있는 것이 좋다'는 생각으로 변화하는 것을 지원합니다. 생명지킴이는 '사람은 누구나 이 세상에 존재하는 의미가 있다. 이 세상에 계속 살아가는 의미가 있다'는 것을 전제로 하며 믿을 필요가 있습니다.

② 살아가는 이유란

엘리스와 뉴만(エリス·ニューマン, 1996=2005)은 '자살을 생각하고 있는 사람과 그러한 사람을 사랑하고 있는 사람'(p. 1)을 위해 쓴 책에서 살아갈 이유에 대한 목록을 만들었습니다(p. 46).

이와 같이, 자신과 친한 사람과의 관계(부모와 자식, 부부 등), 장래의 꿈, 인생의 목표 등을 생각해낼 수 있는 질문을 던지는 것이 의미를 갖는 경우도 있습니다. 일본인의 경우를 예를 들면, 돌봐줘야 하는 존재(애완동물이나 자식), 오랫동안 연모해온 사람(친한 친구,

스승이나 친척), 업무상의 약속, 마음에 의지가 되는 물건이나 사람, 취미 등에 대해 물어보면, 실마리를 얻을 수 있을지도 모릅니다. 이들에 대한 답을 바탕으로 지지해주는 동료에게 연결을 이어가는 것입니다.

〈표 3-6〉 자주 거론되는 살아가는 이유

- 자식의 성장을 본다.
- 늘 가고 싶었던 곳으로 여행을 간다.
- 이상적인 관계를 찾아본다.
- 일의 업적을 올린다.
- 은퇴하고 인생에서 처음으로 느긋한 시간을 보낸다.
- 자신과 같은 문제를 갖고 있는 사람을 돕는다.
- 자신에 대한 소설을 쓴다.
- 아내는 나를 필요로 하며 나도 아내를 필요로 하고 있다.
- 아직 하고 싶은 일, 배우고 싶은 것이 많이 있다.
- 자신은 가치가 있는 존재이며, 행복해지는 것이 당연하다.
- 인생에는 소소한 행복이 많이 있다(아침의 커피 향기, 따뜻한 물로 목욕, 다정하게 등을 쓰다듬어 주는 것<일부생략> 등).
- 인생이 아무리 비참하더라도 아름다움은 어디에나 존재한다(봄의 꽃, 가을의 낙엽, 아기의 부드러운 피부, 모르는 사람이 다정하게 걸어오는 말 <일부생략> 등)

(エリス・ニューマン, 1996=2005)을 바탕으로 저자 작성

(5) 지지해주는 동료에게 연결한다

자살위기에 있는 사람을 지원할 때, 생명지킴이는 자살이외의 선택지를 함께 고려하면서 문제 해결로 이어질 수 있도록 다른 지원자에게 연결해주는 것이 중요합니다. 정신적인 고통을 이해하고 신뢰

관계를 구축하는 것까지 혹은 위험 평가를 하는 것에서 머무는 자살
예방은 충분하지 않습니다. 생명지킴이는 자살위기에 있는 사람이
자살 이외의 방법을 찾아 문제를 해결할 수 있도록 염두에 두고 지
원을 하는 것이 중요합니다.

　로젠버그(Roseberg, 1999)는 감정이나 심리상태를 물어보는 것
에 중점을 두면서도 자살의 위험 평가를 하고, ① 양가성, ② 자살행
동과 희망이 없는 감정과의 관계성, ③ 시야협착 등을 언급하면서,
④ 인지의 재구성 시도, ⑤ 다른 방법을 찾아 문제 해결로 이어감 등
을 담은 훈련모델을 제시하였습니다. 또 장 등(張·李·中原, 2003)도
자살위기에 있는 사람의 대처방법으로, 삶에 대한 집착을 조금이라
도 느낄 수 있는 사람·물건·일에 초점을 두거나 혼자서 문제를 떠안
지 말고 필요한 사람들에게 협력을 요청하는 것이 중요하다고 지적
하고 있습니다.

　자살위기에 있는 사람의 고민을 경감시키거나 문제를 해결하기
위해서는 연결해줄 사람이나 기관이 단 하나일 때는 지원이 충분하
지 않을 수도 있습니다. 자살위기에 있는 사람은 복수의 문제를 안
고 있는 경우가 많습니다. 이러한 사람을 지지하기 위해서는 다면적
인 관점이 필요합니다. '다양한 방법으로 지탱하는'것을 염두에 두
고 지원하는 것이 중요합니다.

① 다른 의지할 수 있는 동료에게 연결하는 것에 대한 양해를 얻는다

　자살위기에 있는 사람이 혼자서 문제를 떠안지 않도록 하는 것이
중요합니다. 문제를 혼자서 떠안지 않도록 하기 위해서는 '비밀준

〈표 3-7〉 지지해주는 동료에게 연결(하나가 아닌, 여럿이 지탱한다)

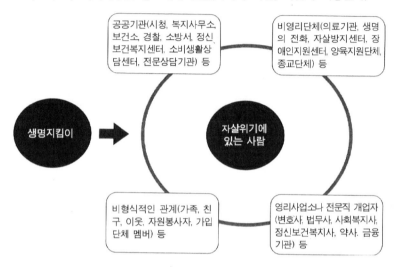

수'에 대한 약속은 가능한 하지 않도록 합니다. "아무에게도 말하지 말아줘", "당신에게만 말한 거야"라고 말한다면, 순간적으로는 자기만을 신뢰해주는 것 같은 느낌이 들어서 기분이 좋아질 수도 있습니다. 그러나 자살 위험도가 높은 사람을 지역에서 혼자 떠맡는 것은 아주 어렵습니다.

그래서 "당신의 생명은 소중하기 때문에, 당신이 죽고 싶을 만큼 궁지에 내몰렸다는 것을 다른 사람들에게도 알려서 모두가 당신을 도와줄 수 있도록 하고 싶어요"라고 상대에게 전하면 좋을 것입니다. 다른 사람과 정보를 공유하는 것에 대해서 가능한 한 동의를 얻습니다. 이 경우, '모두'란 '많은 사람에게'라는 뜻이 아닙니다. "자살위기에 있는 사람이 승낙한 다른 사회자원 관계자에게"라는 의미입니다. 이때의 사회자원 중에는 제도적인 서비스 제공기관(시청, 보건소, 시설, 의료기관 등)뿐만 아니라 사적이고 비형식적인 사회 자원(가족, 친족, 지인, 이웃, 당사자 동료, 자원봉사 등)도 포함됩니 다. 이러한 사회자원 중에서 당사자가 승낙한 사람들에 한해서 연결 해주는 것입니다.

② 비밀준수의무의 예외규정

생명의 위험이 높을 때는 본인의 승낙을 얻지 않고, 제3자에게 연결 해야 할 필요가 있을 수도 있습니다. 당사자가 자살에 대한 충동이 진 정될 때까지 안전한 곳에서 지내도록 할 필요가 있기 때문입니다.

외국의 여러 나라 일본에서도 "자상(自傷)이나 타인에게 해를 끼칠 위험이 있다"고 판단되는 사람에게는 당사자의 의지에 반하더 라도 입원시킬 수 있는 제도가 마련되어 있습니다. 그것이 강제입원 (措置入院)제도입니다. 그래서 자살계획의 구체성과 실현가능성이 높으며 생명이 위태롭다고 판단되면 정신과 병원의 강제입원으로 이어진다고 생각할 수 있습니다. 특히 자살미수 경력이나 자상행위 에 대한 계속적인 충동이 보이는 사람은 최대한 서둘러서 안전한 장 소로 이동시켜야 합니다. 그러한 대처가 필요할 때에는 보건소나 경 찰, 지자체의 정신과 의료 정보센터, 정신보건복지센터(마음의 건강 센터) 등에 상담을 하면 됩니다. 경찰은 시민의 생명을 지키는 기능 을 맡고 있기 때문에, 필요에 따라서는 정신과의료서비스에 연결해 주는 기능을 담당하기도 합니다(정신보건 및 정신장애자 복지에 관 한 법률 제24조에 경찰관의 통보의무라는 규정도 있습니다).

직종(공무원 등)이나 자격(보건사, 정신보건복지사, 사회복지사 등)에 따라서는 법률상으로 비밀준수의무가 부여되어 있기도 합니다. 또 전문직 종사자에게는 윤리강령이 있으며, 그 속에 비밀준수의무가 규정되어 있습니다. 그러나 어떠한 법률에도 예외규정은 있습니다. 예를 들면, "정당한 이유가 없는 경우에는" 제3자에게 정보제공이나 업무상 알게 된 사람의 비밀을 누출하는 것은 금지되어 있습니다(예를 들면, 정신보건복지사법 제40조, 보건사·조산사·간호사법 제40조의 2항). 역으로 말하면, 정당한 이유가 있을 경우에는 비밀준수를 하지 않는 편이 좋을 수 있다는 것입니다. 자살 위험도가 높다고 빈번하게 평가되어 있고, 자살 위험성이 높다고 알려져 있는 경우에는, "정당한 이유가 있다"고 볼 수 있으므로 "예외규정에 해당한다"라고 판단할 수 있습니다. 그래서 법률위반이나 윤리강령위반을 할 걱정은 거의 없게 되는 것입니다. 오히려 생명의 위험성이 높다는 것이 알려져 있음에도 불구하고 필요한 조치를 하지 않는 것이 직무에 반하는 행위가 될 수 있습니다.

다만, 본인의 승낙을 얻지 않고 본인의 의사에 반해서 제3자에게 정보를 제공하여 연결했을 경우에는, 당사자와의 신뢰관계에 부정적인 영향을 줄 수 있습니다. 그 후의 지원의 질적인 면에서 악영향을 미치기 때문에 주의가 필요합니다. 가능한 한 정중하게 본인의 승낙을 받을 수 있도록 하는 것이 중요합니다.

③ 장기적인 신뢰관계를 맺고 있는 사람과 연결시키고 심리적 지원을 얻는다

'그 사람이라면 이야기를 들어줄지 모르겠다…….'라고 생각하는

상대에게 연결시킨다.

여러분들은 인생을 살아오면서 위기상황에 빠져 본 적이 없습니까? 타인이 봤을 때는 작은 일일지 모르겠지만, 자신으로서는 인생의 깊은 골짜기에 빠졌다고 생각해본 적이 없습니까? 정말로 궁지에 내몰렸을 때, 왠지 '가까운 사람에게는 상담할 수가 없다', '상담하기 어렵다'라고 느껴 본 적이 없습니까? 혹은 주변에 사람은 있는데 '상대가 진심으로 나의 상담을 들어줄 여유가 없겠지.' 혹은 '폐를 끼치고 싶지 않다'고 생각해서 가까운 사람에게 상담할 마음이 없었던 적은 없습니까? 이러한 배경에는 가까운 사람에 대한 배려나 조심스러움이 있을 것입니다. 혹은 자부심이나 수치심 등이 있기 때문일 수도 있습니다.

그럴 때, 실제로 상담했든 하지 않았든 상관없이, '그 사람이라면 나의 고민을 이야기해보고 싶다'라고 떠오르는 사람이 없었습니까? 그 대상이 초·중·고등학교 시절의 교사이거나 이전에 근무하던 직장의 상사이거나 먼 친척이거나 지금은 연하장으로만 왕래하는 중학교 시절의 친구이지는 않았습니까?

자살위기에 있는 사람을 위에 서술한 사람에게 연결시키는 것에는 의미가 있습니다. 아무리 눈앞의 문제가 해결이 되더라도 자살위기에 있는 사람의 '압도적인 고립감'은 제도적인 서비스 이용이나 전문직 종사자에 의한 지원만으로는 좀처럼 해소되기 어려울 수 있기 때문입니다. 자살위기에 있는 사람을 오랫동안 신뢰관계로 이어져 온 사람에게 연결시킴으로써 정신적인 고통을 완화시키고 심리적인 지원을 얻을 수 있도록 지원하는 것에는 의미가 있을 것입니다. 따라서 중요한 해결책의 하나로 생각해주기 바랍니다.

가족도 아닌 사람에게 연락하는 것이기 때문에, 공공기관, 비영리 단체나 의료기관의 사람이라면 주저할지도 모릅니다. 주저하는 것은 '문제해결'을 그들에게 미루는 느낌이 들기 때문일 것입니다. 여기에서는 문제해결을 그들에게 미루라고 권하고 있는 것이 아닙니다. 이들에게 연결할 때, 당사자의 의도를 잘 언어화시켜서 전달하는 것이 중요합니다. "A씨가 굉장히 고민하고 있는데, 어떻게든 도와주세요"라고 전하는 것이 아니라, "A씨가 죽고 싶다는 생각이 들만큼 궁지에 내몰린 상태에 있다고 합니다. 우리는 A씨가 안고 있는 문제를 해결할 수 있도록 힘을 쓰고 있지만, A씨에게는 마음의 버팀목이 필요합니다. A씨의 이야기를 들어주시고, 정신적 지원을 부탁드립니다"와 같이 무엇을 의뢰하고 있는지를 가능한 한 명확하게 전달하는 것이 좋을 것입니다.

④ 가까운 사람에게 연결하여 상황을 이해시킨 다음에 다가선다

한편, 자살위기에 있는 사람을 위한 지원에서는 가까운 사람에게 연결해주는 것이 매우 중요합니다. 가까운 사람이란, 배우자, 자식, 연인, 부모, 형제자매 등입니다. 여기에서는 특히 저녁부터 야간 시간대에 즉각 달려가 줄 수 있거나 지켜줄 수 있는 사람을 상정하고 있습니다. 그래서 가족이 없거나 관계가 단절되어 있는 경우에는, 그들을 대신할 사람들에게 연결시켜주는 것을 생각하지 않을 수 없는 경우도 있습니다. 예를 들면, 왕래가 있는 친척이나 근처의 친한 친구 등입니다.

자살위기에 있는 사람 중에는 객관적·물리적으로 도움을 주고 있는 사람이 가까이에 있는데도 불구하고, 강한 절망감이나 고립감에 휩싸여 있는 사람들도 있습니다. 앞에서도 서술했지만, 조이너 등 (Joiner et al., 2007)은 자살위험이 매우 높은 경우에는 아무리 완충재(주변의 지원 등) 역할이 존재하더라도 위험이 높다는 것에는 변함이 없다고 강조하고 있습니다. 가까운 곳에 가족이 존재한다는 사실만으로는 충분하지 않습니다.

공공기관, 비영리법인이나 의료기관 사람들은 가족에게 연락을 취하거나 연결하는 것에 대해 주저할 수도 있습니다. 그것은 가족에게 문제해결을 미루고 있는 것처럼 느껴지기 때문일 것입니다. 여기에서는 가족에게 문제해결을 미루라고 권하고 있는 것이 아닙니다. 문제해결은 가능한 한 공공기관이나 비영리법인, 의료기관 등 제도적인 서비스를 받으면서 진행하는 것이 좋습니다.

생명지킴이는 가까운 사람이 "이렇게까지 내몰려 있다", "깊이 고민하고 있다"는 사실을 이해한 뒤에, 정신적인 고통을 이해하고 "저녁부터 밤늦은 시간대 등에 지켜봐주고, 곁에 있어주는 것이 중요하기 때문에, 잘 부탁드립니다"와 같은 식으로 전하면 좋을 것입니다. 현대 사회에서는 가족들 사이에서도 고독감을 계속 느끼는 사람들이 있습니다. 타인인 생명지킴이가 '연결의 재구축'을 굳이 이렇게 하며 노력하는 것에는 의미가 있습니다. 이와 같이 생명지킴이에게는 가까운 가족의 존재 등을 확인하는 것만이 아니라 가까운 사람들에게 전해야 하는 것도 중요한 선택지 가운데 하나입니다. 제1장에서 설명했듯이, 자살로 목숨을 잃는 사람의 70% 이상은 죽은 시점에 동거자가 있었습니다. 동거자가 있다는 것만으로는 자살을 억제하지 못한다는 것입니다. 그가 그렇게까지 내몰린 상태였다는 것을 동거자가 아는 것이 중요합니다.

⑤ 안고 있는 문제에 대해 해결이나 경감에 이르도록 연결한다

현재 안고 있는 문제가 명확한 경우에는 이를 해결해줄 수 있는 기관에 연결시켜 줍니다. 문제를 경감하거나 해결할 수 있을 때까지 함께 나아가면 될 것입니다.

예를 들면, 대출문제와 같은 법률문제를 안고 있는 경우에는 시정촌(市町村) 관청의 무료 법률상담 등이 있습니다. 시정촌 관청의 법률상담에서는 정해진 시간 내에 최소한의 정보제공을 해줄 것입니다. 다만, 공적 기관의 무료상담은 전문가의 소개에 머물고, 구체적인 해결까지 이끌어주지 못하는 경우도 있습니다. 지역에 따라서는 소비생활센터나 시정촌 관청의 '무엇이든 상담해드립니다'의 담당 상담과 쪽이 오히려 구체적인 해결까지 지원해주기도 합니다. 또한 개별 사법서사나 변호사에게 연결해주는 쪽이 결과적으로 단기간에 해결로 이어지는 경우도 있습니다.

정신과 치료가 필요한 경우에는 정신과 진료을 권합니다. 정신과는 종합병원(일부), 정신과 병원, 정신과클리닉 등에 있습니다. 가장 문턱이 낮은 곳은 종합병원의 정신과이겠지만, 종합병원 정신과는 남아있는 병상이 없는 경우도 있습니다. 입원치료가 필요하다면 결국 다른 병원에 입원하게 될 것입니다. 정신과클리닉은 초진일 경우 예약제로 운영되는 경우가 많습니다. 아쉽게도, 필자가 들은 이야기

로는 도시지역만 아니라 지방도시에서도 초진은 보통 두 달을 대기해야 한다고 들었습니다. 그러한 경우에는, 사전에 전화를 해서 예약을 잡고 진료를 받게 됩니다. 구체적인 정보가 없을 경우, 보건소나 시정촌 관청의 지역보건과 등에 상담하면 좋을 것입니다.

이 외에도 경제문제, 고용문제, 학교에서의 집단 따돌림, 가정폭력(domestic violence, DV) 문제 등 각각의 문제와 관련된 전문기관이 있습니다. 되도록 구체적인 문제 해결이나 경감으로 이어질 때까지 곁에 함께 있어주는 것이 중요합니다.

⑥ 문제해결이나 경감으로 이어지는 것은

생명지킴이의 '연결해주는' 역할의 필요성이 강조되고 있습니다만, 그것은 어떤 것을 의미하는 것일까요. 같은 연결이라도 지원을 하려고 하는 상대의 상태에 따른 '연결'이 필요할 것입니다. 또한, 지역의 자원봉사자 입장에서 연결하는 것과 창구의 상담직원으로서 연결하는 것에는 요구되는 행위가 다를 것입니다.

자살위기에 있는 사람은 기력이 매우 낮은 경우가 많습니다. 우울증 진단이 나올 정도의 상태에 있는 사람은 더욱 그럴 것입니다. 겨우 결심하고 '상담창구'에 갔는데, "그런 내용이라면 ○○에 상담하러 가시면 됩니다"라고 응하면서 다른 전화번호를 전해 받는 경우도 많습니다. 이 단계에서 어떤 사람은 더 이상 상담하러 가지 않게 될 것입니다. 재도전하려는 기력이 있는 사람이 전해 받은 창구로 전화를 하면, "그 사항은 여기가 아니라서, ○○로 상담하러 가면 돼요"라는 말을 듣기도 합니다. 이것이 "연결해줬다"는 것일까요? 전화를 받은 사람은 "연결했다"고 생각할지 모르지만, 상담자의 입장에서 보면, 이것은 단지 '전화를 돌린 것'입니다. 보통 2번 계속해서 "○○로 상담해보라"라는 이야기를 듣고, 실질적인 해결로 계속해서 진전될 것 같지 않으면 '전화를 돌리기만 했다'고 느낄 것입니다. 단순히 다른 연락처를 전해주는 것으로는 '연결했다'고 할 수는 없습니다.

어떠한 내용이든 특히 각종 상담직무에 종사하고 있는 사람은 '연결'의 의미를 잘 생각하고 실행해주기를 바랍니다. ① 최소한 상대가 안고 있는 문제에 대한 사항을 파악하고(앞의 '놓여있는 상황을 파악한다' 항목 참조), ② 상담자(자살위기에 있는 사람)의 승낙을 얻어, ③ "사전에 개략적인 내용을 상대에게 전해두겠습니다"라고 상담자(자살위기에 있는 사람)에게 전하고, ④ 연결할 창구직원에게 개략적인 내용을 전달해서, ⑤ 상담자(자살위기에 있는 사람)에게 연결해줄 상담자의 이름 등을 전하는 형태로 한다면, 다른 연락처를 소개했다는 점에서 결과는 비슷하더라도 '전화를 돌리기만 했다'고 생각하지는 않을 것입니다.

7. 팔로우업

(1) 팔로우업

상담을 받는 측은 문제를 경감해주거나 해결이 가능한 문제에 대해 전문기관에 연결시켜주는 것이 가장 중요한 역할일 것입니다. 그래서 '책임을 미루고 전화를 돌리기만 한다'고 상대방이 느끼지 않도록 타 기관을 소개할 필요가 있습니다. 타 기관을 소개할 때에는 가능한 한 팔로우업 약속도 동시에 합니다. 팔로우업은 나중에 다시 접촉하는 것을 말합니다.

(2) 팔로우업 약속은 구체적인 시일로

팔로우업 약속은 추상적으로 하지 않는 것이 좋습니다. "언제든 연락해 달라"고 약속했는데, 결과적으로 상대로부터 연락이 없을 경우에는 상담한 당사자도 계속 신경이 쓰일 것입니다. 또 상담자(자살위기에 있는 사람)의 입장에서 보면, "언제든 연락해 달라"라고 해도 나의 연락을 받는 것이 달갑지 않은 것은 아닐까, 번거롭다고 느끼는 것은 아닐까 하고 생각하는 경우도 있습니다.

"일주일 후 이 시간대에 다시 면담(방문) 약속을 잡읍시다"라든가 "예약한 (소개한 전문) 상담이 끝나는 다음 주 금요일 오후 3시부터 4시 사이에 전화주세요(전화할게요). 기다리고 있을게요"와 같이 자신이 소개한 기관과의 상담 결과가 어떻게 되었는지를 확인하는 것을 의식하고 약속하면 좋을 것입니다.

(3) '그 다음까지 내가 신경을 쓰고 있다.'는 메시지가 상대에게 전해지는 것이 중요하다

다른 기관을 소개한 후 팔로우업 약속을 합니다. 즉, 다시 연락할 것을 약속하는 것은 다른 상담기관에서의 상담내용이나 그 결과를 시시콜콜하게 물으려는 목적이 아닙니다. 이러한 약속을 잡음으로써, '그 다음까지 내가 신경을 쓰고 있다'라는 메시지를 상대(상담자)에게 전하는 것이 중요합니다. 이러한 말을 들으면, 많은 사람들은 '그것까지 신경을 써주고 있다'고 생각합니다. 그리고 소개받은 기관에 다시 연락을 하는 것이 좋겠다는 생각이 커지게 됩니다.

(4) 연락방법을 적어도 두 가지 이상 물어본다

면담, 방문, 전화 등의 약속을 해도 아무 연락도 없이 나타나지 않거나 연락이 두절되는 경우가 있습니다. 자살위기가 아닌 듯 보이는 경우에는 '바빠졌나 보다', '내키지 않았나 보다', '약속을 잊어버렸나 보다'라고 해석해서 그대로 두는 경우도 있을 것입니다.

그러나 자살위기에 있는 사람의 경우, 연락이 갑자기 두절된다면 굉장히 걱정이 될 것입니다. 특히 연락처를 하나만 알고 있는 경우, 전화를 걸어도 연결되지 않는다거나 전파가 도달하지 않는다는 등 전화 메시지가 흘러나오는 상태가 계속되면 당황스러울 것입니다.

그래서 만일의 상황에 대비해서 다른 연락처를 하나 더 받아둘 것을 권장합니다. 자택전화, 가족이나 직장의 연락처, 경우에 따라서는 친한 친구나 집주인 연락처 등 '연락이 안 되는' 상황이 발생했을 때 연락할 수도 있다는 것을 전제로 해서 다른 연락수단을 확보해두면 안심할 수 있을 것입니다.

(5) 다시 접촉할 때, 상태에 진전이 있었는지 여부를 확인한다

이와 같이, 다른 기관을 소개한 경우에 그 후 진전이 있었는지 여부를 확인할 수 있는 기회를 약속해두면, 실제로 어떤지 확인할 수 있습니다. 팔로우업하여 만나거나 이야기할 때는 다른 기관에서의 상담 결과에 대해 지장이 없는 범위에서 보고받습니다. 시시콜콜하게 다른 상담기관이 대응했던 내용을 알아내려는 것이 아닙니다. 상담자가 '어떻게든 될 것 같다'라고 상담자가 생각할 수 있는 상태로 되었는지의 여부를 구체적으로 확인하는 것이 목적입니다.

자살위기에 있는 사람이 안고 있는 문제나 과제는 하나가 아닌 경우도 많이 있기 때문에, 우선순위에 따라 하나하나 연결해가는 경우도 있습니다. 예를 들면, 먼저 경제문제를 해결하기 위해 복지사무소에서 신청하는 것을 지원하고, 다음에 정신과 치료로 연결시키는 것과 같은 것입니다. 생명지킴이가 소개한 곳들에서 진전이 있었는지 여부를 신경써주고, 옆에서 함께 달려준다는 것은 그들에게 무엇보다도 좋은 지원이 됩니다.

[참고·인용문헌]─────────────

張賢德(2006)『人はなぜ自殺するのか─心理学的剖検から見えてくるもの』勉誠出版.

張賢德·李一奉·中原理佳ほか(2003)「病院外来における危機介入」『自殺予防と危機介入』 24(1)、3−9.

Conner, K.R., Swogger, M.T. & Houston, R.J. (2009) "A test of the reactive aggression-suicide behavior bypothesis: is there a case for proactive aggression?" Journal of Abnormal Psychology. 118(1), 235-240.

エリス、スーマス·E、ニューマン、コリー·F (1996=2005)「自殺予防の認知療法──もう一度生きる力を取り戻してみよう」高橋祥友訳、日本評論社.

原研治(1983)「危機介入について─『いにちの電話の経験から』」『自殺予防』8, 4-12.

Joffe, P.(2008) "An empirically supported program to prevent suicide in a collage student population" Suicide and Life-Threatening Behavoir 38(1), 87-103.

Joiner, T., Kalafat, J. & Draper, J. et al. (2007) "Establishing Standards for the Assessment of Suicide Risk among Callersto the National Suicide Prevention Lifeline. Suicide and Life-Threatening Behavior, 37(3), 353-365.

Kalafat, J., Gould, M.S., Munfakh, J.L.H. & Kleinman, M. (2007) "Evaluation of crisis hotline outcomes. Partl. Non-suicidal crisis callers." Suicide and Life-Threatening Behavior, 37(3), 322-337.

Lambert, L.M. (2007) No-harm Contracts : a Review of What We Know. Suicide and Life-Threatening Behavior, 37(1), 50-57.

Miller, WR. & Rollnick, S. (2002) Motivational Interviewing : Preparing people for change(제2판), Guilford Press.

Mishara, B.L., Chagnon, F. & Daigle, M. et al. (2007a) comparing Models of Helper Behavior to Actual Practive in Telephone Crisis Intervention. Suicide and Life-Threatening Behavior, 37(3), 291-307.

Mishara, B.L., Changnon, F. & Daigle, M. et al. (2007b) Which Helper Behaviors and Intervention Styles are Related to Better Short-term Outcomesin Telephone Crisis Intervention? "Suicide and Life-Threatening Behavior, 37(3), 308-314.

内閣部 (2012)『平成24年度 自殺対策白書』

内閣部 (2012)「自殺に対する意識調査」

Neimeyer, R.A., Fortner, B. & Melby, D. (2001) Personal and Professional Factors and Suicide Intervention Skills. Suicide and Life-Threatening Behavior, 31(1), 71-82.

Neimeyer, R.A., & Bonnelle, K. (1997) The Suicide Intervention Response Inventory : a Revision and Validation. Death Studies, 21, 59-81.

日本いのちの電話連盟編(2009)『自殺予防いのちの電話―理論と実際』ほんの森出版.

PRIME-MD PHQ-9 "こころとからだの質問票"ファイザー社、監修：上島国利、村松公美子.

Range, L.M., Campbell, C. & Kovac, S.H. et al. (2002) No-Suicide Contracts : an Overview and recommendations. Death Studies, 26, 51-74.

Rsenberg, J.I. (1999) Suicide Prevention : An Integrated Training Model Using Affective and Action-Based Interventions. Professional Psychology : Research and Psychology : Research and Practice. 30(1), 83-87.

Slovak, K. Brewer, T.W. & Carlson, K. (2008) "Client Firearm Assessment and Safety Counseling : The Role of Social Workers."

Stuart, C., Waalen, J.K. & Haelstromm, E. (2003) Many Helping Hearts: and Evaluation of Peer Gatekeeper Training in Suicide Risk Assessment. Death Studies, 27, 213-333.

シュナイドマン.E.S. (1985=1993)『自殺とは何か』白井徳満・白井幸子訳、誠信書房.

高橋祥友 (1989)「自殺予防からみたアメリカ精神科医療のいくつかのトピックスについて」『自殺予防と危機介入』13, 2-12.

WHO (世界保健機関) (2000=2007) 自殺予防「カウンセラーのための手引き」(日本語版初版、監訳：河西千秋、平安良雄、横浜市立大学医学部精神医学教育より)

WHO (世界保健機関) (2000=2007) 自殺予防「プライマリ・ケア医のための手引き」

제2절 커뮤니티 차원의 대처

1. 다층적 개입

자살을 예방하기 위해서는 다층적인 대처가 필요합니다. 우리는 그 중에서도 생명지킴이 양성에 특화된 대처활동을 해왔습니다. 실제로 생명지킴이나 관계자가 자살 위기에 있는 사람을 대응하다 보면 커뮤니티 차원에서 환경을 만들어줄 필요성을 느낄 때가 많습니다. 그래서 본 절에서는 커뮤니티 차원의 생명지킴이 양성 이외에 대처해야 할 것들에 대해 언급하고자 합니다.

2장에서도 언급했듯이, UN이 2012년에 발표한 *Public Health Action for the Prevention of Suicide*(『자살예방을 위한 공중위생활동』)에서는 자살예방을 위해 다층적인 개입이 필요합니다.

⟨표 3-8⟩ UN *Public Health Action for the Prevention of Suicide*에 게재된 주요 개입방법

대상 범위	구체적 대책
일반 대중	① 자살수단에 쉽게 접근하지 못하도록 제한
	② 과한 음주를 삼가 할 것을 자살예방활동의 일환으로 요청
	③ 적절한 언론보도의 지원
자살 위험성이 높은 사람들	① 생명지킴이 양성
	② 지역 전체적인 대책 강화
	③ 유가족을 포함하는 생존자 케어
개인차원	① 정신질환을 앓고 있는 사람에 대한 케어
	② 자살 미수자에 대한 케어

이러한 틀을 참고하여, 일본의 커뮤니티 대처활동에서 부족한 점을 보완하고자 합니다.

2. 과음을 억제한다

일반인을 대상으로 하는 자살예방 활동에서 과음을 억제하도록 하는 것이 중요하다는 사실이 밝혀졌습니다. 나라현(奈良縣, 2013)에서 실시한 자살률 저위성(低位性) 연구에 따르면, 일본 내의 알코올 소비량, 세대 당 저축액, 인구 당 종교인 수는 자살 저위성과 상관관계를 보였습니다. 일본은 알코올 소비에 관용적인 문화를 갖고 있는 나라지만, 과음에 대해서는 지금보다 더 억제할 수 있도록 대처할 필요가 있다고 생각합니다.

알코올 섭취와 자살과의 강한 관련성에 대해서는 보건복지의료의 전문가들 사이에 올바른 인식이 부족한 것으로 보이는데, 이에 대한 인식의 제고가 필요합니다. 예를 들면, 의료기관 창구에서 알코올 섭취를 하고 있다는 이유로 자살위기에 있는 사람이 진료 받는 것을 막는 일은 발생하지 않아야 할 것입니다.

3. 언론보도의 적정화

UN이 언론보도의 적정화를 위한 지침서를 만들었듯이, 자살에 관한 언론의 보도 방법에 배려가 필요합니다. 자살이 발생했을 때, 그 방법을 상세하게 설명하는 것이나 자살이라는 수단을 선택했다는 것을 감상적으로 취급하는 것 등은 삼가야만 합니다. 언론보도에서는 자살을 한 사람이나 유가족에게 안타까운 마음을 표현하는 것과 동시에 보도내용을 보고 있는 사람들에 대해서는 자살을 하는 것이 유일한 해결수단이 아니며, 자살을 심각하게 생각하고 있는 사람은 적절한 사람이나 기관의 지원을 받을 수 있도록 호소해주기를 바랍니다.

4. 커뮤니티 만들기와 활동

자살이 적은 커뮤니티 만들기를 지향하기 위해서는 어떤 점이 핵심으로 되어야 할까요? 지형 등에 대해서는 커뮤니티 주민이 할 수 있는 노력의 여지가 적을지 모르겠지만, 자살이 적은 지역(자살희소지역)과 높은 지역을 비교한 결과, 적은 지역은 산간부보다 해안부의 저지에 위치하고 있었고, 거주자의 인구밀도가 높은 시구정촌(市区町村)에 많다는 분석결과가 나오고 있습니다. 이러한 지형의 차이는 사회자원의 많고 적음이나 복지보건의료서비스의 접근성 정도와 관련이 있을 것이라는 분석 결과가 있습니다(岡·藤·山內, 2012).

커뮤니티의 특성을 비교한 조사에 따르면, 자살이 적은 지역에서는 ① 커뮤니티의 느슨한 유대 관계(일상적인 이웃과의 교류는 느슨한 경향), ② 일가의식이 강하지 않다(타자 배제 경향이 강하지 않음), ③ 도움요청에 대한 저항이 적음. ④ 타자에 대한 평가는 인물 본위, ⑤ 의욕적인 정치참여, 이 5가지가 자살 억제 인자로서 추출되었습니다(岡·山內, 2010; 岡·山內, 2011; 岡·山內, 2012).

커뮤니티 특성은 지역의 역사와 문화와도 밀접하게 연결되어 오랜 시간에 걸쳐 형성되어온 것입니다. 짧은 기간에 쉽게 변할 수 있는 것이 아닌지도 모릅니다. 그래도 여러 가지 대책활동을 반복하는 것에는 의미가 있다고 생각됩니다. 우리도 교통편이 좋지 않는 산간부 등에서 워크숍을 실시해 왔습니다. 같은 지역에서 2년 이상에 걸쳐 여러 번 워크숍을 개최한 후에 그 지역의 전문가로부터 "지역 사람들의 의식이 변한 것을 느낀다"는 말을 들은 적이 있습니다. 이러한 결과는 향후 커뮤니티에서의 계발활동이나 새로운 소지역 활동을 전개할 때 도움이 되지 않을까 생각합니다.

그러면, 자살사망률이 높은 커뮤니티에서는 어떠한 대책이 요구될까요? 지역 실정에 따른 대책이 커뮤니티마다 다르게 요구되고 있는 것은 말할 필요도 없습니다(本橋, 2011). 그래도 이제까지 효과가 있었던 대책을 참고하는 것은 의미가 있다고 생각합니다. 일본에서 인구규모가 가장 작고(1400명~7000명), 고령화율이 높고(15~30%), 자살률이 지극히 높은 지역(고령자 자살사망률이 160이상)에서 자살예방 대책이 5년 이상 진행되어서, 그 효과가 국제적으로도 알려져 있습니다. 그것은 니이가타(新潟)현(구 마쓰노야마마치(旧松之山町), 구 미쓰시로마치(旧松代町), 구 야스즈카마치(旧安塚町)), 이와테(岩手)현(구 죠보지마치(旧浄法寺町)), 아오모리(青森)현(구 나가와마치 남부지구(旧名川町南地区)), 아키타(秋田)현(구 유리

마치(旧由利町))에서의 대책입니다. 어느 지역에서나 우울병 예방
(과 자살방지)을 주체로 한 계발활동, 고령자를 대상으로 한 우울상
태 스크리닝 조사(야키타현 유리마치 제외), 양성자에게 정신과 의
사가 관여, 방문활동이나 그룹활동이 진행되었습니다. 그 결과, 고
령자 남녀 모두 자살률이 유의하게 감소(조보지마치, 마쓰노야마마
치) 혹은 고령 여성만 자살률이 유의하게 감소(마쓰시로마치, 야스
즈카마치, 나가와마치, 유리마치)하였습니다(Oyamam et al., 2005;
Oyama et al.,2006; 大山 他, 2006; 大山博史·渡邉洋一, 2008; 渡邉,
2010; 坂下, 2010). 복지보건의료 전문가가 위험성이 높은 사람을 조
기에 발견하고, 정신과의 관여가 이뤄질 수 있는 체제 속에서 연계,
방문이나 그룹 활동의 장을 계속해서 제공함으로써 자살률이 감소
한다는 점을 시사하고 있습니다.

5. '연결하기' 실천과 '다면적으로 지원해 가는' 체제 만들기

커뮤니티의 환경 만들기가 아무리 정비되었다 하더라도, 사람이
자살 '위기'에 빠지는 일은 앞으로도 계속될 것입니다. 생명지킴이
나 관계자는 자살위기에 놓여 있는 사람을 발견한다면 혼자서 안고
있는 것이 아니라, 자살위기에 놓여 있는 사람을 함께 지탱해줄 수
있는 동료(기관이나 사람)에게 연결시킵니다. 그 시점에 필요한 것
이나 과제에 대해서는 필자의 논문(2012)에 정리해 두었습니다. 그

가운데 특히 중요한 것이 생명지킴이나 관계자가 그 상황을 혼자서 안고 있지 않는 쪽이 좋다는 확신을 갖고 움직이는 것, 어느 정도 자살위기에 놓여 있는 사람의 자살위험성을 파악할 줄 아는 것, 위험도에 따라 적절한 기관이나 사람에게 연결시켜줄 수 있는 것, 그리고 연결시켜줄 기관이나 인물에게 직접 연락을 하고, 본인의 허락을 얻은 범위에서 지원의 필요성이나 자살 위험도 등을 구체적으로 상대에게 전달하는 것 등입니다. 생명지킴이나 관계자에게는 임기응변의 대응을 하는 힘이나 끈기가 필요합니다.

많은 경우에 생명지킴이나 관계자는 연결된 곳과의 장기적인 연계 체계를 구축하고 자살위기에 놓여 있는 사람을 장기적으로 지원해 갈 필요가 있습니다. 생명지킴이 자신이 연계의 핵심이 될 때도 있을 것입니다. 혹은 다른 보건복지의료 전문가에게 연계의 중심 역할을 맡길 때도 있을 것입니다. 어떠한 상황이라도 자살위기에 놓여 있는 사람을 지역 차원에서 지원할 때는 장기적인 관점에서 여러 사람이 관여하면서 '다면적 형태로 지원하는' 체제를 만드는 것이 필요할 것입니다.

6. 정신의료 서비스의 이용

앞에서도 언급했지만, 자살한 사람의 90%는 자살에 이르기 직전 어떤 정신질환을 앓고 있었다고 합니다. 그 중 60%는 기분장애(우울증, 조울증 등)라고 합니다(WHO, 2000=2007a; 玄·張, 2009). 또한 애초에 정신질환을 앓고 있던 사람의 자살 위험은 높습니다. 입원을 필요로 하는 우울증 환자의 4%, 조현병 환자의 4%, 알코올 의존증 환자의 3.4%, 인격 장애의 5.1%가 자살을 한다는 생애자살률 수치결과가 소개되어 있습니다(玄·張, 2009). 위의 수치를 봤을 때, 대부분의 경우 자살위험성이 높은 사람은 정신의료서비스에 연결해 주는 것이 적절한 조치입니다. 정신의료 서비스를 받도록 연결해 줄 때, 생명지킴이나 관계자는 얼마간의 장애요인에 맞서 극복해야만 합니다.

(1) 본인이나 가족의 저항

정신질환에 대한 편견은 뿌리가 깊습니다. 우울증이 '마음의 감기'라고 불리며 정신과의 문턱도 최근에는 낮아지고 있지만, 당사자의 입장이 된다는 것에 대해서는 여전히 강한 저항을 갖고 있는 사람도 있습니다. 본인 또는 가족이 갖고 있는 강한 저항감은 자신이 갖고 있는 정신질환에 대한 편견이 강하기 때문일 수도 있습니다. 정신질환에 대한 세간의 편견에서 오는 두려움 때문일 것입니다. 그래서 생명지킴이나 관계자는 그러한 사람이나 가족의 불안에 가까이 다가갈 필요가 있습니다. 그리고 커뮤니티 차원으로는 계속해서 편견을 없앨 수 있도록 대처해가는 것이 올바를 것입니다.

(2) 접근성

정신의료서비스에 대한 접근에 어려움이 생길 수도 있습니다. 생명지킴이나 관계자가 자살의 위험이 있는 사람을 발견하고, 우울증상 등의 정신질환을 앓고 있는 것으로 느껴 정신의료서비스에 연결시키려 해도 진료를 받는 데까지 이어지지 않는 경우가 있습니다. 그 이유 중 하나로는 많은 정신과 클리닉이 초진 환자의 진료접수를 받을 때, 예약제를 통한 제한적인 방법으로 받고 있기 때문입니다. 한 달에서 길게는 두 달까지 초진 예약을 잡을 수 없는 경우도 있습니다. 나도 최근 1년 동안 전국 도부현의 관계자들에게 초진 예약을 잡는 것에 어려움이 있는지에 대해 질문했지만(예외로 자살률이 지극히 높은 어느 현의 대학병원 관계자는 어려움이 없다고 응답하였지만), 거의 모든 지역의 정신과 클리닉에서 초진은 예약제로 운용하고 있기 때문에, 한 달 반에서 두 달이 지나도록 첫 진료를 받지 못한 채 어려움을 겪는 경우가 많다는 응답을 받았습니다. 생명지킴이나 관계자 입장에서 보면, 자살위기에 있는 사람의 상태가 악화되기 전에 진료를 받도록 하고 싶지만, 일반적인 방법으로는 그것이 매우 어렵다는 것입니다. 상태가 나빠진 후의 긴급대응제도는 어느 정도 정비되어 있지만, 거기까지 도달하지 못할 경우의 접근 대처가 필요한 때입니다.

(3) 정신의료서비스의 지속적인 이용

정신의료서비스로 자살위기에 있는 사람을 겨우 연결한다고 해도, 지속적인 이용으로 이어지지 않는 경우가 있습니다. 본인이나 가족들은 아마도 즉효성이 있고 알기 쉬운 정신의료서비스를 이용해서 즉각 효과가 나타나기를 기대할 것입니다. 그것에 대해 정신의료서비스는 치료 효과를 느낄 수 있을 때까지 일정기간 이상이 필요한 경우가 많겠지요. 또 그 효과는 알기 쉬운 것만은 아닙니다. 게다가 효과를 실감하기 전에 복약으로 인한 부작용을 느끼거나 약에 의존하는 것에 대한 두려움을 느껴서 비교적 조기에 정신의료서비스를 계속 이용하는 것을 그만두는 경우도 있습니다('진료 중단'). 생명지킴이나 관계자는 본인이나 가족의 그러한 답답함이나 불안감과 함께 하며 지속적으로 지원을 계속할 필요가 있습니다.

이상과 같이 생명지킴이 양성이 도움이 되기 위해서라도, 커뮤니티에서는 다층적 대책이 요구됩니다. 여기에서는 미수자에 대한 케어와 유가족을 비롯한 서바이벌 케어에 대한 내용은 전문서적에서도 많이 다뤄지고 있기 때문에 상세한 설명은 하지 않겠지만, 고위험자인 분들에게도 케어를 할 필요가 있습니다. 각각의 커뮤니티에서 지역 실정에 맞춘 자살예방에 대한 대처 활동이 이뤄지기를 바랍니다.

[참고·인용문헌]

福島喜代子(2012)「自殺対応とソーシャルワーク――つなげる実践と専門性」『ソーシャルワーク研究』38−3、156-168.

玄東和·張賢徳(2009)「自殺と精神病理」『精神医学』51(11)、1043−1052.

奈良県(2013)『自殺死亡率低位性の研究』

岡檀、山内慶太(2010)「高齢者自殺の自殺希小地域の自殺予防因子の探素――徳島県旧海部町の地域特性から」『日本社会精神医学会雑誌』19,199−209.

岡檀、山内慶太(2012)「自殺希小地域における予防因子の研究―― 徳島県旧海部町の住民意識調査から」『日本社会精神医学会雑誌』20,213−223.

岡檀、山内慶太(2012)「自殺希小地域のコミュニティ特性から抽出された『自殺予防因子』の研究――自殺希小地域および自殺多発地域における調査結果の比較から」『日本

社会精神医学会雑誌』21,167－180.

岡檀、藤田利治、山内慶太(2012)「日本における『自殺稀少地域』の地勢に関する考察――1973年～2002年の全国市区長村自殺統計より標準化死亡比を用いて」『厚生の指標』59(4)、1－9.

大山博史・渡邊洋一・坂下智恵ほか(2006)「わが国における自殺予防対策と最近のエビデンス――地域介入による高齢者自殺予防活動のレビュー」『青森保健大学雑誌』7(1)、157－160.

Oyama, H., Ono, Y. & Watanabe, N., et al. (2005) Community-based Suicide Prevention through Activity for the Elderly Successfully Reduced the High Suicide Rate for Females Psychiatry and Clinical Neurosciences, 59, 337-344.

Oyama, H., Ono, Y. & Watanabe, N., et al. (2006)Local Community Intervention through Depression Screening and Group Activity for Elderly Suicide Prevention. Psychiatry and Clinical Neurosciences, 60, 110-114.

坂下智恵(2010)「うつ病スクリーニングによる地域介入と中高年者自殺予防――最近のエビデンスに関するレビューと本邦の介入事例」『青森保健大学雑誌』11,137－141.

자살위기 개입의 실제

제4장

자살위기
초기개입의 실제

자살위기 개입의 실제

앞 장에서 설명한 자살위기 초기 개입에 필요한 스킬에 대해서 실제로는 어떻게 시행하면 될까요? 앞 장에서는 자살에 관한 생각이나 믿음을 확인하는 신호를 알아차리는 것의 중요성에 대해서 설명했지만, 본 장에서는 ① 신뢰관계를 구축한다, ② 현재 처한 상황을 파악한다, ③ 위험성을 측정한다, ④ 안전을 확보·지원해줄 동료에게 연결한다, ⑤ 팔로우업 등에 대해 구체적으로 설명하려고 합니다.

참고로 앞 장에서도 언급한 것과 같이 자살위기에 있는 사람을 대응할 때는 어떠한 상대에게도 항상 잘 되는 대처법은 안타깝게도 없다고 할 수 있습니다. 구체적인 사례를 들지 않고 추상적인 방향성이나 유의점만을 열거하는 것이 집필자 입장에서는 편합니다. 그러나 유의해야할 지식을 추상적인 형태로 얻어 봤자 실전에서 구체화하는 것은 어렵습니다. 본서의 주제를 생각한다면 구체적인 사례를 들어야만, 비로소 많은 사람이 지역 내에서 활동하는 생명지킴이로서의 대응을 이미지화할 수 있다고 생각하였습니다. 그래서 주저하지 않고 구체적인 사례를 들도록 하겠습니다. 각각의 사례는 어디까지나 사례일 뿐입니다. 실제로는 눈앞에 있는 상대방을 이해하고 필요에 따라 섬세하게 배려하면서 끈기 있게 진행해갈 필요가 있습니다. 또 여기에서는 원칙적으로 바람직하다고 생각되는 대응을 예로 들고 있지만, 때로는 원칙에 얽매이지 않고 임기응변만으로 대응하는 것도 필요합니다. 신뢰관계를 구축한 후, 열의와 끈기를 갖고 '자살밖에 방법이 없다.'라고 생각하는 사람을 '살아 있어서 좋을 것일 수도 있다.'라는 생각으로 전환할 수 있도록 지원하는 것이 목적이기 때문입니다.

1. 신뢰관계의 구축

(1) 경청

신뢰관계를 구축해갈 때, 중요한 것은 가장 먼저 경청하는 것입니다.

'경청하세요'라는 말을 듣고 그것을 이해하고 있어도, 상대방과 이야기할 때 진심으로 경청하는 것은 의외로 어려운 일입니다.

〈예시 1-1-1〉

'저 같은 사람은 없어지는 게 좋겠죠~'

라는 말을 들었을 때 어떠한 응답을 하게 될까요?

〈예시 1-1-2〉 (X 좋지 않은 예)

친한 사람이라면

'그렇지 않아요'

라고 바로 답할 때도 있을 것입니다.

〈예시 1-1-3〉 (X 좋지 않은 예)

연장자가 상대가 연하인 사람의 이야기를 듣고 있는 경우라면,

'젊은 사람이 무슨 바보 같은 소리를 하고 있나'

'자네에겐 미래가 있지 않나'

라고 즉시 답할 수도 있습니다.

반대로 연하가 연장자의 이야기를 듣고 있다면

'오랫동안 사셔야죠.'

라고 즉시 답할지도 모릅니다.

이렇게 읽다 보면, '가볍게 받아 넘기고 있다'라는 느낌을 받지 않습니까?

위의 예시들은 어떠한 의미에서는 인간다운 대화입니다. 인간다운 흔한 대화이기 때문에, "좋지 않다"라고 생각하지 못한 채 응답해버리는 것이겠죠.

그러나 위와 같은 대응을 경청하는 것이라고 할 수 있을까요? 경청이란 상대가 어떠한 이야기를 꺼내더라도, 우선 이야기를 잘 듣고 상대방의 마음속에 있는 생각을 이끌어내는 것입니다.

경청은 의외로 어렵습니다. 게다가 이때 상대방은 자살을 암시했을 가능성이 있습니다. 암시했다고 해서 듣는 사람이 그것을 알아차렸을까요? 위와 같은 대응으로 끝났다면, 상대방은 마음을 닫고 "이 사람에게 말해봤자 소용이 없다"라고 일찍 판단해 버리고 마음속 깊이 있는 마음을 털어놓지 않을 것입니다.

(2) 질문하는 방법

지신의 가치관을 상대에게 강요하지 않으면서, 상대의 이야기를 잘 듣기 위해서는 몇 가지 주의사항을 알아두고 대응하면 좋습니다. 친한 관계이든지 친하지 않은 관계이든지 우선 열린 질문을 할 필요가 있습니다. 열린 질문이란 닫힌 질문의 반대어입니다. 닫힌 질문은 "예", "아니요"로만 대답할 수 있는 질문을 의미하며, 그와 반대로 열린 질문은 "예", "아니요"로는 대답할 수 없는 질문을 의미합니다.

당신은 오랜만에 만난 친구의 모습이 계속 신경이 쓰여서 말을 건넨다면 어떻게 말을 걸겠습니까?

① 닫힌 질문

관계가 막 이뤄지기 시작한 시기에 닫힌 질문으로만 대응하는 것은 바람직하지 않습니다. 우선 좋지 않은 질문으로서, 닫힌 질문의 예를 들겠습니다.

〈예시 1-2-1〉 (X 좋지 않은 예)

젊은 친구사이일 경우,

'왜 그래? 분위기 어두운데~'

와 같이 말을 건넨다면 어떨까요?

요즘 젊은 사람들은 위와 같이 말을 건네면 순간적으로

'아니, 아무것도 아니야'

(즉, = '아니요' 라고 대답하고 있습니다. 닫힌 질문이 되어 버렸습니다)

라며 '분위기를 읽고서' 끝, 얼버무리며 넘겨 버릴지도 모릅니다.

〈예시 1-2-2〉 (X 좋지 않은 예)

성인일 경우,

'왜 그래? 피곤해 보인다. 힘내요~'

와 같은 말을 건네면 어떨까요?

성인이며 갑자기 "피곤해 보인다", "안색이 안 좋아 보인다"와 같은 말을 들으면 어떻게 느낄까요? '걱정해준다'라고 느끼기 보다는 (생기가 없어졌다, 건강해 보이지 않는다 하고) 평가를 받는 듯한 기분이 들어 마음을 닫아버릴지도 모릅니다.

'그래? 그렇지는 않은데'

(즉, = "아니요"라고 대답하고 있습니다. 닫힌 질문이 되어 버렸습니다)

와 같이 얼버무리면서 넘어가 버릴지도 모릅니다.

〈예시 1-2-3〉 (X 좋지 않은 예)

공적·비영리 기관 창구에서의 대응

'○○수속에 대해서는 △△해주세요. 이해되셨나요?'

(닫힌 질문으로 대화가 끝나버렸습니다)

혹은

"말씀해 주신 내용에 관해서는 저희 창구에서 대답해 드릴 수가 없습니다. △△에 문의해보세요. 문의하실 수 있으시지요?"

"예"

(닫힌 질문으로 대화가 끝나버렸습니다)

이때 대응자(생명지킴이)는 '이 사람 안색이 안 좋아 보인다'는 생각이 들어도 더 이상 대화를 이어갈 수 없을 것입니다. 대응자(생명지킴이)는 직장인으로서 시간에 쫓겨 여러 가지 다른 일에 대응해야 할 때도 있습니다. 다소 상대의 안색이 좋지 못한 것을 알아차리더라도 상대방의 몸 상태를 굳이 물으려 하지 않을 수도 있을 것입니다. 그러나 '상담창구'에서의 대응 혹은 조기발견·조기대응의 역할을 기대하고 있는 자로서는 어떨까요? 상담을 받으러 온 사람의 마음을 헤아려 주는 대응을 한 것일까요? 너무나 조기에 해결책을 제시받았거나 혹은 알려지면 곤란한 사항인 명칭(대부분은 표면상의 곤란함)을 알게 된 순간 바로 다른 사람에게 상담 받도록 재촉받는다면, 대응자(생명지킴이)에게는 상담하러 온 사람의 마음을 받아줄 생각이 없다고 상대방에게 바로 전해질 것입니다.

② 열린 질문 (좋은 예시)

신뢰관계를 구축할 만한 이야기를 하기 위해서는 열린 질문 즉, "예", "아니요"로는 대답할 수 없는 질문을 할 필요가 있습니다. "예", "아니요"로 대답할 수 없는 질문이란 대답의 폭이 넓거나 대답하기 쉬운 질문을 던지는 것을 의미합니다.

많은 사람들이 자살 신호를 알아차리기 위해서는 바쁘더라도 안테나를 펼칠 필요가 있습니다.

〈예시 1-2-4〉(○ 좋은 예)
"요즘 어때?"

는 열린 질문입니다.

대답하는 사람은

"아주 좋아."

라고 대답해도 되고

"완전 별로야"

"그냥 그래"

"그럭저럭"

이라고 대답해도 됩니다. 자신의 상태에 맞게 대답할 수 있는 질문입니다. 대답하는 폭이 넓은 질문이기 때문에 열린 질문인 것입니다.

〈예시 1-2-5〉(O 좋은 예)

또한

"방금 전에 '이 세상에는 안 좋은 일뿐이다'라고 말씀하셨는데, 근래에 무슨 일이라도 있었어요?"

라고 묻는 것도 열린 질문입니다. 전반부만 보면 "아니요, 아무것도 없었어요"라고 대답할 수 있는 닫힌 질문이기도 하지만, 후반부까지 봤을 때는 "예", "아니요"로 대답할 수 없기 때문에 열린 질문이기도합니다.

그래서

"별 일 아닌데……." "실은……."

이라든가

"그게, 남한테 말할 만한 이야기는 아닌데……."

등 본인이 안고 있는 문제를 이끌어내기 쉬운 질문입니다.

이러한 질문을 함으로써 처음으로 "이 사람에게는 이야기해도 되지 않을까?"라는 생각이 들어 조금씩 말하기 시작하는 경우도 있겠지요.

이처럼 이야기를 듣기 시작할 때에는 '열린 질문'을 가능한 한 효과적으로 사용해 갑시다.

(3) 응답하는 방법

상대가 이야기를 시작했을 때, 우리는 어떻게 응답할까요? 간신히 자신의 이야기를 꺼내도, 우리들의 대응방법에 따라 상대가 마음을 닫아버릴 수도 있습니다. 대응방법에 따라 이야기가 이어지지 않을 수도 있고 깊어질 수도 있습니다. 잘 이야기를 듣고 상대를 판단하지 않고, 이쪽의 가치판단을 강요하지 않으며 이야기를 듣기 위해서는 대응을 잘 할 필요가 있습니다.

① 긍정한다

여기서 긍정한다는 것이란 이곳에서는 상대의 생각이나 상황의 인식 등을 일단 받아드리는 것입니다.

생명지킴이의 역할이 기대되는 지역의 공공기관 직원, 비영리법인 직원이나 복지·보건활동에 관여하는 사람은 다양한 가치관이나 생각을 갖고 있는 사람을 대응하게 됩니다. 항상 '받아들이기 쉽다'라고 느끼는 사람만 대응하는 것은 아닙니다. 그 중에는 그대로는 받아들이기 어렵다고 느껴지는 가치관이나 생각을 갖고 있는 사람도 있습니다. 예를 들면, 될 대로 되라는 태도를 취하는 사람, 소극적인 성격을 갖고 있는 사람, 반사회적인 생각을 갖고 있는 사람 등이 있습니다. 또 상대의 입장을 헤아린다고 해도, 자살위기에 있는 사람과 똑같은 감정을 느끼는 것이 어려울 수도 있습니다. 앞에서도 서술했지만 그럴 때, 자신의 가치관이나 생각을 강요해버리면 신뢰관계의 구축은 어려워집니다. 어떠한 상황이더라도 자신의 가치관이나 생각을 강요하지 않으며, 일단은 받아들일 필요가 있습니다. 그래서 '긍정하는' 기법을 사용하는 것으로 상대의 페이스에 맞춰서 이야기를 들어줍니다.

〈예시 1-3-1〉

"어차피 나 따위는 전혀 쓸모없는 사람이기 때문에 이 세상에서 사라지는 게 낫다."

라는 이야기를 듣는다면 어떻게 응답하겠습니까?

〈예시 1-3-2〉(X)

친구일 경우에는

"그런 식으로 자학적인 생각은 그만둬."

라고 하며 바로 부정해 버릴지도 모릅니다.

〈예시 1-3-3〉(X)

직장 동료일 경우에는

'무슨 말을 하는 거야. 그렇지 않아, 힘내.'

라고 상대방의 생각을 부정한 뒤에 격려해 버렸는지도 모르겠습니다.

이러한 대응은 상대의 가치관이나 생각을 받아들이는 것이 아닙니다.

그렇다면 어떻게 응답하는 것이 좋을까요?

〈예시 1-3-1〉 (재게)

"어차피 나 따위는 전혀 쓸모없는 사람이기 때문에, 사라지는 게 낫다."

라는 말에 대해

좋은 긍정의 예로서,

〈예시 1-3-4〉 (○)

'그렇게 생각해 버리는군요.'

라고 하며 우선 상대의 말을 긍정합니다.

혹은

〈예시 1-3-5〉 (○)

"그런 상황이라고 느끼고(인식하고) 있군요."

라며 긍정합니다. 이것은 상황 인식의 긍정입니다.

"인식하고"가 괄호 안에 들어가 있는 이유는 보통은 대화 안에서

'인식'이라는 말을 사용하지 않을 가능성이 높기 때문입니다. "느끼고 있군요.'라는 말 속에 '인식'아라는 뉘앙스가 포함되어 있다고 이해해 주기 바랍니다.

이것은

〈예시 1-3-6〉(X)

"말 한 대로다."

라고 동의하는 것이 아닙니다.

또,

〈예시 1-3-7〉(X)

"그렇게 생각하는 것이 당연해, 이해해요."

와 같이 안이하게 동조하는 것도 아닙니다.

여러 가지 상황이 발생했을 때, 그 상황을 인식하는 방법은 사람마다 다르며, 자살위기에 있는 사람의 인식방법을 있는 그대로 받아들이고 있는 것이 <1-3-5>의 예시입니다. 그것은 위의 두 가지 <1-3-6>이나 <예시 1-3-7>과는 다릅니다.

또 다른 예시로는,

〈예시 1-3-8〉

"집도 회사도 나 자신도 갈기갈기 찢어버리고 싶어, 모든 것을 없

애버리고 싶어."

라고 말할지도 모릅니다.

'긍정해주는' 방법을 사용해서 당신이라면 어떻게 응답하시겠습니까?

〈예시 1-3-9〉(X)

"그러면 안 돼요."

라고 즉각적으로 반대하는 의견을 말하는 것은 '긍정'에 해당하지 않습니다. 오히려 '부정'입니다. 자신의 생각이 '옳다'는 자신감을 가진 사람이라면 망설임 없이 위와 같이 말해 버릴 가능성이 높습니다.

〈예시 1-3-10〉(X)

"그 정도라면 △△하는 게 좋아."

처럼 해결방법을 제시하고 싶어질 수도 있습니다. 이 경우도 자신의 생각이나 방법이 '옳다'고 생각하고 있는 사람이라면 망설임 없이 바로 말해버릴 가능성이 있습니다.

하지만 신뢰관계를 구축하기도 전에 쉽게 해결방법만을 제시한다면, 상대방에게 "이 사람은 나의 정신적인 고통을 알아주지 않는구나."라고 전해져 버립니다.

〈예시 1-3-11〉(X)

"○○와는 상담해봤어?"

겨우 마음을 열고 당신에게 고민을 털어놓으려고 하는데, 고민 내용을 파악하기(assessment)도 전에 "다른 사람에게 상담해 보면 좋을 거야."라는 식으로 말해버렸습니다. 이처럼 너무 일찍 타 기관을 소개하는 것은, 자살위기에 있는 사람에게는 "이 사람은 내 고민을 들어줄 생각이 없구나."라는 것으로 전달되어 버립니다.

〈예시 1-3-12〉(O)

"자신도 회사도 모두 끝내 버리고 싶다고 생각해 버리는군요."

"자신도 회사도 멀리 던져버리고 싶다는 기분이군요."

와 같이 일단은 상대의 생각을 받아들인다면, 자살위기가 있는 사람은 "이 사람은 나를 비판하거나 부정하려는 것이 아니라 받아들이려고 하는구나.'라고 생각하게 됩니다.

이와 같은 응답에서는 '긍정해주는' 방법을 효과적으로 사용합시다. 특히 자신의 생각과 다른 생각이나 느낌이 보였을 때 활용합시다.

② 공감한다

공감한다는 것은 상대의 입장이었으면 어떤 기분일지 상상하고 느끼는 것입니다. 마음속으로 상대의 입장을 상상하고 그 사람의 입장을 상상하고 그 사람의 입장이었다면 어떤 기분이었을까 라고 느낄 수 있다면 공감되었다는 것입니다. 그렇기 때문에 사람은 직접

접했던 적이 없는 사람에 대해서도 공감할 수 있습니다. 상대의 입장을 상상하고 느낄 수 있으면 되기 때문입니다.

공감을 반영한다

타인과 관계를 맺고, 질 좋은 신뢰관계를 구축하기 위해서는 공감했다는 것을 상대에게 전하는 것이 필요합니다. 그래서 공감을 반영하는 것이 요구됩니다.

공감을 반영하거나 혹은 반사하는 것은 공감하고 있다는 것을 상대에게 어떠한 형태로 전하는 것입니다. 원래 비언어적 소통으로도 반영은 가능합니다. 예를 들면, 눈썹을 찌푸리고 인상을 쓰고 어깨를 움츠리고 고개를 크게 끄덕이고 맞장구를 칠 때의 톤으로 공감을 표현함으로써 공감이 반영되는 것입니다. 그러나 비언어적인 소통은 다른 일에 마음을 빼앗긴 사람(자살위기에 있는 사람 등)에게는 전달되기 어렵습니다. 전화로는 이쪽의 비언어적인 소통이 전해지기 어렵습니다.

그래서 공감적 반영을 할 때는 언어화하는 것이 중요합니다. 가능한 한 기분을 표현할 수 있는 말을 사용하고, 이쪽이 공감하고 있다는 것을 상대에게 전해야 합니다. 생명지킴이가 섬세하게 마음을 표현하는 언어를 많이 사용한다면, 더욱 빨리 신뢰관계를 구축할 수 있을 것입니다.

〈예시 1-3-13〉
"직장에서 나를 보는 모두의 눈빛이 차가워. 이전에는 점심을 같

이 먹던 동료들이 나를 피하는 것 같아. 어제도 과장님이 모두가 있는 앞에서 나를 꾸짖었어."

라는 이야기를 듣는다면 어떻게 공감하겠습니까?

〈예시 1-3-14〉 (X)

"그럴 일은 없겠지요. 잘 확인해 보셨어요?'

라고 대답하는 것은 어떨까요?

있을 법한 응답 방법이지만, 공감이 됩니까?

오히려 '부정'하며 '해결방법을 제시'하려 하고 있습니다. 공감의 언어는 없습니다.

〈예시 1-3-15〉 (X)

"그런 상태라면 사모님도 걱정하고 있겠네요?"

이것은 어떻습니까?

부부간에 아는 사이라면 특히 있을 법한 응답 방법이네요.

공감이 되나요? 사모님에 대해서는 공감하고 있어도 이야기하고 있는 본인의 심정을 공감하려는 표현은 보이지 않습니다.

〈예시 1-3-16〉 (X)

"아-, 안됐네요."

이러한 반응은 어떻습니까?

이는 듣는 쪽을 동정하고 있다는 마음을 말로 표현하고 상대방에게 던졌을 뿐입니다. 이야기하는 사람의 마음을 헤아리는 공감이 아닙니다.

동정하는 마음은 인간으로서 가지면 안 되는 감정은 아니지만 이를 상대에게 직접 표현하게 된다면, 자신은 안전한 곳에 있으며 상대를 한 수 아래로 보고 있다는 느낌을 전할 우려도 있습니다. 노골적으로 동정하는 것은 누구에게나 기분 좋은 일은 아닐 것입니다.

〈예시 1-3-17〉 (X)

"저도 비슷한 경험을 했습니다."

"저도 같은 기분을 느낀 적이 있어서 잘 알아요."

자신이 가진 '비슷한 경험'을 소재로 응답하는 것은 공감에 해당하지 않습니다. 그러한 응답은 상대방(자살위기에 있는 사람)이 그때 느꼈던 당시의 기분을 충분히 헤아리지 못하고 있을 때 이루어질 가능성이 있습니다.

자신의 경험을 바로 이야기하려는 사람은 주의가 필요합니다. 모처럼 상대(자살위기에 있는 사람)가 이야기를 시작했는데, "저도~"라고 대답함으로써 이야기의 흐름을 본인 쪽으로 당겨올 수도 있기 때문입니다. 충분한 공감을 하지도 않은 채 신뢰관계가 구축되지도 않고 섣불리 자신의 경험을 말해버리면, 상대방은 억지로 '듣는 입장'이 되어 버린 것처럼 느낄 수도 있습니다.

또한 상대(자살위기에 있는 사람)의 경험, 그것도 죽을 만큼 내몰린 적 있는 경험과 듣는 사람(생명지킴이)의 경험을 '비슷한 경험'으로 치부해 버리는 것은 위험합니다. 상대(자살위기에 있는 사람)의 입장에서 보면, "나의 이야기를 신중하게 들어주지 않고 있다."라는 느낌을 받을 수도 있습니다.

정말로 비슷한 힘든 경험을 한 사람이 생명지킴이로서 이야기를 듣고 조언을 하는 것이라면 의미가 있을 수도 있습니다(특히 자조그룹의 경우가 이에 해당됩니다). 그러나 개인의 경험은 각자 고유한 것입니다. 생명지킴이는 쉽게 "같다"고 단언하지 않고, 이야기를 잘 듣고 공감해줘야 합니다. 자신의 경험을 나타내 보이는 것은 그것이 상대방에게 도움이 된다는 것을 분명하게 할 때만 합시다.

〈예시 1-3-18〉 (O)

'큰일이군요.'

'힘들겠어요.'

이러한 대응은 어떻습니까?

말하는 사람은 상대방의 입장을 생각해서 "큰일이다." "힘들다." 라고 말했을지도 모릅니다. 일단 공감은 하고 있습니다. 이러한 말은 어떠한 섬세한 마음도 받을 수 있는 편리한 말입니다. 초급자들은 적극적으로 사용하면 좋다고 생각합니다.

그러나 너무나 편리한 표현이기 때문에, 이 말은 맞장구 대신에 난발할 경우, 깊이 없는 대화가 될 수도 있습니다. 또한 "큰일이다", "힘들다"라는 말에 어떠한 섬세한 기분이 있는지를 상상해서 언어화하는 힘이 있을수록 공감은 깊어질 것입니다. 그래서 이러한 표현을 남발하는 것에는 주의가 필요하다고 생각합니다.

〈예시 1-3-19〉 (○)

"견디기 힘들겠네요."

"갈 곳이 없다고 느껴지겠어요"

"절망적인 기분이 드나요?"

이와 같은 응답은 상대의 기분을 헤아려서 언어화한 좋은 예입니다. 어디까지나 추측이지만 "이런 느낌을 받았던 것은 아닐까?"라는 생각을 상대에게 전하려는 자세가 중요합니다.

사람의 마음은 본인밖에 알 수 없습니다. 어떤 전문가라도 상대의 기분을 완전히 알 수는 없습니다. 100% 알지 못해도 괜찮습니다. 섬세한 수준으로 기분을 이해하려고 하고 있다는 것이 상대방에게 전해지는 것이 중요합니다. 마음을 상상하고 언어화해서 전달해 봤을 때, 그것이 본인의 마음과 다를 경우에는 "아니, 그렇지 않아요. ○○한 마음이에요."라고 본인이 말을 바꿔줄 수도 있습니다. 이러한 대화는 서로 정신적인 고통의 깊이를 이해할 수 있는 좋은 대화입니다.

자살위기에 놓여 있는 사람의 마음으로서 절망, 무력감, 견딜 수 없는 고독감, 딜레마, 다른 사람들에게 짐이 되고 있다는 등의 감정을 강하게 느끼면 자살 위험이 높아집니다. 또한 위험도가 가장 높아졌을 때는 초조함이나 충동적인 성향을 보이기도 합니다. 이러한 기분이 강하게 들 때는 주의해서 대응해야 합니다.

③ 핵심어를 반복한다

깊이 있는 소통을 하기 위해서는 상대방의 페이스에 맞추는 것이 중요합니다. 그리고 상대가 어떻게 이야기를 들어주기를 원하는가에 따라 이야기를 들을 필요가 있습니다. 그래서 핵심어를 반복하는 스킬을 사용하는 것이 효과적입니다. 키워드를 반복한다는 것은 상대가 말한 중요한 말들을 맞장구 대신에 반복하는 것입니다. 핵심어로 되는 단어나 구절을 중립적으로 자신의 가치판단은 배제한 채, 말의 어미를 가지고 반복하는 것이 핵심입니다.

〈예시 1-3-20〉 평범한 맞장구만 친다 (△)

경청을 할 때는 "맞장구를 친다."는 것이 권장됩니다.

"시어머니가 치매증상을 보이기 시작한 것은 몇 년 전부터였습니다."

"그렇군요."

"그 당시 저는 전일제 파트타임으로 일을 하고 있었고, 아이들은 아직 고등학생이었습니다."

"……(맞장구)"

"시어머니는 점점 조미료의 맛도 구분하지 못하게 되었고, 가족 누군가가 그 사실을 지적하면 노발대발하셔서... 무언가 이상한 생각이 들었어요. 시어머니는 원래 얌전하고 상식적인 분이셨거든요."

"흐음..."

"어느 날 집에 와보니까 시어머니 방에 낯선 상품이 있는 거예요. 어머니에게 물건에 대해 물어보자 앞뒤가 안 맞는 대답만 하시는 거예요."

"아아……"

"시어머니의 물건을 몰래 훔쳐보는 행위가 나쁘다는 것은 알고 있지만, 시어머니가 안 계실 때 시어머니의 방을 살펴봤더니 몇백만 엔 상당의 영수증들이 나오더라고요."

"세상에......"

"그 후, 남편과 함께 시어머니에게 영수증에 대해 여쭤봤어요. 그러자 갑자기 시어머니가 '이런 집구석 나가버리겠다.'고 화를 내시면서 동생 집으로 가버렸습니다."

"이런......"

"그리고 얼마 후에 집으로 상품 비용에 대한 독촉 전화가 오기 시작했어요. 저희는 그것에 대응하진 않았어요. 시어머니에게는 전해드렸어요. 그러자 얼마 후 저희가 살고 있던 집은 절반이 시어머니의 명의였기 때문에 집이 압류됐으니 집을 나가라는 전화가 오기 시작했습니다."

"이런......"

"그 이후에 신변에 위협을 느끼는 사건이 일어나서 아이들을 위해서 일단은 아파트로 이사를 갔습니다. 그런 일이 있은 후 매일 울면서 보냈어요."

"그런데, 그 일 직후 시어머니에게 드디어 치매증상인가 그것이 진행되고...더 이상 손을 쓸 수 없다, 장남이 모셔야 한다, 그쪽에서 보살펴 줬으면 한다는 연락이 동생에게서 왔고, 시어머니와 아파트에서 동거하는 생활이 시작되었어요.'

"흐음..."

"이젠 더 이상 어떻게 하면 좋을지 모르겠고, 매일 매일 밑바닥 인

생을 사는 것처럼 느껴지고, 시어머니의 뒤를 쫓는 생활을 쳇바퀴
돌듯 매일 반복하며 보내고 있어요.'

"이런......"

이처럼 맞장구를 치거나 끄덕이는 등의 행동을 반복하는 것만으
로도 경청이 가능합니다.

다만, 맞장구는 건성으로 들리는 면도 있습니다. 상대가 말을 귀
담아듣지 않는 것이어서 상대가 일방적으로 이야기하고 있다는 느
낌을 받기도 합니다.

그래서 핵심어를 반복하는 방법을 사용한다면 효과적입니다.

〈예시 1-3-21〉 핵심어를 반복한다 (○)

"시어머니가 치매증상을 보이기 시작한 것은 몇 년 전부터였습니다."

"몇 년 전부터군요." (○)

"그 당시 저는 전일제 파트타임으로 일을 하고 있었고, 아이들은
아직 고등학생이었습니다."

"고등학생이군요." (○)

"시어머니는 점점 조미료의 맛도 구분하지 못하게 되었고, 가족
누군가가 그 사실을 이야기라도 하면 노발대발하셔서...무언가 이
상한 생각이 들었어요. 시어머니는 원래 얌전하고 상식적인 분이
셨거든요.'

"노발대발하셨군요." (○)

"어느 날 집에 와보니까 시어머니 방에 낯선 상품이 있는 거예요.

어머니에게 물건에 대해 물어보자 앞뒤가 안 맞는 대답만 하시는 거예요.”

“낯선 물건이요?” (○)

“시어머니의 물건을 몰래 훔쳐보는 행위가 나쁘다는 것은 알고 있지만, 시어머니가 안 계실 때 시어머니의 방을 살펴봤더니 몇백만 엔 상당의 영수증들이 나오더라고요.”

“몇 백만 엔씩이나……” (○)

“그 후, 남편과 함께 시어머니에게 영수증에 대해 여쭤봤어요. 그러자 갑자기 시어머니가 ‘이런 집구석 나가버리겠다.’고 화를 내시면서 동생 집으로 가버렸습니다.”

“동생 분의 집으로요...” (○)

“그리고 얼마 후에 집으로 상품 비용에 대한 독촉 전화가 오기 시작했어요. 저희는 그것에 대응하진 않았어요. 시어머니에게는 전해드렸어요. 그러자 얼마 후 저희가 살고 있던 집은 절반이 시어머니의 명의였기 때문에 집이 압류됐으니 집을 나가라는 전화가 오기 시작했습니다.”

“집을 나가라고……” (○)

“그 이후에 신변에 위협을 느끼는 사건이 일어나서 아이들을 위해서 일단은 아파트로 이사를 갔습니다. 그런 일이 있은 후 매일 울면서 보냈어요.”

“그런데, 그 일 직후 시어머니에게 드디어 치매증상인가 그것이 진행되고...더 이상 손을 쓸 수 없다, 장남이 모셔야 한다, 그쪽에서 보살펴 줬으면 한다는 연락이 동생에게서 왔고, 시어머니와 아

파트에서 동거하는 생활이 시작되었어요.'

"동거가……" (○)

"이젠 더 이상 어떻게 하면 좋을지 모르겠고, 매일 매일 밑바닥 인생을 사는 것처럼 느껴지고, 시어머니의 뒤를 쫓는 생활을 쳇바퀴 돌듯 매일 반복하며 보내고 있어요.'

'매일같이 뒤를 쫓는……' (○)

이렇게 느끼는 것입니다. 핵심어를 반복한다는 것은 상대방의 이야기 속의 핵심어를 반복하는 것이라는 것을 아시겠습니까?

이 사례에서는 일부러 모든 응답을 '핵심어의 반복'으로 바꿔놓았지만, 실제로는 맞장구치는 것과 핵심어를 반복하는 것을 동시에 하면서 공감한다는 것을 반영해서 응답한다면 좋습니다. 대화가 오갈 때, '핵심어'가 상대의 귀에 들어가면, '정말로 내 이야기를 들어주고 있다'는 느낌을 전달할 수 있습니다. 또한, 상대의 페이스에 맞춰 이야기를 듣는 것도 수월해질 것입니다.

게다가 생명지킴이가 핵심어의 반복을 잘 활용하면, 자살위기에 있는 사람은 머릿속을 정리하고, 문제해결의 우선순위를 정리하거나 문제해결의 방향성을 찾아갈 수도 있습니다.

④ 이야기를 정리한다

이야기를 정리하는 식으로 이뤄지는 응답도 활용합시다. 상대의 이야기를 요약하고 표현하는 것입니다. 특히 상대가 전하고 싶은 것과 본인이 이해한 내용을 재확인한다면, '이야기를 정리한다'는 것

을 활용하면 효과적입니다. 경우에 따라서는, 본인이 이해한 것을
정리해서 전달했을 때, 그 내용을 상대가 다시 정정해줄지도 모릅니
다. 이렇듯 '이야기를 정리하는' 방법은 상호간에 이해했는지를 명
확하게 해주는 데 도움이 됩니다.

⟨예시 1-3-22⟩ (X)
"네네, 그런 것이군요."
"마음은 잘 압니다."
이런 대답으로 대화를 마무리 짓는 경우도 있겠지만, 이러한 대답
은 이야기를 정리해서 마무리하는 것이 아닙니다. 추상적인 표현
으로 마무리를 지었기 때문에 상대가 전하고 싶었던 것과 본인이
이해한 것 사이의 내용을 조정하지 못하고 끝난 것입니다.

⟨예시 1-3-23⟩ (O)
**"그렇다면, ○○씨는 일자리도 잃었고, 가족도 떠나버렸고, 극심
한 고독감에 휩싸여 있다는 것이군요. 그래서 자신이 머무를 수
있는 장소를 찾아다녔던 것이군요."**
이처럼 상대 이야기를 들은 후, 그 내용을 정리해주면 좋습니다.
이해하고 있는 내용이 일치하는지 여부를 확인할 수도 있습니다.
정리한 내용이 전하고 싶었던 의도와 다르다면 정정할 수도 있습
니다. 이러한 대화를 통해서 서로에 대한 이해가 깊어지는 것입
니다.

2. 놓여 있는 상황 확인

(1) 놓여 있는 상황을 확인하는 것은 다면성과 시간 축을 의식한다

안타깝게도 자살위기에 놓여 있는 사람을 만나서 이야기를 들을 때 경청만으로는 자살예방이 불가능합니다. 물론 경청은 중요하지만, 그것만으로는 자살위기에 있는 사람의 상황을 모두 파악할 수는 없습니다. 또 이미 언급했듯이, 자살예방 핫라인(hot line)을 대상으로 하는 질적 연구에서도 '경청'이 철저히 이뤄진 이야기를 듣는 쪽의 경우, 이야기의 처음과 마지막을 비교했을 때, 말한 쪽의 상태가 개선되지 않았다고 하는 조사결과도 있습니다(Mishara et al., 2007).

그래서 자살위기에 있는 사람의 상태를 확인하는 것입니다.

자살을 생각할 만큼 내몰려있는 사람의 상황을 확인할 때에는 다면성과 시간 축을 의식한 질문을 되풀이합니다.

(2) 계기가 된 사건의 확인

자살은 복합적인 문제입니다. 하나의 계기나 이유만으로 자살에 이르는 사람은 많지 않습니다. 그래서 자살위기에 놓여 있는 사람의 이야기를 들을 때는 그 사람이 안고 있는 문제를 다면적으로 파악할 필요가 있습니다. 표면적으로 나타난 '문제'에만 사로잡힌다면 불충분한 대응을 하거나 우선순위를 잘못 판단할 가능성이 있기 때문입니다.

그래서 자살위기에 있는 사람의 이야기를 들을 때는, 본인의 호소에서 먼저 본인의 입장에서 주된 과제를 파악하는 것과 함께 다른 영역에 있어서도 어떤 과제를 안고 있는 것은 아닌가 하는 질문을 반복합니다.

〈예시 2-2-1〉

예를 들어,

"잠을 못 잔다."라고 호소하는 사람이 자신이 내몰려있는 상태라고 느꼈다고 합시다. 잠을 못 잔다는 사실에 대해서는 물론 일단 받아들이고 언제부터 잠을 못 자게 되었는지, 처음에는 얼마나 잠을 못 잤었는지에 대해 물어본다면 좋을 것입니다.

그러나 그것만으로 끝나지 않는 것이 좋습니다.

"잠을 못 자겠다."고 호소하는 것은 종합적인 문제의 표면상의 과제일 경우가 많기 때문입니다. "잠을 못 자겠다."고 하는 것에만 대응하려 한다면, 대증요법(對症療法)으로만 대처하게 되어서, 정신과나 내과 수진을 권유하는 것으로 끝나는 경우가 많을 것입니다. 그러나 잠을 못 자는 사람은 현재 상태에 이르기까지 여러 가지 문제를 안고 있었을 가능성이 높습니다. 현재 안고 있는 문제를 경감하거나 해소하지 않는 한 불면증에 맞서려고 해도 사태가 개선되지 않을 가능성이 있습니다. "잠을 못 잔다."는 이야기를 들었다면, 배후의 원인일 수도 있는 생활상의 문제 혹은 인간 관계상의 문제 등에 대해서도 물어보면 좋을 것입니다.

〈예시 2-2-2〉 생활상의 문제에 대해 묻는다

"잠을 못 잔다고 하셨는데, 일상생활을 하시는데 어떤 곤란한 일은 있으십니까?"

위와 같이 생활상의 문제를 갖고 있지는 않은지 묻습니다. 자신이 안고 있는 문제에 대해서 털어놓기 시작하는 사람도 있습니다. 그 문제는 돈에 대한 것일 수도 있고 일에 대한 것일 수도 있습니다. 물론 인간관계에 대한 것일 수도 있고 병이나 몸 상태에 대한 걱정일 수도 있습니다. 잠을 못 잘 때는 정신과나 내과에서 치료받도록 대응하기도 하지만, 그 이외의 방법으로 대응해 가는 것이 필요하지 않을까 라는 것을 전제조건으로 묻습니다.

〈예시 2-2-3〉 주변 사람과의 관계에 대해 물어본다

"잠을 못 잔다고 하셨는데, 주변 사람들과 무슨 일이 있었습니까?"

위와 같이 인간 관계상의 문제를 가지고 있는 것은 아닌지 물어보는 것도 좋은 방법입니다. 생활상의 문제 이외에도 인간 관계상의 문제를 인정하는 사람도 있을 것입니다. 한편 생활상의 문제는 없지만 인간관계가 원인이 되어서 심각한 상태에 이른 사람도 있습니다. 그것은 가족관계(부자관계, 고부관계, 부부관계, 친척관계), 직장의 인간관계, 학교 등에서의 인간관계, 이웃과의 관계, 종교상의 인간관계 등 여러 가지가 있을 수 있습니다.

〈예시 2-2-4〉 더욱 명확한 질문을 한다

"잠을 못 자는 것과 관련해서, 방금 전에 돈 문제로 힘들었다고 이야기 하셨는데, 조금 더 구체적으로 들려주실 수 있습니까?"

위와 같이 생활상의 문제라도 무엇이 문제인지 구체적으로 물어봅니다. 더욱이 그 문제를 명확하게 할 수 있는 질문을 던진다면, 상대방이 안고 있는 문제가 보이기 시작합니다. 명확하게 할 수 있는 질문이란 구체적인 질문이나 하나의 예를 드는 질문, 상황을 드는 질문 등이 있습니다.

〈예시 2-2-5〉 조금 더 명확한 질문을 한다

"잠을 못 자는 것과 관련해서, 방금 전에 인간관계로 피곤하다는 이야기 하셨는데, 실례가 안 된다면 누구와 관계가 틀어졌는지 이야기해 주실 수 있나요?"

위와 같이 인간관계 중에서도 어떠한 인간관계가 틀어지고 있는지를 묻는 것도 문제를 명확하게 하는 질문이 됩니다. 인간 관계상의 갈등은 쉽게 해결할 수 있는 문제가 많지 않아서 대응하는 데 애를 먹을 수도 있습니다. 그러나 자살위기에 놓인 사람은 생명지킴이가 친절하게 이야기를 들어줌으로써, 기분이 조금이라도 편안해지고 자살에 대한 충동성도 낮아지는 경우가 있습니다.

〈예시 2-2-6〉 계기가 되는 사건의 기점을 묻는다

"돈이 다 떨어져서 대출하기 시작한 것은 언제쯤부터입니까?"

"글쎄요, 3년 정도 전이었던 것 같습니다……"

"3년 전……"

(* 핵심어를 반복하는 등 응답을 하고, 심호흡을 한 번 하고서 다음 질문으로 넘어갑니다)

〈예시 2-2-7〉 계기가 되는 사건의 초기 정도를 묻는다

"처음에는 얼마 정도 빌렸었나요?"

"처음에는 월급날 전에 친구와 여행을 가자는 약속이 있어서, 조금만…아마 3만 엔 정도 현금 서비스를 받았어요."

"3만 엔……"

(* 핵심어를 반복하는 등의 응답을 하고, 심호흡을 한 번 하고서 다음 질문으로 넘어갑니다)

위의 두 가지의 질문과 '현재의 대출액'에 대한 질문을 합해서 3가지 질문을 통해 상대방이 처해 있는 대출문제를 입체적으로 파악할 수 있습니다.

다른 사례도 봅시다.

〈예시 2-2-8〉 계기가 되는 사건의 기점이나 초기 정도를 묻는다

"직장에서의 인간관계, 특히 상사와의 관계로 고민하고 있다고 하셨는데 언제쯤부터 고민하게 된 겁니까?"

"글쎄요, 2년 전부터 신경이 쓰여서……"

"2년 정도 전……"

(* 핵심어를 반복하는 등 응답을 하면서 심호흡을 한 번 하고서 다음 질문으로 넘어갑니다)

"첫 계기는 무엇이었습니까? 그 당시 어떤 말을 들었습니까?"

"영업과 관련된 업무 할당량이 있었는데, 팀에서 유일하게 저만 할당량을 달성하지 못했던 달이 있었어요. 그 때 심하게 질책당했어요."

"위축되는 느낌을 받으셨군요."

(* 공감적 반응 등의 응답을 하고, 심호흡을 한 번 하고서 다음 질문으로 넘어갑니다)

이 질문과 "현재 그 상사와의 관계는 어떻습니까?"라는 질문을 합쳐서 3가지의 질문을 함으로써 직장 내의 인간관계를 입체적으로 파악할 수 있습니다.

(3) 현재의 생활 상황이나 안고 있는 과제의 실상 파악

계기가 되었던 사건이나 이유는 말하자면 과거의 일을 파악하기 위한 질문입니다. 한편, 자살위기에 있는 사람을 지원할 때는 현재의 생활 상황이나 안고 있는 과제의 실상을 파악해야 합니다. 이때 일상생활, 건강상태, 안고 있는 과제의 현 상황을 파악해야 합니다.

① 일상생활

일상생활은 아침, 낮, 저녁에 어떻게 지내는지 파악해 두면 좋습니다. 특히 낮 시간대에 활동하고 있는지, 활동이 가능한지, 활동 장소에서 타인과 어떻게 관계를 맺어가고 있는지 등을 묻습니다. 밤에 잠은 잘 잘 수 있는지 여부를 확인하는 것도 중요합니다. 그러나 그보다는 저녁부터 야간에 어디서 어떻게 지내고 있는지를 파악하는 것이 좋습니다. 또한, 생활 거점도 확인합니다.

〈예시 2-3-1〉

"낮에는 시간을 어떻게 보내고 계시나요?"

"네, 낮에는 일이 있는 날이면 출근을 합니다."

"출근을 하는군요." (핵심어 반복)

〈예시 2-3-2〉

"평소 낮에는 시간을 어떻게 보내고 계시나요?"

"더 이상 출근하지 않게 되었어요. 발길이 떨어지지 않아요."

"발길이……" (핵심어 반복)

〈예시 2-3-3〉

"밤에는 시간을 어떻게 보내시나요?"

"새벽이 오는 것이 무섭고, 저 자신이 무엇을 할지 모르겠다고 느껴질 때가 있어서, 그럴 때마다 가능한 편의점에 가서 시간을 보내고 있습니다."

"편의점에서 시간을 보내시는군요."

"편의점에서……" (핵심어 반복)

〈예시 2-3-4〉

"밤에는 시간을 어떻게 보내시나요?"

"최근에 알게 된 친구네 집에서 같이 살고 있습니다. 더는 가족 곁으로 돌아가고 싶다는 생각이 들지 않아요."

"친구 집에……" (핵심어 반복)

이렇게 낮부터 저녁, 야간까지 시간을 보내는 방법을 각각 물어보는 것이 좋습니다.

② 건강상태

건강상태에 대해서는, 우울증 스크리닝에서 사용되는 질문을 던지는 것이 좋습니다. 우울증 셀프 스크리닝 항목은 앞에서 다루었습니다(〈표 3-3〉 참조). 구체적으로는 수면, 식욕, 흥미에 관련된 질문이 있습니다. 또 병의 상태, 장애 상태, 그것들에 동반된 고통의 정도, 진행 예측에 대해 물어보는 것도 좋습니다.

〈예시 2-3-5〉

"밤에 잠은 잘 주무시고 계세요?"

"그다지……"

"잠을 잘 못 주무시는군요." (핵심어 반북)

〈예시 2-3-6〉

"식사는 잘 하고 계신가요?"

"먹고는 있지만 모래를 씹는 기분이에요."

'모래요……' (핵심어 반복)

〈예시 2-3-7〉

"요즘 물건이나 일 등에 관심은 어떠세요?"

"어떤 일에도 흥미가 없어요. 안 돼요. 어차피 즐길 수 없을 거라고 생각해 버리니까."

"즐길 수 없다고……" (핵심어 반복)

〈예시 2-3-8〉

"병으로 괴롭다고 하셨는데, 아픈 것은요??

"예에……"

"고통이 심해지고 있나요?"

"예전부터 아프기는 했지만, 그것이 이제는 항상 아프니까……"

"항상요……" (핵심어 반복)

〈예시 2-3-9〉

"다리에 장애가 있다고 하셨는데 지금은 어떠한 상태인가요?"

"재활치료만 하면 좋아진다고 했는데 전혀 좋아지지 않아요."

"전혀요……" (핵심어 반복)

"걷는 것은 어떠세요?"

"그게, 왼쪽 다리를 앞으로 뻗을 수 없는 상태 그대로……"

이처럼 건강상태에 대해서 우울증의 대표적 증상을 확인하고 병, 장애, 그에 따른 고통이나 생활상의 불편을 묻습니다.

③ 특정 문제나 과제의 현 상황

특정 문제나 과제를 안고 있을 경우, 그것의 현재 상황에 대해 묻습니다.

〈예시 2-3-10〉

"개호가 힘들다고 하셨는데, 지금은 어떤 일이 가장 힘드세요?"

"밤이 되면 2시간마다 깨는 일이 힘들어요. 처음에는 다른 방에서 잠을 잤었는데, 어머니가 밤중에 용변을 실수하시니까, 시트 등을 전부 다 갈아드려야 하는 일이 이어져서, 결국 어머니 침대 옆에 이불을 펴고 자게 되었습니다. 그랬더니 2시간마다 어머니 때문에 잠이 깨네요……"

"2시간마다……" (핵심어 반복)

〈예시 2-3-11〉

"집단 따돌림을 조금 당하고 있다고 하셨는데, 지금은 어떤 상황입니까?"

"그게…… 등교하면, 책상에 이상한 낙서가 그려져 있고, 또 하루는 교과서가 없어졌는데 화장실 쓰레기통 안에 있었어요. 작년 말까지만 해도 점심시간에 도시락을 함께 먹을 친구도 있었는데, 4월이 되고부터는 혼자 먹고 있어요. 차라리 투명인간이 되고 싶어요."

"도시락을 혼자서......" (핵심어 반복)

〈예시 2-3-12〉

"아이의 울음소리가 싫다고 하셨는데, 아이가 울면 어떻게 하세요?"

"예에...애초에 아이들이 예쁘다고 생각하지 않았어요. 남편은 아침 일찍부터 밤늦게까지 일하러 나가 있고 귀가해도 피곤한 상태라 이야기를 나누기 어려웠어요."

"고독하겠네요......" (공감의 반응)

"저도 날마다 육아와 가사에 쫓겨서 남편에게 신경을 못 써주기 때문에 아내로서 자격 박탈이라고 생각해요. 이것저것, 거의 모든 시간을 아이에 빼앗겼다는 생각이 들어버려요."

"(끄덕인다)" (수긍하기)

"특히 저녁때 식사를 만드는 시간에 아이가 계속 울어대면 모든 것을 내던져버리고 싶다는 생각이 들어요."

"하고 싶은 일을 못 한다고 생각하시는군요." (공감의 반응)

"그리고 그 후에는 오히려 더 침울해져 버려요. 저번에는 아이가 울다 지쳐 자버린 옆에 제가 캄캄한 방 가운데 주저앉아 있었고... 밤 11시쯤 귀가한 남편이 그런 저의 모습을 보고 놀랐었죠."

"캄캄한 방 가운데에서......" (핵심어의 반복 등)

〈예시 2-3-13〉

"일이 뜻대로 잘 안 풀린다고 말씀하셨는데 어떠세요?"

"아버지의 사업을 물려받은 후에 조그마했던 회사를 많이 번창시켰어요. 한때는 종업원이 100명을 넘을 만큼 사업이 확대된 적도 있었습니다."

"100명을······" (핵심어 반복)

"그런데, 지진과 해일이 발생하면서 점포 3개와 창고가 모두 파도에 휩쓸려버리고 말았어요. 창고는 새로 지은 지 얼마 안 되었을 때였습니다. 그 대출금만 몇천만 엔이어서"

"몇천만 엔······" (핵심어 반복)

"어떻게든 회사를 재건하려고 모색하고, 관청에 제출할 서류도 준비했었어요."

"서류를······" (핵심어 반복)

"그런데 조금씩 거래처들이 다른 지역의 회사와 거래를 늘려가고 있다는 사실을 알게 됐어요."

"계약을······" *(핵심어 반복)*

"더 이상은 안 되겠다고······"

"안타깝네요." (공감의 반응)

위와 같이 자살위기에 있는 사람이 안고 있는 문제의 실상을 파악해 갑니다. 구체적인 질문에 대답을 망설이는 사람도 있겠지만, 상대의 페이스에 맞춰 이야기를 들어주면서 구체적으로 상대가 놓여 있는 상황을 파악하는 것이 좋습니다.

(4) 입체적으로 파악한다

지원을 받으려고 하는 사람(자살위기에 있는 사람)이 놓인 상황을 입체적으로 파악해 두었습니다. 그 핵심을 <표 4-1>에 정리해 두겠습니다.

위와 같이 이야기를 하는 사람들과 신뢰관계를 구축한 후 공감하면서 이야기를 듣다 보면, 말하는 사람의 놓인 상황을 파악하게 되면서, "이 사람 괜찮을까? 걱정된다"는 생각이 들 때가 있습니다.

〈표 4-1〉 입체적으로 파악해야 하는 핵심 내용

<다면성>
하나의 문제뿐만 아니라 복수의 문제를 안고 있는 경우가 많기 때문에, 어느 영역의 문제를 안고 있다는 것을 알더라도, 다른 영역의 문제도 함께 안고 있지 않은가 묻도록 한다. 우울해지고 고민하고 있다면, 경제 상황, 인간관계 등에서도 과제를 안고 있는지 등을 묻는다.

<시간 축>
과거부터 현재에 걸친 시간 축을 의식하고, 초기의 정도나 상태와 지금 현재의 정도나 상태, 그리고 현재 이르기까지 걸린 시간을 묻는다.

<관계성>
안고 있는 문제가 생활, 건강상태에 어떠한 영향을 미치고 있는지를 파악한다.

---

3. 위험성을 측정한다

(1) 자살의 의도를 확인하는 질문

자살이라도 생각하고 있는 것은 아닌가 걱정이 된다고 생각했을 때, 신뢰관계를 구축하기 위해서는 앞에서도 서술했듯이 과감하게 자살 의도를 확인할 수 있는 질문을 해야 합니다. 장(張, 2010)은 누구라도 "무엇인가 이상하다."라는 느낌을 받았다면 자살의도가 있는지를 확인해봐야 한다고 언급했습니다. 내각부 홈페이지에 소개된 생명지킴이 양성을 위한 연수용 비디오 보조교재에 작성되어 있는 좋은 대응사례를 보면, 반드시 자살의도가 있는지를 확인하고 있습니다. 비디오에서는 이러한 질문을 하면, 오히려 자살을 조장하는 것이 된다는 생각은 '잘못'이라고 말하고 있습니다. 자살의도를 갖고 있는 사람은 자살에 관한 이야기를 밖으로 꺼냄으로써 자살에 대한 충동이(일시적이나마) 약해진다고 합니다. 일시적이라고는 하지만 자살에 대한 충동성을 낮추는 것 자체에 의미가 있고, 충동성이 약해진 사이에 문제를 경감시키거나 해결을 시도해보고, 지원체제를 정비해서 그 사람의 자살 위험을 낮추도록 합니다.

실제로 자살위기에 있는 사람의 역할극을 해보면, 그들의 마음을 잘 이해할 수 있습니다. 역할극을 하고 있을 때 자살의도가 있는지, 지금 생각하고 있는지를 물어보면, 그대로 직구를 던져오는 듯이, 자신의 가장 큰 관심거리에 뛰어들어와 주는 것 같은 느낌이 듭니다. 그러나 입 밖으로 "그렇습니다. 자살을 생각하고 있습니다."라고 말한다면 일시적으로라도 후련한 기분이 들면서 충동성이 낮아집니다.

한편, 부스럼을 만지듯이 자살의도에 대한 질문을 피하고 에두른 질문을 반복하다 보면, 상대방이 자신의 가장 큰 관심사에서 멀어진 채로, 가까워지지 않은 것처럼 느낍니다.

(2) 핵심 내용

자살 의도를 확인하는 질문을 하기 위해서는 연습이 필요합니다. 머릿속으로는 알고 있어도 막상 당사자를 눈앞에 마주했을 때 연습 경험이 없다면 좀처럼 해야 입 밖으로 나오지 않습니다.

지금까지 많은 사람을 대상으로 연수를 해왔지만, 말로 여러 번 연습해 보지 않았던 경우에는 실제로 질문을 하지 못했던 사람도 있었습니다. 연수를 통해 연습을 해보면, 이런 질문을 하는 건 어렵지만 그래도 연습할 수 있어서 다행이었다는 말을 많이 듣습니다. 질문의 핵심은 크게 2가지입니다. 첫 번째, 자살을 한다든가 스스로의 인생을 끝내는 것의 의미에 대해 물을 것, 두 번째는 현재 그런 생각을 갖고 있는지를 묻는 것입니다. 여기에서는 "예", "아니요"로 대답할 수 있도록 닫힌 질문을 할 필요가 있습니다.

일본어는 원래 완곡한 표현이 많기 때문에, '명확하게 묻는' 것에 거부감을 느끼는 것도 이해가 갑니다. 그래도 이 질문을 통해서 정말로 자살위기에 있는 사람의 '괴로움'에 정면으로 대응할 수 있기 때문에 물어보는 것이 좋습니다.

〈예시 3-2-1〉

"이런 것을 물어도 될지 모르겠지만, 혹시 자살하려고 생각하고 있나요?"

〈예시 3-2-2〉

"이 세상에서 사라지고 싶다고 생각하고 있지는 않나요?"

〈예시 3-2-3〉

"지금 자신의 인생에 종지부를 찍어야겠다고 생각해 버리고 있나요?"

등은 좋은 예시입니다.

다음으로 좋지 않은 예를 들어보겠습니다. 다음과 같은 예는 핵심을 파악할 수 있는 질문이 아닙니다. 좀 더 부연설명을 하자면 (반복된 질문 등을 하면) 물어봐야 할 것은 물어볼 수 있는 것인데……

〈예시 3-2-4〉 (불충분 △)

"죽음에 대해 생각하고 있나요?"

죽음에 대해 막연하게 생각하고 있는 사람은 많습니다. 그런 사람들 모두가 자살을 생각하고 있는 것은 아닙니다. 그들의 자살 위험성을 측정하기 위해서는 자살 의도가 있는지, 지금도 자살을 생각하고 있는지를 확인해 볼 필요가 있습니다.

〈예시 3-2-5〉 (불충분 △)

"이 세상에서 사라지고 싶다고 생각하고 있나요?"

위와 같은 질문에는 현재의 생활 상황에서 사라진 후 어디론가 가버리는 것도 포함됩니다. 타지에서 인생을 다시 시작하려는 생각에서 실행하는 사람도 있습니다. "이 세상에서" 사라지고 싶은지를 물어볼 필요가 있습니다.

〈예시 3-2-6〉 (불충분 △)

"죽는 편이 낫다고 생각하나요?"

"죽는 편이 낫다."고 생각하지만 자살까지는 생각해본 적이 없는 사람도 많습니다. 자살의도가 없는 사람은 "죽는 편이 낫다."고 생각하더라도 자살 가능성은 낮습니다.

그래서 역시 자살의 의도가 있는지 여부를 물어보지 않으면 위험성은 파악할 수 없습니다.

이처럼 질문해야만 하는 것을 완곡하게 질문하는 것은 쉽지만, 완곡한 질문만으로는 자살 위험 평가가 정확할 수 없습니다.

(3) 자살의 계획

자살의도가 있다고 확인됐다면, 자살할 계획에 대해 물어봅니다. 계획이 구체적일수록 그 사람의 자살 위험성은 높다고 판단됩니다. 또 자살 위험인자의 유무를 확인하고 위험인자가 많으면 많을수록 자살 실현가능성도 높아지기 때문에, 자살 위험도도 높다고 판단을 내립니다. 능숙하게 반복된 질문을 통하여 본인으로부터 정보를 이끌어 냄으로써, 자살 위험도를 판단할 수 있는 재료를 얻습니다. 이 재료를 토대로 종합적으로 판단하고 자살 위험성을 평가할 수 있습니다.

생명지킴이로서의 역할이 기대되는 사람은 그 입장에 따라서, 이 단계에서 상대를 보다 전문성이 높은 사람에게 연결해줘야 하는 경우도 있을 것입니다. 예를 들어, 자원봉사자나 이웃 사람인 경우입니다. 그러나 어느 정도 전문성을 가지고 있거나(보건사, 사회복지사, 약사), 지역 내에서 역할이 명확한 사람들(민생아동의원, 케어매니저, 공공기관의 상담창구직원)은 한 걸음 더 나아가 이제부터 기술하는 질문과 같은 것을 통해 판단 재료를 얻는 것이 보다 더 적절한 대응이 될 수 있을 것입니다.

계획이 구체적인지 아닌지, 실현 가능성이 높은지 낮은지에 따라 향후의 안전을 확보하거나 연결하는 기관도 달라집니다. 그 판단 재료를 얻기 위해서라도 구체적인 질문을 하는 것은 의미가 있습니다.

① 계획의 구체성

먼저, 계획이 얼마나 구체적인가를 물어야 합니다.

〈예시 3-3-1〉

"자살하려고 생각하고 있나요?" (의도 확인)

"...예......"

"자살할 방법은 생각해두었나요?" (방법, 어떤 식으로)

"예, 두 종류의 세제를 섞어서 사용하려고요......"

"세제를......" (핵심어 반복)

"언제 하려고 생각하고 있나요?" (시기, 언제)

"다음 주 월요일, 제 생일날 하려고 생각하고 있었어요. 25살이 되거든요."

"다음 주 월요일요......" (핵심어 반복)

"장소는 정했나요?" (장소, 어디서)

"집안 욕실에서요."

"욕실......" (핵심어 반복)

"벌써 준비는 되어 있나요?" (준비의 정도)

"한 종류만요, 어제 샀어요."

"한 종류......" (핵심어 반복)

② 자살 위험인자의 유무

〈예시 3-3-2〉

"스스로를 상처를 입히려고 했던 적이 있습니까?" (자상행위의 경험)

"...손목을 그은 적이......"

"손목을 그은 적이 있군요." (반복)

"지금까지 자살을 하려고 했던 적은 있나요?" (자살미수 경력)

"있어요......"

"있군요......" (핵심어 반복)

"그것은 언제쯤이었나요?" (자살미수의 시기)

"2년 전에 한 번이요."

"2년 전......" (핵심어 반복)

"주제 넘는 질문일수도 있는데, 정신과에 가본 적은 있나요?" (정

신과 수진 여부)

"아니요."

"없군요......" (핵심어 반복)

이처럼 자살 위험인자의 유무를 확인함으로써 정확성이 높은 자살의 위험성을 파악할 수 있습니다. 참고로 정신과 수진 경력에 관한 질문에 대해, 수진한 경력이 "있다"고 답한다면 정신질환이 있거나 있었다는 것이 됩니다. 정신질환 경력이 있는 사람은 없는 사람에 비해 자살 위험성이 높습니다.

한편, 우울함의 정도가 비슷한 사람이라도 정신과에서 수진하고 있는 사람과 수진하고 있지 않은 사람이 있습니다. 같은 상태라도 정신과에 수진하고 있는지 여부에 따라 다음 대응이 수월한 면이 있습니다. 우울증 증상을 보이는데 혹은 다른 정신질환 증상을 보이는데도 진료를 받고 있지 않은 사람은 이후 대응 시에 더 많은 노력이 요구되는 경우도 있습니다. 일본에서는 정신질환을 앓고 있지만 정신과에서 수진하고 있지 않은 사람도 적지 않습니다.

③ 알코올이나 약물과의 관련성

자살은 알코올이나 마약 등의 약물과 강한 연관성을 갖습니다. 알코올이나 약물에 의존 중인 사람은 자살 위험성도 높습니다. 알코올 의존증에 걸리면 불면증이 수반되기 쉽고 우울증 증상도 나타나기 쉽습니다. 과음을 하는 사람도 자살 위험도가 높다고 합니다. 일본에서는 과음을 하는 사람이 200만 명은 된다고 추계되고 있습니다.

과음하는 사람의 대부분은 알코올 의존증에 해당된다고 추측됩니다. 그러나 과음자 중 알코올 의존증 치료를 받고 있는 사람은 정말 일부입니다.

한편, 의존증이 아니더라도 알코올이나 마약 등의 약물은 뇌에 작용해서 판단능력을 감소시키고 충동적인 행동을 일으키기 쉽게 만듭니다. 알코올에는 진정 작용도 있지만, 대뇌피질에 영향을 미쳐 합리적으로 생각하는 능력이나 이성을 마비시키기도 합니다. 그래서 사람들은 술을 마시지 않았을 때보다 술을 마셨을 때 대담한 행동을 취하기 쉽습니다. 이러한 점을 봤을 때 의존증이 아니거나 의존하는 경향이 없는 사람이라도 알코올이나 마약 등의 약물을 복용하는 경우에는 자살의 위험성이 높아집니다.

대면해서 이야기할 때는 알코올이나 마약 등의 약물에 영향을 받고 있는지 여부를 판단하기 쉽습니다. 그러나 전화 상담의 경우에는 판단하기 어려운 것이 현실입니다. 언어화해서 물어봄으로써 그 시점에서의 자살 위험도를 판단할 수 있습니다.

대응으로서는 가능한 한 알코올이나 마약을 복용하지 않거나 양을 최대한 줄이는 방법을 제안하고 약속하도록 하는 것에 의미가 있습니다.

주석: 후생노동성(2000)은 '건강일본21'에서 '절도 있는 적당한 음주'를 권장하고 있으며, 알코올은 하루 평균 20g 정도까지만 권장하고 있습니다. 알코올 20g은 맥주 중간 사이즈 한 병, 청주 한 홉, 소주 한 홉, 와인 한 잔, 위스키·브랜디 더블 한 잔 정도를 의미합니

다. 하루 동안 순수 섭취 알코올양은 남성의 경우 10~19g, 여성의 경우에는 9g 정도가 사망률이 가장 낮으며, 그 이상을 섭취하게 된다면 사망률도 올라간다고 지적하고 있습니다.

건강일본21에서는 알코올과 자살의 연관성에 대한 내용을 다루고 있지는 않지만, 하루 평균 알코올 섭취량이 60g을 넘기는 사람을 '과음자'로 하고, '과음자'는 건강에 악영향이 생길 뿐만 아니라, 생산성 저하로 직장생활에 미치는 악영향도 무시할 수 없기 때문에 초기 대책이 필요하게 됩니다.

〈예시 3-3-3〉

"지금도 술을 마시거나 다른 약을 복용 중인가요?"

"…마시고 있어요." (위험도가 높다고 판단)

"복용량은 얼마나 되나요?"

"잔뜩 마셨어요!" (위험도가 아주 높다고 판단)

〈예시 3-3-4〉

"지금, 술을 마셨나요?"

"마시지 않았습니다."

"안 마셨군요." (반복)

"보통은 만취 상태가 되나요?"

"더 이상 할 수가 없으니까 마십니다."

"더 이상 할 수가 없으니까……" (반복에 의한 공감)

"어느 정도의 양을 마십니까?"

"매일 큰 사이즈로 맥주 3캔 정도……"

"3캔……" (핵심어 반복) (과음자에 해당한다고 판단)

4. 안전을 확보·의지할 수 있는 동료에게 연결한다

(1) 안전의 확보
안전을 확보하는 것은 자살의 위험도에 따라서 실시합니다. 위험도가 높은 경우는 보다 실질적·물리적인 방법으로 안전을 확보해야 합니다.

"아까 세제를 준비했다고 말씀해 주셨는데, 세제를 제가 맡아두고 있어도 될까요?"

"……"

"맡아두고서, 선생님이 일상생활로 돌아갈 수 있도록 도와드리고 싶습니다."

"그렇게까지 말씀하신다면……"

자살 방법을 명확히 알고 있는 경우, 물리적으로 실행이 불가능하도록 만드는 것에 의미가 있습니다. 불필요하게 준비해둔 약물, 세제, 풍로, 연탄 등을 맡아두는 것이 좋은 방법입니다. 나이프나 끈의 경우에는 대체물이 얼마든지 있기 때문이라고 주저할지 모르겠지만, 신뢰관계를 구축한 후에 "제가 보관해둘게요." "알겠습니다, 맡겨둘게요."와 같은 대화를 나누는 것 자체에 상징적인 의미가 있습니다. 충분히 효과가 있기 때문에 꼭 맡아서 보관해주시기 바랍니다.

〈예시 4-1-2〉(△)
"자살하지 않겠다고 약속해주세요."

위와 같이 간단하게 상대에게 다가가도 정확한 기한을 정해두지 않는다면 동의를 얻기는 힘들 수도 있습니다. 상대가 처해있는 상황을 배려하면서 궁리할 필요가 있습니다. 그래서 대시 자신과 함께 만날 약속을 해서 기간을 정하고, 약속을 제안하면 동의를 얻기가 쉬울 것입니다.

〈예시 4-1-3〉(○)
"다시 방문할게요. 다음 주 수요일 1시에 방문예약을 잡아둘게요. 그때까지 자살하지 않겠다고 약속해줄 수 있겠습니까?"
이와 같은 배려와 노력을 하면, 상대와의 신뢰관계가 구축되어 있는 경우 동의해주는 경우가 많습니다.

자살의 위험도가 높은 경우에는 다음 만남까지의 간격을 짧게 하는 편이 좋습니다.

〈예시 4-1-4〉(○)

"내일 이 시간에 다시 면담을 합시다. 당신을 정말로 걱정하고 있어요. 내일 면담시간까지는 자살하지 않겠다고 약속해주세요."

신뢰관계가 구축된 경우에는 동의해주는 경우가 많습니다.

상대가 안고 있는 문제나 과제를 배려한 지원 내용이 포함되어 있다면, 그 약속은 강한 의미를 지닙니다. 예를 들면, 상대가 경제적으로 곤궁한 상태이고 정신적으로도 피폐한 상태여서 혼자서는 지원신청 수속절차를 밟기도 힘든 경우라면, 다음과 같은 질문을 할 수 있습니다.

〈예시 4-1-5〉(○)

"당신의 생활 상황에 맞는, 경제적 지원을 받을 방법이 없는지 이쪽에서도 알아볼게요. 그러니 다음 주 초에 다시 만나고 싶습니다. 면담 예약을 해두자고요. 다음 주 월요일 ○시에 다시 와주세요. 그때까지 자살하지 않는다고 약속해주세요."

상대의 사정을 배려한 내용이 포함되어 있는 이러한 제안에는 동의해주는 경우가 많습니다.

자살 위험도가 높다고 해도, 대응하고 있는 시점에서는 정신과 병원 입원으로는 이어지지 않는 경우가 있습니다. 그럴 경우, 향후 자살 위험도가 높아지지 않는다는 확신을 갖기가 어렵습니다. 가까운 시일 내에 갑작스럽게 자살 충동이 높아지지 않을까 하고 걱정된다면, 완충단계를 두자는 약속을 받아내는 것도 하나의 선택지입니다.

〈예시 4-1-6〉
"만약 나중에 갑자기 자살하고 싶은 마음이 커진다면 ○○에게 연락한다고 약속해주실 수 있나요?"

자신의 일의 성격상 업무중 대응이 가능하다면, 사무소가 열려 있는 시간대에는 사무소로 전화해달라고 요청할 수도 있습니다. 다만, 업무가 끝난 후 야간 동안에 걱정이 되는 경우도 많습니다. 그러한 경우 24시간 내내 이야기를 들어주고 충동성을 낮춰주는 대응을 할 수 있는 곳의 연락처를 자신의 직장 연락처와 함께 구체적으로 소개해주는 것도 선택지가 될 수 있습니다. 그런 면에서 '자살방지센터(도쿄·오사카 등)', '생명의 전화(도도부현)', '사회적 포괄 지원센터(피재지 우선)' 등은 중요한 사회자원이라고 할 수 있습니다.

참고로 '생명의 전화'는 전화 연결이 잘 되지 않는다는 인식이 있습니다. 일본의 생명의 전화연맹(日本いのちの電話連盟, 2009)에서는 전화연결의 어려움을 조사하기 위해, 상담원 자신이 재다이얼 방식으로 계속 전화를 걸고, 연결되기까지의 횟수조사를 실시한 결과, 평균 160번을 걸면 한 번 정도 연결이 된다고 발표했습니다. 한 사람이 반복적으로 재다이얼 방식으로 계속 전화를 거는 경우도 있는 때문에, 다른 조사에서, 어느 기간, 실제로 전화를 걸어서, 몇 번 만에 연결되었는지를 물어본 결과, 50번 이상 전화를 걸어서 경우 연결된 사람이 4명 중 1명, 10번 만에 연결된 사람이 약 절반 정도라는 결과가 나왔습니다(日本いのちの電話連盟, 2009).

이러한 연구결과에서, 생명의 전화를 소개할 경우에는 "몇 번을 전화해도 연결되지 않는 것 같기는 하지만 포기하지 말고 계속 전화를 거세요."와 같은 말을 한마디 더 덧붙이면 좋을 것입니다.

또 자살위기에 있는 사람과 생명지킴이 사이의 관계가 형식을 차리는 사이가 아닐 경우(친한 친구나 언제나 오고가는 친척 등)에는 본인의 휴대전화번호를 알려주는 것도 하나의 선택지가 될 수 있습니다.

(2) 지지해주는 동료에게 연결한다

지원하는 사람은 자살위기에 있는 사람을 혼자 떠맡아서는 안 됩니다. 가능한 한 상대방의 동의를 얻은 후에 지지해주는 동료에게 연결해 줍니다.

〈예시 4-2-1〉

"당신이 그렇게까지 내몰린 상태에 놓여 있다는 것을 이야기해줘서 고맙습니다. 저 혼자 도움을 주는 것보다는 전문지식을 가진 사람들과 함께 당신을 도우려고 합니다. 따라서 다른 사람에게도 당신에 대한 일을 상담하려고 하는데 괜찮을까요?"

〈예시 4-2-2〉

"이 일은 절대 다른 사람에게 말하지 말아주세요." (수비의무를 지키라는 약속을 강요받는다)

"남에게 알리고 싶지 않은 것은 다른 사람에게 말하지 않겠지만, 죽고 싶다고 생각할 만큼 내몰린 상태라는 것을 저 혼자서 안고 있어야만 하는 것은 아닙니다. 당신의 허락을 얻으면서 다른 사람에게 상담하고 싶기 때문에, 그 점에 대해서는 이해해 주시기 바랍니다." (수비의 약속을 하지 않고, 다른 사람과 함께 지원할 것을 제안한다)

생명지킴이의 역할 중 자살위기에 있는 사람을 지원하기 위해 심적 지원을 얻으려고 노력하는 것도 중요합니다. 자살예방은 난해한 과제이기 때문에, 제도적인 서비스 즉, 공적인 서비스에 연결시켜주면 된다고 생각하기 쉽습니다. 그러나 자살위기에 있는 사람에게는 '정신적 고통의 이해'를 해주는 장기적인 신뢰를 쌓아 온 사람과 '연결의 재구축'이 가능하도록 지원하는 것도 의미가 있으며 선택지의 하나가 됩니다.

〈예시 4-2-3〉

"아까 누구에게 이야기를 들려주고 싶으냐고 물었을 때, 중학교 시절 친구에게 들려주고 싶다고 하셨지요? 그 사람 연락처를 알고 있나요?"

"우리 쪽에서 당신의 경제상황이나 우울한 기분에 대해 전문가와 상담을 받을 수 있도록 지원하고 싶습니다. 그리고 당신의 마음을 알아줄 수 있는 사람이 심적 지원을 해주는 것도 필요하다고 생각합니다. 아까 말한 친한 친구에게 연락해보면 안 될까요? 친한 친

구의 목소리를 듣는 것만으로도 조금이나마 마음의 안정을 찾을 수 있지 않을까요?"

이 '중학교 시절의 친한 친구'는 초등학교 ○학년 때의 담임 선생님, 외삼촌, 고등학교 운동부 시절의 코치, 목사님, 스님, 전 직장상사, 청년회의소의 총무, 노인클럽 부회장 등 구체적으로 본인에게서 해당할 것 같은 사람의 정보를 알아내고서 바꿔주시기 바랍니다.

자살위기에 놓여 있는 사람을 지원할 때는 가까운 사람과의 관계를 재구축하는 것도 중요합니다. 가족에게 연락하는 행위는 '나를 억지로 가족에게 떠맡기려 한다'는 느낌을 줘서, 생명지킴이를 피하게 되는 계기가 될 수도 있습니다. 반면, 가족처럼 가까이서 지원해 줄 수 있는 사람의 존재가 자살의 보호인자(완충재)라면, 가족의 존재 유무 또는 동거중이라는 사실을 아는 것만으로도 멈추도록 하게 하는 경우가 많습니다.

그러나 자살위기에 있는 사람들은 객관적으로 "가족들로부터 도움은 받고 있는" 등 물리적 상황에 있으면서도, 자신 쪽에서 사회적인 관계를 끊는 경우가 있습니다. 가까운 사람이기 때문에 더욱 걱정을 끼치고 싶지 않아서 본인의 약점이 보이지 않도록 배려하는 사람도 있습니다. 매년 자살하는 사람 중 남성은 약 70% 가까이, 여성은 약 80% 가까이가 동거자가 있는 상태였습니다(내각부, 2012). 이 수치만 보더라도 가족의 유무를 확인하는 것만으로는 완충재 역할이 충분하지 않다는 것을 알 수 있습니다.

　　그래서 중요한 것이 "이만큼 내몰려 있다"는 것을 인식하면서 신경써주는 사람의 존재입니다. 가족은 여러 가지 갈등을 안고 있을 수도 있습니다. 그렇지만 가족들에게 "이렇게까지 내몰려 있었구나. 신경 써주자.'라는 생각이 들도록 만들기 위해서는, 본인의 양해를 얻어서 연결 관계를 재구축하거나 연결을 강화하는 시도를 생명지킴이가 행하는 것은 중요한 선택지의 하나가 된다.

〈예시 4-2-4〉

"가족이나 형제, 혹은 교제하는 사람 없나요?"

"있어요."

"당신이 안고 있는 직장 내의 트러블이나 금전적 문제에 대해 앞으로 전문가와 함께 상의해 갑시다. 한편으로는 당신이 이렇게까지 내몰려있다는 것을 주변 사람들에게 알릴 필요가 있습니다."

"아니요, 가족에게는……"

"'당신이 안고 있는 문제에 대해서 당신이 알리고 싶지 않다면 알리지 않도록 하겠습니다. 그러나 현재 당신은 정신적으로 내몰린 상태이기 때문에, 집에 있는 시간대에는 지켜봐 주기를 바란다고 알리고 싶습니다."

"하……"

"당신을 걱정해서 신경써주신다고 한다면, 누가 좋을까요?"

"그러면, 아내(애인, 어머니, 여동생, 가까이에 살고 있는 친구 등)가 좋을까요?"

"아내분이군요. 알겠습니다. 그러면 같이 전화해볼까요?"

이와 같이 가까운 사람에게 연결해 줄 필요가 있는 경우는 많습니다. 그리고 그때는 약간의 노력이 필요합니다. '가족들에게 상담할수 있지 않아요? 상담하면 좋은 것 아닙니까?'와 같이 말해두는 것만으로는, 연결로 잘 이어지지 않는 경우도 많기 때문입니다. 특히'위험성이 높다'고 느껴졌는데도 불구하고, 어떤 사정으로 안전한장소에서 생활(정신과 병원에 입원 등) 하는 것이 어려운 것 같은 경우에는, 비공식적인 지원을 이용하여 안전성을 확보합니다.

참고로 자살위기에 있는 사람은 어떠한 문제가 발생하고, 그 문제를 계기로 궁지에 내몰린 상태가 되는 경우가 많습니다. 그래서 '자살문제의 전문가'에게 연결하기 보다는 자살을 생각할 만큼 내몰리게 된 계기나 문제에 대해 대처할 수 있는 전문기관에 연결해주는것이 중요합니다.

그 문제는 다양할 것입니다. 모든 문제를 다룰 수 있는 전문가는없습니다. 그렇기 때문에 본인이 품고 있는 문제를 어느 정도 알아내고 적절한 곳에 연결시켜주는 것이 중요합니다. 주택문제, 취업문제, 직장 내 문제, 학교 내 문제, 경제적 문제, 대출문제, 이웃과의 문제, 가족관계 문제 등 여러 가지가 존재합니다. 자살을 생각할 정도로 내몰린 계기가 된 문제를 경감하거나 해결해줄 수 있는 곳으로연결해줍니다.

한편으로는 안고 있는 문제나 과제가 있다고 하더라도, 또 생활상의 문제가 명확하게 보이지는 않는다고 하더라도, 자살을 생각할 만큼 내몰린 사람들의 대다수는 정신질환을 진단받을 만한 상태라고 합니다. 그래서 병행해서 정신과 수진으로 이어질 수 있는 방법을 생각해야 하는 경우도 많습니다. 정신과나 병원의 클리닉을 직접 소개해도 좋습니다. 또한, 지역의 시정촌의 관청 보건과나 보건소, 정신보건복지센터 등도 상담 받도록 도와줄 수도 있을 것입니다.

〈예시 4-2-5〉

"당신의 이야기를 들어보니 직장 내의 노동조건이 너무나 열악하네요. 이 문제에 대해 상담받을 수 있는 기관이 있는데 함께 상담을 받으러 가보는 것은 어떠세요?"

"힘들었던 경험을 이야기해줘서 고맙습니다. 당신이 안고 있는 문제에 대해 상담받을 수 있는 기관이 있을 것입니다. 함께 상담받아 봅시다."

"경제적 문제나 대출에 대해 상담해주고 해결할 수 있도록 힘써 줄 사무소를 알고 있습니다. 상담하러 가보지 않겠어요?"

전문분야가 아닌 분야에 대해 "해결할 수 있을 것이다." 또는 "잘 될 것이다."라고 자신 있게 말하기에는 힘들 수도 있습니다. 하지만 생명지킴이 등 보건복지의료 현장에서 몸담고 있는 사람이라면, '희망 지향적'으로 활동해야 한다고 생각합니다. "어떻게든 잘 될 것이라고 생각한다." "지금보다는 좋아질 것이다."와 같이 단정 지어서는 안 되지만, 희망을 갖고 자살위기에 놓여 있는 사람의 곁에서 함께 해결해 나가겠다는 의사를 보여주는 것이 바람직합니다.

〈예시 4-2-6〉

"대출문제라면 ○○사무소에서 해결방법을 반드시 알려줄 것이라고 생각합니다. 어떻게든 될 것 같네요. 그건 그렇고, 하시는 말씀을 들어보면, 정신적으로 지쳐서 밤에 잠도 못 자고 식욕도 없는 상태가 이어진다니 걱정이에요......건강을 되찾기 위해서라도 병원에 가보시는 것이 좋다고 생각합니다. 근처에 평판이 좋은 클리닉(정신과)을 알고 있는데, 가보실래요?"

"아뇨......정신과는......"

"정신과에서 진료 받는 것에 거부감이 있군요." (긍정함)

"심신 상태에서 지금 어떤 점이 가장 힘드세요?"

"밤에 잠이 들어도 금방 깨버려서 이후에는 전혀 잠을 잘 수 없어요."

"그 뒤에 잠에 들지 못하는군요." (핵심어 반복)

"그 상태를 조금이라도 완화시키기 위해서는 의료서비스를 받는 방법이 가장 좋다고 생각합니다. 밤에 잠을 잘 잘 수 있게 된다면, 몸 상태도 지금보다는 나아질 것입니다. 그러기 위해서는 거부감이 들 수도 있지만, 우선 정신과에서 진료예약을 해보면 어떨까요?"

"예약이요?"

"지금 함께 전화해도 되겠습니까?" (끈기 있게 본인의 이해를 얻어 연결함)

"하아......"

정신과에서 진료받은 적이 없는 사람을 정신과에 가게 만들어야 하는 것이, 지금의 일본에서, 지역에서 활동하는 사람들에게 있어서는 고생스러운 일일 것이라고 생각합니다. 그와 관련된 문제는 필자의 논문(福島喜代子, 2012)을 통해 다룬 적이 있습니다. 그러나 정신질환이 의심될 때는 역시 정신과에서 수진 받아야 한다고 생각합니다. 감정 장애(우울증)나 조현병과 같은 질환에는 약물요법이 효과가 매우 크며, 시간은 걸린다고 해도 많은 사람들이 호전되었다는 사실에는 틀림이 없습니다. 전문가도 아닌 사람들의 판단에, "정신력으로 치료해야 한다." "약은 사용하지 않고 치료한다."와 같은 판단은 피해야만 합니다.

후생노동성의 『2009년 지역보건의료 기초통계』에 의하면, 전국적으로 정신과 진료를 표방한 병원은 약 1,500곳(그 가운데 정신과 진료만 하는 병원은 약 1,000곳), 또한 정신과 진료를 표방한 클리닉은 전국적으로 5,629곳이라고 합니다(2008년 10월 시점). 인구 1만 7,000명 당 1곳의 정신과 의료기관이 있습니다. 인구가 가장 적은 현일지라도 정신과를 표방하는 병원이 8곳, 클리닉은 30곳이 있습니다. 그래서 필요할 때는 정보를 수집하며 연결할 수 있습니다.

5. 팔로우업

생명지킴이가 자살위기에 있는 사람을 지원할 때는 그 사람이 위험상태로부터 벗어날 때까지 최대한 지원을 해줘야 합니다. 자살위기로부터 탈출하는 것은 한순간에 가능한 것이 아니기 때문에, 신뢰를 바탕으로 이야기를 들어준 사람과의 관계는 더욱 귀중한 것입니다. 그래서 계주에서 바통을 넘겨주듯 인계하는 것보다 곁을 지키면서 목표에 다다를 때까지 지켜봐 주는 것이 중요합니다.

이때, 팔로우업의 스킬을 활용하는 것이 중요합니다. 지금까지 "함께 상담합시다." 또는 "함께 가봅시다."와 같은 구체적인 예를 들었습니다. 굳이 자살 위험도가 가장 높다고 생각되는 사람을 대응하는 예를 들었는데, 그 이유는 정밀도가 높은 자살의 위험성 평가가 가능하다면, 자살 위험성이 특히 높은 대상을 파악하는 것도 가능하기 때문입니다. 그렇게 된다면, 안전이 확보되기 전까지 함께 행동할 필요성이 생기고, 그렇게 행동하는 경우도 있기 때문입니다.

그러나 실제로 생명지킴이들이 만나는 대상은 자살 위험도가 특히 높은 사람에 한정된 것은 아닙니다. 또 생명지킴이의 상황이나 직무 시스템에 따라 가까이에서 지원해줄 수 없을 때도 있습니다.

그래서 생명지킴이의 역할이 전문적 대응이 가능한 기관을 소개해주거나 상담받도록 제안하는 것에 그치는 경우도 있습니다. 만약 자살위기에 놓여 있는 사람이 상담창구를 방문했을 때, 2번 연속으로 "○○에 상담하러 가는 것은 어떠세요?"와 같은 이야기를 듣는다면, "나를 떠넘기려 하는구나."라고 느낄 수도 있습니다. "떠넘기려고 한다."는 느낌을 받지 않도록 하기 위해서라도, 심각한 내용의 상담에 대해서는 팔로우업을 할 것을 약속할 필요가 있습니다. 반면, 본인이 "알겠습니다. 제가 상담하러 가겠습니다." "가족과 함께 상담하러 가겠습니다."와 같은 반응을 보이는 경우도 있습니다. 그러한 경우에도 생명지킴이는 다른 기관에게 앞으로의 대응을 위임하게 됩니다. 이때 생명지킴이가 팔로우업할 것을 약속하는 것이 중요합니다.

〈예시 5-1-1〉 (△)

① "잘 됐으면 좋겠네요."

② "어떻게 되었는지, 언제라도 좋으니까 연락주세요."

생명에 관한 문제가 아닐 경우에는 ①과 같은 대응도 괜찮습니다. 또한 지역에서 활동하는 대인원조 담당자들은 ②와 같은 대응을 자주 사용하고 있는 것 같습니다. 그러나 지금 대응하고 있는 사람은 "죽는 것밖에 없다"고 생각하고 있는 사람이라는 것을 명심해야 합니다. 어느 전문기관을 소개하고, 본인이 "제가 상담 받으러 가겠습니다", "제가 진료를 받도록 하겠습니다"라고 말했더라도 다음과 같은 일이 일어날 수 있습니다.

① 실제로는 기력이 부족해서 혹은 다른 이유 때문에 타 기관으로 상담이나 진료를 받으러 가지 않는다.

② 상담이나 진료를 받으러 갔지만, 본인이 처한 어려운 상황을 이해해주지 않았고 친절하게 상담을 받지도 못했다(받아들이는 본인이 그렇게 느끼는 경우도 포함함).

③ 상담이나 진료를 받으러 갔지만, 해결책이 없고 해결되지 않는다는 사실을 알았다(본인의 결심 또는 원하는 대로 되지 않는

경우도 포함).

④ 상담이나 진료를 받으러 갔지만, 제시된 해결책에 따르기보다 오히려 죽는 편이 낫다는 생각이 강해졌다.

실제로 대응이 좋았는지 나빴는지에 상관없이, 본인은 위와 같이 받아들이거나 느꼈을 것이라고 생각할 수 있습니다. 그래서 팔로우 업 한다는 약속은 해두고, 실제로 다시 접촉해서 상대방의 상태를 확인하는 것이 아주 중요합니다.

〈예시 5-1-2〉(O)

"당신이 자발적으로 상담(수진)을 받으러 간다는 이야기를 들으니 저는 정말 기쁘게 생각하고 있습니다. 상담(수진) 후에도 어떻게 진전되었는지 확인하고 싶은데, 다시 만날 수 있나요(전화할 수 있나요)?"

"네....."

"언제쯤이 괜찮으세요?"

"글쎄요......"

"상담(수진) 예정일은 다음 주 수요일 1시죠?"

"네......"

"그러면, 다음 주 수요일 3시에 면담 예약을 해두어도 괜찮을까요? 다시 와주시기 바랍니다."

〈예시 5-1-3〉 (O)

"상담(수진) 예정일은 다음 주 수요일 1시죠?"

**"그러면 다음 주 수요일 3시에서 4시 사이에 전화 주시겠습니까?
기다리고 있을게요."**

여기에서 중요한 것은 "당신이 상담 기관(수진)에 방문한 후에 어떻게 되었는지 신경을 쓰고 있다"라는 메시지를 상대방에게 전하는 것입니다. 자살위기에 놓여 있다고 고백한 사람 입장에서 보면, '이만큼이나 신경을 써주고 있다'는 느낌을 받을 가능성이 높아질 것입니다. 그래서 이러한 메시지가 자살위기에 놓여 있는 사람에게 전해진다면, 상대방은 '나를 떠넘기려 했다'고 느끼지 않고 새로운 상담 기관에 가려는 기분도 긍정적으로 되기 쉽습니다.

실제로 팔로우업 하겠다는 약속을 한 후 다시 만나거나 전화를 해서 실제로 어떠한 진전이 있었는지를 확인하고, 새로운 기관을 소개할 필요가 있다면 다시 소개를 해주어야 합니다. 또 복합적인 문제를 안고 있을 경우에는, 우선순위가 높은 문제부터 대응을 한 후에 다른 문제에 대응해 갑니다. 이와 같이, 계주에서의 바통 터치 방식으로 인계하는 것이 아니라, '죽는 수밖에 없다'는 생각을 '죽을 필요는 없지 않을지도'라는 생각으로 바꿀 수 있도록 곁에서 지켜보며 지원한다면, 생명지킴이로서 자살 위험에 있는 사람에의 초기개입 시에 역할을 충분히 다한 것입니다.

[참고·인용문헌]────────────

張賢徳(2010)「自殺の危機に介入する方法──立ちすくむ援助へのヒント」『臨床精神医学』39(12)、1607−1611.

福島喜代子(2012)「自殺対応とソーシャルワーク」『ソーシャルワーク研究』38(3)、156−168.

厚生労働制(2000)『健康日本２１』2008年改訂

Mishara, B, L., Chagnon, F. & Daigle, M. et al. (2007) Which Helper Behaviors and Intervention Styles are Related to Better Short-term Outcomesin Telephone Crisis Intervention? "Suicide and Life-Threatening Behavior, 37(3), 308-314.

内閣部(2012)『平成24年版　自殺対策白書』

内閣部Webサイト http://www8.cao.go.kp/jisatsutaisaku/kyoukagekkan/index-h24.html

日本いのちの電話連盟編(2009)『自殺予防いのちの電話──理論と実際』ほんの森出版.

자살위기 개입의 실제

제5장

워크숍 개발과
강사 양성의 경위

자살위기 개입의 실제

우리들은 자살위기 초기개입 스킬의 연구를 한 다음 워크숍을 개발하고 그의 보급을 위하여 노력해 왔습니다. 이제 워크숍 개발이나 워크숍 구성에 대해 소개하려고 합니다.

1. 워크숍 개발의 배경

2006년에 자살대책기본법이 제정되어 자살의 문제가 점점 사회적인 과제로서 인식되어 왔습니다. 각 지역에서는 자살예방의 대한 인식 개선을 위한 강연회 등이 기획되고 실시되고 있습니다. 강연회는 자살문제에 대한 사회적인 관심을 높이기에 적합한 방법입니다.

그러나 '서언'에서도 언급했듯이, 지역에서 상담원조 창구에 종사하고 있는 복지, 보건의료, 교육, 사법, 노동 분야의 전문가들, 지역에서 활동하는 민생위원·아동위원, 정신보건복지 자원봉사자와 같은 분들이 "자살을 예방합시다."라는 이야기를 들어도, 무엇을 어떻게 하면 되는지 구체적으로 알 기회가 없는 상태에서 당황스럽지 않을까 우려하고 있었습니다.

2006년에 미국의 대학에 객원연구원으로 1년간 있으면서, 현지의 보건·복지·의료 및 사법교육 영역의 전문가를 대상으로 하는 자살예방 연수에 참가할 수 있는 기회가 있었습니다. 미국에서는 특히 동부 연안이나 서부 연안에 인접한 주의 정신보건복지 영역의 전문가의 경우, 대학원 수준 이상의 학력을 갖고 있는 종사자가 많습니다. 또한, 전문직 대상의 연수가 충분히 갖춰져 있고 예산 및 시간도 충분이 확보되어 있다는 인식이 있습니다. 그러나 내가 체재하고 있던 주의 연수에서는 주내에서 자살예방의 제일선에서 활동하고 있는 사람들(예를 들어, 자살방지 전화상담의 상담원, 가정폭력(domestic violence) 보호소 직원, 경찰의 정신보건 담당자 등)이 "나는 지식도 기술도 충분하지 않다"고 자기암시를 걸면서, 자살예방을 위한 연수에 참가하고 있어서 놀랐습니다. 또한, 자살예방의 제일선에서 활동하고 있는 사람들의 학력이나 연수수준도 정말 다양했습니다. 미국의 경우에도, 자살예방의 기초 지식과 기술을 학습할 수 있는 연수의 기회가 전문가들에게도 필요하다는 것을 배웠습니다.

2007년에 귀국한 나는 소속되어 있는 루터학원대학의 학내 연구장려금을 받아, '자살위기 초기개입 스킬 연구회'를 만들었습니다. 이 연구회를 기반으로 자살위기에 있는 사람들의 초기개입에 필요한 스킬에 대한 연구를 진행하였고, 요구되는 지식과 기술을 습득할 수 있는 연수─소수를 대상으로 하는 참가형 워크숍─을 개발하여 더 많은 사람들에게 제공하려고 하고 있습니다.

지자체의 자살예방 담당자들 중에는 "단시간에 많은 인원을 대상으로 하는 강연이 효율적이다"라고 생각하는 사람도 있을 것입니다. 그러나 다수의 참가자를 대상으로 하는 단시간의 연수는 앉아서 배우는 것(강의)이 중심이 되어서 참가자 한 명 한 명이 깊은 내용을 배울 수 없습니다. 대인원조의 영역에서는 그 의미가 거의 없습니다. 자살예방은 매우 섬세한 배려가 필요한 문제입니다. 게다가 생명지킴이로서의 역할이 기대되는 사람이라면 높은 수준의 기량을 얻는 것이 필요할 것입니다.

나는 지금까지 보건·복지·의료 영역의 대인원조 종사자들에게 여러 가지 연수를 제공해왔습니다. 연수 기획 담당자의 주제나 의뢰 내용에 맞춰 그때그때 내용을 생각하고 다양한 형식(시간, 내용, 연수 방법)으로 연수를 제공해왔습니다. 그러나 자살예방 생명지킴이 연수에 관해서만큼은 일부러 획일적이고 구조화된 워크숍을 개발하려고 하였습니다. 획일화되고 구조화된 워크숍을 개발함으로써 일본의 전국 어디에서나 질이 보장된 연수를 제공할 수 있다고 생각했기 때문입니다. 또한, 워크숍 강사를 양성하고 본 연구회로부터 인정받은 강사가 전국 각지에서 워크숍을 제공하는 것을 목표로 하였습니다. 이로 인해 단기간에 많은 사람들에게 질적으로 보장된 워크숍을 제공할 수 있게 되었습니다.

2. 워크숍의 개발 방법

워크숍은 문헌연구, 연구회 토론, 시범으로 이뤄진 워크숍 참가자로부터의 평가, 워크숍 제공 후 참가자로부터의 평가를 기반으로 개발하고 개선하였습니다. 학술적 근거를 토대로 참가자에게도 안전하며 지식과 기술을 습득할 수 있는 연수가 되는 것을 목표로 하였습니다. 이것은 액션리서치(action research)의 일종인 설계와 개발(Design & Development) 기법에 의거한 형성연구입니다.

3. 자살위기 초기개입 스킬 연구회

(1) 연구회의 목적

자살위기 초기개입 스킬 연구회는 ① 자살위기에 놓여 있는 사람에 대한 초기개입에 관해 연구하고, ② 자살위기에 놓여 있는 사람에 대한 초기개입의 스킬을 취득할 수 있는 연수(워크숍)을 개발하고, ③ 자살위기에 놓여 있는 사람에 대한 초기개입의 스킬을 배울 수 있는 연수(워크숍)를 보급하는 것을 목적으로 시작되었습니다.

(2) 연구회의 개최

2007년 4월에 연구회를 설립하고, 연구자들, 현장에서 실천하고 있는 루터학원대학 졸업생, 대학원 수료생 등에게 문서를 송부하거나 메일을 통해 참가를 호소하였습니다. 연구회는 2007년도에도 몇 차례 개최되었습니다. 매번 10여 명 정도의 인원이 참가해서 워크숍의 내용, 방향성, 제공 방법에 대해 의논하였습니다. 참가자의 대부분은 정신보건복지사이거나 사회복지사 등의 사회복지 직종의 종사자 중심이었지만, 보건사, 간호사 및 개호복지사가 참가하기도 하였습니다. 연구희의 2007년 10월의 모임에서는 요코하마시립대학(横浜市立大学)의 가와니시 치아키(河西千秋) 교수님(현 삿포로의과대학(札幌医科大学) 교수)이 '자살위기에 있는 사람에 대한 정신과 의료의 현 상황, 생명지킴이에게 요구되는 일'을 주제로 강연을 해 주셨습니다. 같은 해, 12월 모임에서는 유럽의 우울증과 관련된 심

리교육적 워크숍이나 자살에 관한 태도를 연구하고 계시는 슬로베니아 사람인 비타 포츠반(ヴィタ　ポツバン)선생의 발표를 들었습니다. 루터학원대학 시라이 사치코(白井幸子) 명예교수님은 연구회의 상담역이 되어 주셔서 대략적인 방향성에 대해 조언을 해주셨습니다. 이렇게 해서 워크숍의 내용, 방향성, 제공방법에 대한 의견을 집약해나갔습니다.

(3) 교류회의 개최

연구회에서는 2009년 2월에 교류회도 개최하여 연구회 참가자나 정보제공 메일발신을 신청한 사람들에게 참가를 호소하였으며, 자살예방에 관한 실천 내용 등에 대해서도 정보교환을 했습니다.

(4) 전용 Web사이트 제작

자살위기에 있는 사람에게 초기개입의 스킬에 관심이 있는 사람들에게 연구회에 참가해줄 것을 호소하기 위해 전용Web사이트(홈페이지)를 제작했습니다.

'자살위기 초기개입 스킬 연구회'

http://jisatsu-kainyu-ken.blogdehp.ne.jp/

Web사이트에는 자살위기에 있는 사람에 대한 상담기능을 갖추지 않았다는 것을 명기하고, 자살위기에 놓여 있는 사람에 대한 상담에 응해주는 기관 등의 정보를 제공하는 데에 신경을 썼습니다.

또 연구회, 워크숍, 리더십 양성연수 등의 예정에 대한 정보를 제공하는 것을 주목적으로 하여 메일발신 신청을 '가입신청'으로 해서 접수받고 있습니다. 가입(메일발신 신청)은 무료로 할 수 있고, 앞으로도 유료로 전환될 예정은 없습니다. 또한, 최소한의 정보 입력만으로도 가입할 수 있도록 해두었습니다.

'자살위기 초기개입 스킬 연구회'의 '메일 발신 신청'
http://jisatsu-kainyu-ken.blogdehp.ne.jp/category/1183103.html

연구회를 설립했던 당초에는 우편물을 '대학 경유'로 받았습니다. 2009년도부터 워크숍은 루터학원대학 커뮤니티 인재양성 센터에서 실시하는 것으로 변경되었습니다. 이후 대학에서 개최하는 워크숍의 접수사무나 필요한 서류의 발송 등은 커뮤니티 인재양성 센터의 직원이 도와주게 되었습니다. 본 연구회의 전속 직원은 없습니다. 사무적인 작업의 부담을 최소화하기 위해서, 연수 참가신청, 강사파견의뢰, 텍스트와 DVD 발송신청 등은 Web사이트의 전용양식에서 입력받는 것으로 하고 있으며, 각종 문의도 메일로 받는 것을 원칙으로 하고 있습니다.

문의 메일주소 jisatsu0000kikikainyu@ybb.ne.jp

4. 문헌연구(해외, 국내문헌을 조사)

연구회를 설립하고 운영하는 것과 동시에 국내외의 자살위기에 있는 사람에게 초기개입에 관한 문헌연구를 진행했습니다. Academic Premier, PubMed 및 CiNii 등의 데이터베이스의 '자살', '예방', '개입', '스킬', '생명지킴이', '연수', '워크숍'(Suicide, Prevention, Intervention, Skills, Gatekeeper, Training, Workshop)이란 주제어를 토대로 문헌을 수집하여 문헌연구를 진행하였습니다. 또 자살예방학회 학회지인 『자살예방과 위기개입』에 게재된 논문을 모두 읽었습니다. 문헌연구에서 얻을 수 있던 것은 본서에서 해당되는 부분에 언급해두었습니다.

5. 시범 워크숍의 실시

워크숍 구성안을 확고하게 하고 진행의 방법을 정한 후, 시범 워크숍을 2회 실시하였습니다. 시범 워크숍의 참가자는 연구회의 참가자와 지역에서 경청 자원봉사자, 자원봉사 활동을 하는 사람들이었습니다. 일부는 다른 사람을 통해 참가를 의뢰하기도 하였습니다 (2008년 2월, 3월).

시범 워크숍의 실시는 상당한 의미가 있었습니다. 워크숍을 당초 안 그대로 실시했다면 참가자가 이해하기 어렵거나 혹은 혼란스러울 수 있었던 구성, 내용, 진행방법 등이 명확해졌습니다. 시범 실시를 평가하고 당초안을 수정하였습니다.

또한, 참가자는 다양한 경험이나 생각을 갖고 워크숍에 참가합니다. 참가자에 대한 배려가 필요한 부분도 명확해졌습니다. 어떤 참가자도 불필요한 위협이나 스트레스를 받지 않도록 안전한 워크숍이 진행될 수 있도록 방안을 추가했습니다(2008년 8월).

6. 워크숍 참가자용 텍스트의 개발

참가자용 자료(개요)는 시범 워크숍 단계에서는 워드프로세서로 작성하고 잉크젯 인쇄기로 흑백 인쇄하여 스테이플러로 찍은 A4용지 10매 정도의 것이었습니다. 그 후 많은 사람들에게 양질의 워크숍을 제공하기 위해 표준화된 '참가자용 텍스트'를 작성하였습니다. 텍스트는 다음과 같은 방침을 토대로 작성하였습니다.

(1) 읽기 쉬운 텍스트로 한다
읽기 쉬운 텍스트를 만들기 위해 편집도 신경을 쓰고 글자 크기도 배려했습니다.

(2) 참가자가 직접 참여할 수 있는 페이지를 많이 만든다
워크숍에서도 기초적인 지식제공은 강의형식으로 진행됩니다. 강의형식의 부분에서 중요한 단어의 정의나 긴 어절을 정확하게 이해시키고자 할 때, 미리 텍스트에 그 어절을 인쇄해두기로 하였습니

참가자용 텍스트 표시

다. 반면, 강의형식의 내용을 모두 인쇄해서 제공한다면 참가자들은 완전히 수동적으로 되어버립니다. 그래서 중요한 부분이나 집중해야 하는 단어 및 수치는 빈칸으로 만들고, 참가자가 수강하면서 빈칸을 채우는 방식으로 하기로 하였습니다.

(3) 도표를 많이 사용한다

인간은 문자정보만으로 복잡한 내용을 이해하거나 지식을 보존하는 데 한계가 있습니다. 도표는 복수의 요소의 관계성을 나타내기 때문에, 일련의 흐름에 따라 복수의 요소를 고려할 때마다 이해를 깊게 할 수 있도록 합니다. 그래서 도표를 제시할 수 있는 내용은 최대한 도표를 제시하기로 했습니다.

(4) 구체적인 사례를 많이 사용한다

대인원조의 지식과 기술을 함께 습득할 때, 추상적인 설명을 반복하더라도 수강자들은 구체적으로 어떻게 하면 좋을지 이해할 수 없을 때가 있습니다. 그래서 워크숍에서는 구체적인 사례를 많이 들기로 했습니다. 텍스트에서 특히 주의를 기울인 것, 흔히 발생할 수 있는 '좋지 않은 사례'를 여러 개 든 다음에, '좋은 사례'를 제시하는 것이었습니다. 이렇게 함으로써 수강자는 보다 명확하게, 어떤 대응(소통)이 부적절하고 어떤 대응이 적절한지를 이해할 수 있습니다.

(5) 색을 효과적으로 사용하는 것

자살위기에 있는 사람에 대한 초기개입에서는, 일련의 흐름을 파악하는 것이 굉장히 중요합니다. 그러나 글자의 정보만으로 일련의 흐름을 기억하는 것은 어렵습니다. 그래서 자살위기에 있는 사람에 대한 초기개입에서 실천이 이뤄지게 되는 일련의 흐름에 색깔 변화를 줘서 감각적으로 외우기 쉽도록 노력하였습니다. 각각의 색은 텍스트의 각 섹션의 기조색으로 하였습니다. 자살위기에 있는 사람에 대한 초기개입 실제 상황에서는 배웠던 흐름대로 실천할 수 있다고 단정할 수 없으며 왔다 갔다 하는 것입니다. 그렇다고 하더라도 참가자가 자살위기에 있는 사람을 현장에서 만날 기회가 있을 때, '일련의 흐름'이라는 말과 '파란색 → 녹색 → 빨간색 → 보라색'순의 색상변화를 생각해냄으로써, 어느 한 곳에 머물지 않고 필요한 곳에 연결해 주는 것을 의도하고 있습니다.

(6) 보존용으로 다뤄지는 것으로 할 것

자살위기에 있는 사람에 대해 이뤄지는 초기개입에 필요한 지식이나 스킬은 단 한 번의 연수 수강만으로 습득할 수 있는 것이 아닙니다. 더욱이 한 번 습득했다고 해서 계속 기억하고 있다고도 말할 수 없습니다. 어느 정도 시간이 경과한 후에 워크숍에서 얻은 지식과 스킬을 실제 상황에서 활용하는 것이 필요하게 될 가능성이 높아졌습니다. 그러한 때를 위해서, 서랍 속에라도 보관해두었다가 필요할 때 꺼내서 재확인하며 실천할 수 있는 텍스트를 작성하도록 하였습니다. 종이의 질이나 제본방법 등에도 신경을 썼습니다.

7. 시각 교재의 개발

워크숍에서는 중요한 요소를 하나씩 이해할 수 있도록 상세한 정보를 제공합니다. 그러다 보면, 참가자에게는 전체적인 모습이 보이기 어려울 위험도 있습니다. 그래서 자살위기에 있는 사람에게 초기 개입을 하는 흐름을 쉽게 이해할 수 있도록 하기 위해 시각 교재 (DVD)를 개발하였습니다. 시각 교재는 주요한 요소나 흐름을 확인해 두기 위해서, 강의와 연습의 처음에 한 사례, 마지막에 다른 또 하나의 사례를 준비하고 내보냅니다.

(1) 사례를 제시한다

연구회의 중심적 멤버들로, 다양한 성별이나 연령층의 사례를 제시할 수 있도록 분담하였습니다. 실제 관련 사례를 개인이 특정할 수 없도록 수정해서 개요를 제출하도록 하였습니다. 특히 자살에 이르는 배경과 그 당시의 심리상황 그리고 그러한 상황에 처해있는 사람에게 취할 수 있는 위기개입 등을 기술하였습니다. 이러한 사례를 워크숍의 시각교재, 역할극, 사례검토 등에서 활용하고 있습니다.

(2) 전문가로 역할극, 축어기록화

제시된 사례를 바탕으로 본인의 역할과 초기개입을 할 생명지킴이의 역할을 분담한 후, 연구회 멤버들이 2인 1조가 되어 역할극을 진행하였습니다. 그 역할극을 잠정적으로 촬영, 녹음했습니다. 이때 2인조 역할극의 음성 기록을 축어기록화 하였습니다.

(3) 시나리오 만들기, 연기의뢰, 촬영·편집

축어기록을 토대로 영상용 시나리오를 공동연구자인 고다카 마나미씨(小高真美)가 작성했습니다. 완성된 시나리오 안을 수정한 뒤에 최종 시나리오를 만들었습니다. 그리고 저자가 근무하는 대학의 졸업생으로서, 정신보건복지사 자격증을 취득했고 현재는 여배우로 활동하고 있는 분과, 사회복지사 자격증을 취득하고 복지현장에서 일하면서 동시에 아마추어 여배우로서 무대 활동도 하고 있는 2명에게 연기를 의뢰하였습니다. 그리고 시나리오를 바탕으로 연기하는 모습을 촬영하였는데, 대화 장면을 한 번에 촬영하였습니다.

시각교재를 쉽게 사용하기 위해서 공동연구자인 고다카 마나미씨가 편집을 맡았으며, 장면마다 포인트를 영상 내에 삽입하였습니다.

8. 강사 양성의 배경

자살을 예방하기 위해서는 다양한 차원에서 적용해갈 필요가 있습니다. 우리들은 자살위기에 있는 사람에게 초기개입을 할 때, 필요한 스킬을 연구하고 자살예방 생명지킴이를 양성하는 것에 초점을 맞춰서 활동해왔습니다.

많은 생명지킴이가 양성되기 위해서는 다수의 워크숍이 개최될 필요가 있습니다. 그러기 위해서는 강사를 담당할 수 사람이 전국 각지에 있는 것이 바람직합니다.

또한, 같은 지역이라도 생명지킴이 양성은 지속적으로 진행될 필요가 있습니다. 자살률이 높은 과소지역에서도 제공될 수 있도록 요구되고 있습니다.

이와 같은 점에서, 워크숍을 제공할 수 있는 강사를 양성하는 것도 동시에 진행하기로 하였습니다. 즉, 구조화된 양질의 워크숍이 다수 제공될 수 있는 시스템 만들기를 동시에 진행하기로 한 것입니다.

9. 강사용 교재 개발

구조화된 워크숍은 강사수, 참가자수, 내용의 주제, 진행방법 등이 정해진 연수입니다. 강사가 이러한 요소를 이해하고, 진행할 때 참고할 수 있도록 강사용 교재를 개발하기로 하였습니다.

(1) 워크숍에서 발생하는 사태에 대한 대처법

워크숍의 진행방법, 어떠한 문제가 예상되는지, 여러 가지 사태에 어떠한 방침을 기준으로 해서 대처하면 좋을지 등이 정리되어 있습니다. 다루는 주제가 무겁기 때문에 참가자의 개인적인 체험이나 현재 가지고 있는 문제가 현재화될 것으로 예상됩니다. 그러한 상황이 발생하였을 때, 어떻게 대처하면 좋을지에 대해서도 포함하여 기재해두었습니다.

강사용 교재 표지

(2) 워크숍 진행

워크숍 진행의 시간 배분, 세션이나 연습마다의 목적, 내용 등을 정리하였습니다. 워크숍의 7가지 세션에는 각각의 목적을 가지고 있습니다. 워크숍의 14가지 연습에는 각각의 목적이 있고 내용, 진행순서가 있습니다. 이들을 제시함과 동시에 각각의 시간 배분의 기준을 제시해두었습니다. 연습에서 개인 작업이나 그룹 작업을 할 경우, 그룹에서 전체를 대상으로 보고하는 경우에도 각각의 시간기준을 제시해 두었습니다. 또한, 강사가 워크숍의 흐름에 따라 강의를 진행되면서 기술해야만 하는 설명문이 제시되어 있습니다.

(3) 사례의 배경

워크숍에서 취급할 사례를 설명하고 있습니다. 워크숍에서는 수많은 사례를 취급합니다. 각각의 사례에는 자세한 배경이 있습니다. 워크숍 참가자에게 모든 것을 설명하지는 않지만, 강사는 각 사례의 배경을 이해하기 위한 정보를 얻을 수 있도록 하고 있습니다.

(4) 보충 설명

보충 설명이 적혀 있습니다. 워크숍에서 취급하는 사항 중에서 특히 보충 설명이 필요하다고 예상되는 부분에 대해서는 설명을 덧붙여두었습니다. 예를 들어, 수비의무와 관련해서 자살을 하지 않는다는 약속 등에 대해서는 보충 설명을 추가해서 강사의 이해를 돕고 있습니다. 추가로 참고문헌도 제시해 두었습니다.

10. 강사양성 연수회

2009년 이후, 강사양성 연수회('리더 양성 연수회')를 개최하고 있습니다. 강사양성 연수회의 일정은 본래 2일 정도가 필요하다고 생각했지만, 결국 하루만 실시하기로 하였습니다. 강사양성 연수의 실직적인 소요시간은 7시간30분입니다.

이 강사양성 연수회에서는 워크숍을 이미 수강한 사람만 참가할 수 있습니다. 자신이 참가자로서 경험을 쌓아야만 비로소 강사가 될 수 있는 것입니다. 워크숍을 수강했을 때부터 강사양성 연수에 참가하기까지 공백이 있을 경우(2년 이상의 공백)에는 '옵저버 참가'로 워크숍에 참가할 것을 강력히 권유하고 있습니다.

11. 각 지역으로 확산

인정 강사가 되면 강사용 교재를 얻을 수 있고, 인정 강사가 2명 이상이면 각지에서 워크숍을 개최할 수 있습니다. 각지에서 워크숍을 개최할 때는 본 연구회에 교재를 주문하기만 하면 됩니다.

또한, 인정 강사가 1명 이상 지역 내에 있다면, 연구회의 강사 1명의 파견을 의뢰하여 연구회에서 파견한 강사와 지역의 인정 강사를 합친 2명에서 워크숍을 개최할 수 있습니다.

이러한 시스템을 만들어 둔 덕분에 이미 전국 각지에서 지역 인정 강사만으로 워크숍이 개최되기 시작하였습니다. 후쿠시마현 이와

키시(福島県いわき市), 사이타마현 사이타마시(埼玉県さいたま市),
니가타현의 고센시(新潟県五泉市)와 가시와자키시(柏崎市)에서는
이미 인정 강사만으로 여러 차례의 워크숍이 개최되었습니다. 또한
오사카부(大阪部)와 효고현(兵庫県)에서도 개최되었습니다.

연구회에서 파견된 강사와 지역의 인정 강사의 조합으로 더욱 많
은 지역에서 워크숍이 개최되고 있습니다. 예를 들면, 이시카와현
(石川県), 군마현(群馬県), 에히메현(愛媛県), 홋카이도 이와미자와시
(北海道岩見沢市), 동 오사카시(東大阪市), 구마모토시(熊本市), 세이
요시(西予市) 등입니다.

연구회로부터 2명의 강사 파견을 받아서 개최된 곳을 포함하면
전국적으로 440회 이상의 워크숍이 개최되었고 수강자수의 누계는
약 8,800명이 넘습니다.

[참고문헌]───────────────
Thomas, E.J. & Rothman, J. (1994) "Intervention Research : Design and Development
    for Human Service" (Haworth Social Work Practice)

제6장

자살위기 초기개입
스킬 워크숍의
구조와 내용

자살위기 개입의 실제

1. 워크숍의 특징

앞 장과 같은 과정을 거쳐서, 자살위기에 있는 사람에게 초기개입을 하는 방법을 배우는 것에 초점을 맞춘 실천적 연수가 개발되었습니다. 여기서는 워크숍의 특징에 대해 언급하려고 합니다.

(1) 기초지식을 얻는다

자살에 관한 기초지식을 많은 사람이 공유할 필요가 있습니다.

자살의 수, 자살률, 국제사회에서의 자리매김, 자살의 증감 경향, 남녀비율, 연령에 따른 경향 등을 알게 됨으로써, 사회문제로서의 자살의 심각성을 많은 사람들이 인식하게 되는 것입니다. 또한, 자살이 일어나기 쉬운 경향을 인식하게 할 수 있습니다.

(2) 초기개입에 필요한 지식을 얻는다

자살위기 초기개입은 신호를 알아차리고(발견), 신뢰관계를 구축하고(관계를 깊게 함), 위험도를 판단하고(위험 판단), 안전을 확보하여 도와줄 수 있는 동료에게 연결해 주는 등의 기능을 맡을 필요가 있습니다. 양상에 따른 기능을 이해하고 지식을 얻는 것이 요구되기 때문에, 사람이 하루에 받아들일 수 있는 지식의 양을 고려하여 정보를 엄선하였고, 알기 쉽고 외울 수 있는 형태로 제공하고 있습니다.

(3) 초기개입에 필요한 스킬을 습득한다

자살위기 초기개입에는 여러 가지 요소가 필요합니다. 그래서 필요한 여러 가지 요소를 꼼꼼하게 살피고 구체적인 스킬을 습득할 수 있도록 궁리하고 있습니다. 스킬이란 특정 지식이나 훈련을 필요로 하는 행동을 말합니다. 그래서 스킬은 지식을 얻는 것뿐만 아니라 연습을 함으로써 비로소 습득할 수 있는 것입니다. 실제 상황에서 행동 리허설(연습)을 거쳐야만 습득할 수 있는 스킬이 있습니다. 그래서 워크숍에서는 강사의 지도하에 참가자 한 명 한 명이 연습할 수 있는 체제를 만들고 있습니다.

(4) 초기개입을 일련의 흐름으로 이해한다

자살위기에 놓여 있는 사람에 대한 초기개입은 다양한 스킬로 구성된 일련의 흐름입니다. 실제 상담원조에서는 갈피를 못 잡는 경우도 당연히 있을 수 있습니다. 그러나 어느 곳에 정체하지 않고 일련의 흐름으로 실천함으로써, 생명지킴이로서의 기능을 다할 수 있습니다. 알아차리고, 신뢰관계를 구축하고, 현 상황을 파악하고, 위험 판정을 하고, 안전의 확보나 도움을 줄 수 있는 동료에게 연결해주는 흐름에 맞춰 상담 원조를 실시합니다. 그 흐름 내에서 병행하여 협동적으로 문제를 해결하고 관계의 재구축을 지원하며 살아갈 이유를 함께 찾아가는 것입니다. 이것들은 여러 가지 곤란한 문제와 필요한 것들을 안고 있는 사람에 대한 상담원조에 응용할 수 있는 내용으로 됩니다.

(5) 참가자의 안전 확보

자살을 주제로 한 연수는 분위기가 무거워지기 쉽습니다. 게다가 참가자 중에는 관련된 사람이나 가까운 사람을 자살로 잃는 등의 부정적인 경험을 했던 사람도 있습니다. 연수는 참가자의 안전을 보증하며 제공할 필요가 있습니다. 우리의 워크숍은 참가자가 모든 세미나·세션에서 안전하게 참가할 수 있도록 설계되어 있습니다. 그러하여 참가자의 부담감을 최대한 경감시켜주려고 하고 있습니다.

(6) '할 수 있을지도 모른다'라는 감각을 습득한다

지역 차원에서 자살을 예방하려 할 때는 여러 가지 곤란한 상황에 칙면할 수도 있습니다. 그래도 많은 사람이 "자살을 예방할 수 있을지 모른다." "생명지킴이로서의 역할을 다할 수 있을 지도 모른다." 라고 생각하는 것이 자살자 수를 줄이는 데 기여할 수 있을 것입니다. 많은 사람이 기본적인 지식과 스킬조차 가지고 있지 않은 상태에서 상황이 닥친 후에야 대응하려고 한다면 피해를 줄일 수 있는 것도 줄일 수 없을 것입니다. 많은 참가자가 워크숍에 참가하여 자살 위기에 있는 사람에 대한 초기개입이 '할 수 있을지 모른다'고 하는 자기 효력감을 갖는 경우도 목적으로 하고 있습니다.

2. 워크숍의 구조

(1) 시간수

워크숍은 하루에 7가지 세션으로 나눠져 있고, 실질적으로 6시간 15분 동안 실시됩니다. 필요한 내용을 망라하기 위해서 최소한 이 정도의 시간은 필요하다고 생각합니다. 지식뿐만 아니라 스킬을 습득하는 연수이기 때문에 일정 시간 이상이 필요한 것입니다.

해외의 사례를 보면, 3시간 정도의 강의 연수로 수강자에게 어떤 효과가 나타났던 경우도 있습니다(Wyman, 2008). 그러나 스킬을 습득할 수 있는 기술 획득형 워크숍은 일반적으로 6시간에서 이틀 정도 걸리는 것이 일반적입니다. 더욱이 전문가 대상 연수라면 보다 많은 시간이 소요되는 경향이 있습니다.

지자체 등에서 연수를 기획할 때, "연수는 참가자에게 반나절이 한도이며, 하루 종일 진행되지 않도록 설정하는 것이 좋다."고 주장하는 분들이 있습니다. 이러한 배경에는 기존 연수의 대부분이 일방적인 강의 형식이었던 것을 이유로 들 수 있습니다. 몇 시간 동안 일방적인 강의가 제공되는 경험만이 이어지면, 장시간 구속되는 연수에 대한 거부감이 생겨 버릴 것입니다. 예를 들면, 고지마(小嶋秀幹, 2009)는 단시간의 경청 스킬 중심의 연수를 제공했더니, 참가자로부터 '기초적인 것'이라는 평가를 받았다고 솔직하게 보고하였습니다.

나는 지금까지 전국 각지에서 자살예방뿐만 아니라 대인원조에 관련된 다양한 주제로 현장의 전문가나 지역에서 활동하고 있는 분들을 대상으로 장시간의 연수(대부분은 하루 종일)를 제공해 왔습니다. 최근 몇 년간은 연간 합계 2,000명 정도의 현장 전문가나 지역의 활동가들에게 다양한 주제로 연수를 제공하였습니다. 강의와 연습을 조합한 덕분에 장시간의 연수지만 기획자나 참가자로부터 '유의미한 연수'라는 평가를 받았던 것 같습니다. 실은 참가자로부터 "오랜만에 의미 있는 연수를 받을 수 있었습니다"라는 이야기를 자주 듣습니다. 필요한 내용에 초점을 맞춰 제공 방법에 대한 궁리를 한다면, 연수 시간이 길어지더라도 참가자들의 평가는 충분히 좋아질 수 있다고 생각합니다.

많은 사람들이 자살위기에 있는 사람을 어떻게 지원하면 좋을지 알고 싶어 하고 있고, '실천적' 연수를 받고 싶어 합니다. 받은 후, "의미가 있다"고 느낄 만한 내용을 제공할 수 있는 시간이 확보되어야 할 것입니다.

(2) 일수

자살이라는 주제는 무거우면서 취급하기 어려운 주제이기 때문에 원래는 2일 이상의 연수가 바람직할지도 모릅니다. 그러나 이틀 이상의 연수가 되어버리면, '수강하고 싶다'는 생각을 가진 사람일지라도, 실제로 참가할 수 있는 사람의 숫자는 한정되어 버립니다. 민간법인의 경우는 인원을 배치하는 것도 빠듯한 곳이 많고, 연수에 사람을 보낼 여유조차 없는 곳도 있습니다. 또한, 며칠에 걸쳐 연수에 인원을 보낸다면 현장에 남아있는 사람에게는 큰 부담이 될 가능성도 있습니다. 지역에서 자원봉사자로 활동하는 사람들(민생위원·아동위원 등)의 시간을 구속하는 것에도 한계가 있습니다.

한편 구속시간이 8시간 정도의 연수이기 때문에, 지자체 등의 연수기획 담당자들 중에는 반나절씩 2번에 나눠서 제공하고 싶다고 말하는 사람도 있습니다. 원래 연수는 현장의 실정에 맞춰 임기응변으로 제공되는 것이 이상적입니다. 당초 해외 각국에서 학술연구 결과로 개발된 연수도 연수패키지로서 상업적 목적으로 제공되고, 복수의 구조가 준비되어 있는 경우도 있습니다(Green & Gask, 2005). 그러나 우리 워크숍은 구성상, 오전 세션의 내용이 오후 세션의 준비 단계로 구성되었습니다. 워크숍의 내용, 흐름, 참가자의 부담, 안전성에 대한 배려를 종합적으로 고려한다면, 이틀에 나누는 것보다 하루 만에 제공하는 편이 좋다고 생각합니다.

(3) 참가자 정원

워크숍의 정원은 워크숍의 목적을 달성할 수 있는 최대한의 인원수여야 할 필요가 있습니다. 저희 워크숍은 강의 형식이 아니기 때문에 참가자가 충분한 배움을 얻기 위해서는 인원수를 일정수준 이하로 축소할 필요가 있습니다. 내용 자체가 심각하고, 알아둬야 할 지식을 체계적으로 알 필요가 있으며, 그리고 습득할 필요가 있는 스킬을 확실하게 습득하기 위해서는 강사가 참가자 한 명 한 명의 연습(행동 리허설)에 적절한 조언을 해줄 필요가 있기 때문에 정원을 20명(최대 24명까지)으로 정하였습니다.

한편 연수 참가자 수가 너무 적으면 참가자끼리 상호작용으로 인한 교류나 배움을 얻기 힘들 수도 있습니다. 전문서적을 읽고 알 수 있는 것이라면 각자 전문서적을 읽으면 될 것입니다. 참가자는 적어도 10명 이상은 되어야 한다고 생각합니다. 참가자가 10명이면 다양한 사고방식을 가진 사람들이 참가하게 되어 상호작용을 할 수 있습니다. 또한, 참가자 중에 지식이나 기술 수준이 상대적으로 높거나 경험이 풍부한 사람이 있다면 다른 참가자들이 배울 수 있는 기회도 늘어나게 됩니다. 워크숍의 목표 설정이나 배운 내용을 참가자 상호간에 확인하면서 다층적인 학습을 할 수 있게 됩니다.

(4) 강사

강사는 워크숍 진행 전반을 책임지게 됩니다. 워크숍의 효과는 참가자와 강사 간의 상호작용으로 발생하는 것이지만, 강사는 필요한 배려나 양질의 강의를 보장할 책임을 지고 있습니다. 우리 워크숍은 반드시 2명 이상의 강사가 진행하는 것을 원칙으로 하고 있습니다.

자살예방이라는 무거운 주제를 가지고 다양한 참가자를 대상으로 실시하는 워크숍이기 때문에, 워크숍 도중에는 통상의 대인원조 연수에서는 일어날 수 없는 사태가 발생할 수도 있다는 것을 상정해 두고 있습니다. 자살예방을 주제로 하는 연수에는 자살미수 경험이 있는 분이나 자살 유가족 분들도 참가합니다. 또 업무상 관계를 맺고 있던 분이 죽었던 경험을 가지고 있는 분들도 많이 참가하고 있습니다. 괴로운 경험을 했기 때문에 자살예방에 힘을 쓰고 싶다고 생각하는 것은 지극히 자연스러운 일입니다. 우리는 그러한 분들도 동료가 되어주셨으면 합니다. 참가자 중에는 연수 도중 자신이나 가족이 경험했던 일이 문득 떠오르는 경우도 있습니다. 역할극은 아주 사실적이고 강력한 위력을 가진 기법이기 때문에, 관련된 사람과의 에피소드가 떠올라 감정이입을 해버리는 경우도 있습니다. 감정이입을 하는 것이 나쁜 일은 아닙니다. 다만 강력한 기법이기 때문에 감정을 조절하기 어렵다고 느끼는 사태가 발생해도, 2인 강사 체제라면 서로 보완하면서 대응할 수가 있습니다. 한편 1인 강사 체제라면 경우에 따라서는 적절한 대처가 필요한 누군가를 대응하느라 다른 참가자를 대처하지 못할 가능성도 있습니다. 그러한 상황도 예상하여, 2인 강사 체제로 하고 있습니다.

우리 연수회에서는 인정 강사 양성 시에, 강사가 안전하게 워크숍을 진행하기 위한 세심한 배려방법을 상세하게 전달하고 있습니다. 첫 도입, 목표설정 방법, 자기소개 방법, 자신의 가치관이나 생각의 확인 방법, 토론 방법, 발표 방법, 역할극의 목적 설정 방법, 역할극의 진행 방법, 역할극을 할 때 걸리는 시간 설정, 되돌아보는 방법, 셀프헬프(self-help)의 진행 방법 등 강사가 안전한 연수를 진행하기 위해 신경 써야 할 부분은 워크숍 구석구석에까지 미칩니다.

(5) 회장과 설비·비품

연수 시의 물리적인 환경은 중요합니다. 회장은 연수나 회의실에서 4명에서 6명이 그룹으로 서로 말을 하거나 작업을 할 수 있을 만한 책상 의자가 네 그룹만큼 필요합니다. 방은 너무 크지 않은 편이 바람직합니다. 예를 들어, 강당의 앞부분을 사용한다고 하는 등 회장에 설치하는 방식은 피하는 편이 좋습니다.

회장에는 참가자용 책상, 의자 이외에도 강사용 연단, 강사용 책상과 의자, 화이트보드(2개), DVD감상용 기기, 마이크(적어도 하나는 무선일 것)가 필요합니다. 소모품은 A3용지(16장), 포스트잇(24다발), 마커(또는 크레용), 화이트보드용 매직, 마그넷(A3용지 8장에서 16장을 붙일 수 있을 만큼) 등이 필요합니다.

(6) 다양한 참가자

우리 워크숍은 자살위기에 있는 사람에게 초기개입에 필요한 스킬과 기술을 습득하는 것이 최대의 목표입니다. 지역에서 자살위기에 놓여 있는 사람과 접할 기회가 많은 분이라면 꼭 수강해주기 바랍니다. 연수는 수강자의 경험, 지식이나 기술에 맞춰서 제공되어야 하기 때문에, 처음부터 수강자의 지식이나 기술의 수준이 높은 것은 바람직하지 않습니다. 그러나 지역에서 생명지킴이의 역할은 전 세계적으로 봐도 의사나 사회복지 등의 전문가로부터 자원봉사자까지 폭넓은 층의 사람들이 맡아줄 것으로 기대됩니다. 따라서 우리 워크숍도 폭넓은 층을 대상으로 워크숍을 제공할 수 있도록 제공 방법에 대한 고민을 지속적으로 하고 있습니다.

워크숍은 지리적으로 한정된 범위(예를 들면, 시구정촌)의 사람을 대상으로 제공하는 것이 바람직합니다. 즉, 특정 커뮤니티 구성원을 대상으로 제공하는 것이 바람직하다는 것입니다. 그리고 같은 지역에서 활동하고 있는 다양한 부류의 사람들이 참가해주는 것이 바람직합니다. 기관이 다른 출석자가 있는 쪽이 좋고 같은 기관이라도 다양한 직종의 종사자들이 참가하는 것이 좋습니다.

다양한 기관에서 다양한 직종의 종사자들이 참가해준다면, 상호 교류가 발생해서 참가자 상호간에 배우는 것에도 깊이가 생깁니다. 워크숍은 네트워크를 형성하는 것이 주목적은 아니지만, 지리적 범위가 한정될수록 같은 연수에 참가하여 상호 교류했던 것이 이후 현장에서의 네트워크로 이어집니다.

3. 워크숍의 구성

워크숍은 7개의 세션으로 구성되어 있으며 그 속에 14종류의 연습이 포함되어 있습니다. 각 세션의 목적과 개요를 설명하겠습니다.

(1) 도입

제1세션의 목적은 연수 도입을 원활하게 하는 것입니다. 워크숍의 목적을 주지시키고 한 명 한 명이 목표를 설정할 수 있도록 지원합니다. 그리고 자기소개를 통해서 워크숍 참가자 간의 네트워크를 형성하는 계기로 만듭니다. 거기에 자살과 자살예방에 관한 기본적인 지식도 확인합니다.

〈표 6-1〉 워크숍의 구성

세션	내용
1	도입
2	자살에 관한 여러 가지 생각, 신념
3	신호를 알아차린다
4	이해를 깊게 하고 살아가는 이유를 찾는다
5	위험성을 측정한다
6	안전의 확보, 지원하는 동료에게 연결한다, 팔로우업
7	되돌아보기

(2) 자살에 관한 여러 가지 생각, 신념

제2세션의 목적은 자살에 관한 생각과 신념, 그 영향에 대해 생각해보는 것입니다. 응답한 설문 항목을 확인함으로써 자살에 대해 갖고 있던 잘못된 생각을 확인합니다. 그리고 그룹으로도 사례를 검토합니다. 사례검토를 통해서 다른 의견을 가진 사람과 신뢰관계를 구축하기 위해서는 자기 지각이 필요하며, 자신의 가치관을 강요하지 않으면서 이야기를 듣는 것이 필요하다는 것을 이해합니다.

(3) 신호를 알아차린다

제3세션은 신호를 알아차리는 것이 목적입니다. 그룹별 토의, 개인 및 그룹 작업 및 발표를 통해서 자살의 계기나 신호는 다양하다는 것을 알게 됩니다. 그리고 생명지킴이가 바쁜 생활 속에서 신호를 놓치지 않도록 하는 것을 목표로 합니다.

(4) 이해를 깊게 하고 살아가는 이유를 찾는다

제4세션은 자살위기에 놓여 있는 사람을 깊게 이해하고, 살아가는 이유를 찾는 것이 목적입니다. 우선 사례를 시각 교재와 문서로 제시하면서 학습합니다. 그 후 구체적인 사례에 대해서 대응을 선택지로 제시하면서, 역할극으로 참가자가 행동리허설을 반복하고 스킬을 습득합니다.

(5) 위험성을 측정한다

제5세션은 위험성을 측정하는 것이 목적입니다. 자살의 위험인자를 전달하고 자살위기에 놓여 있는 사람의 위험성을 측정하기 위한 표준적인 항목을 제시합니다. 그리고 대응사례를 보여주는 역할극을 반복하며 참가자는 행동리허설 스킬을 습득합니다.

(6) 안전 확보, 도움을 줄 수 있는 동료에게 연결하기, 팔로우업

제6세션은 안전을 확보하고 도움을 줄 수 있는 동료를 찾아 연결하는 것이 목적입니다. 자살 위험 관리의 표준을 제시합니다. 그리고 역할극을 이용해서 참가자가 행동리허설을 반복하며 스킬을 습득합니다. 그 후 시각교재를 사용하여 전체적인 흐름을 재확인합니다.

(7) 되돌아보기

제7세션은 되돌아보기와 자기 케어가 목적입니다. 워크숍 참가로 인해 학습한 것을 언어화함으로써 다층적으로 학습의 깊이를 더합니다. 또한, 자기 케어의 필요성도 확인합니다.

4. 워크숍의 제공 방법

(1) 자기식 설문지조사법

많은 사람들이 자살에 대한 '잘못된 생각'을 '옳다'고 믿고 있다는 점이 지적되었습니다(WHO,2000=2007). '생각'이나 '신념'은 머릿속에 있는 것이며, 평소 타인에게 드러나는 것이 아닙니다. 사회 경험이 길고, 사회적 지위가 확립된 사람들이 참가하는 연수에서 자신의 생각이나 신념이 '잘못됐다'는 것을 알아차리기 위해서는 배려가 필요합니다. 생명지킴이가 자신의 생각에 맞서 "실은 잘못된 생각을 가지고 있었다"고 솔직하게 생각할 수 있는 방법을 취할 필요가 있습니다.

시행적 워크숍 단계에서는 참가자의 생각이나 신념을 '입지 스케

일'(立ち位置スケール)이라는 수법을 사용해서 참가자가 서로 확인하는 방법을 검토하였습니다. 그러나 그 방법은 "자신이 흔한 속설을 믿고 있었다."라고 하는 것을 다른 참가자에게도 밝히는 것입니다. 따라서 자존심이 강한 사람은 불쾌함을 느낄 가능성도 있습니다. 반대로 '올바른 생각'을 열거하며 낭독하는 방법도 있겠지만, 일방적으로 많은 정보를 제공하는 경우, 지식의 정착효과에는 한계가 있을 수 있다.

그래서 '흔한 속설'의 대표적인 것을 자기식 설문지조사 형태로 개인이 기입하게 하고 있습니다. 그리고 기입한 결과는 다른 사람에게 공개하지 않도록 합니다. 이 방법을 통해서 다른 사람에게 자신이 갖고 있던 생각을 밝히지 않으면서도 가지고 있던 잘못된 속설에 맞설 수 있습니다. 그로 인해 참가자는 안심하고 계속 연수에 참가할 수 있습니다.

(2) 사례에 기초한 토의

생각이나 가치관이 다른 사람의 이야기를 들을 때는 '상대의 생각을 일단 받아들이고', '자신의 생각을 강요하지 않으며', '설교나 설득을 하려 하지 않는' 것이 필요합니다. 이러한 것을 충분히 이해하고 배울 필요가 있습니다. 그러나 사람은 이제까지의 자신의 방식에 대해, "그것은 틀리다."라'는 이야기를 들었을 때 솔직하게 받아들이는 것이 어려울 것입니다.

그래서 워크숍에서는 객관적인 '남의 일'로서 사례를 설정해서 토의합니다. 자살위기에 있는 사람과 생명지킴이 역할을 담당하는 사람이 등장하는 형식으로 사례를 설정하고 다른 생각이나 신념을 가진 사람의 관계가 이뤄졌을 때, 발생할 수 있는 곤란한 점에 대해서 토의합니다. 객관적인 조금 극단적인 사례를 가지고 토의하다 보면 참가자도 안심하고 활동할 수 있기 때문에 '타인이 빠지기 쉬운 과오'를 명확하게 만들기 쉬워집니다.

사례를 토의한 후, 그룹발표를 하면서 해설을 합니다. 정리 차원에서 누구나 자신의 생각이나 마음이 부정되거나 비난받지 않는다는 것을 알았을 때, 처음으로 마음을 열어 이야기할 것을 이야기하도록 합니다. 이를 위해서는 누구나 우선 상대의 이야기를 잘 들은 후에 생각을 받아들이는 것이 중요하다고 해설합니다.

지금까지 수많은 사람에게 워크숍을 제공해왔지만, 이러한 연습을 한 뒤부터 참가태도가 완전히 바뀐 분이 있습니다. 예를 들어, 어떤 한 분(지역 내에서 활동하고 있는 중년여성)은 첫 세션에서 "저는 지금까지 많은 연수에 참가해서 배워왔습니다"라고 자기소개를 한 후, "내가 가진 지식을 타인에게 교육하는 것"이 연수에 참가한 목적이라고 이야기하였습니다. 그러나 연습이 끝난 후에, "저는 지금까지 늘 '내가 옳다'는 자신을 가지고 있어서, 늘 타인에게 저의 올바른 의견을 말하고 강요해왔습니다. 그러나 오늘에서야 그것이 잘못된 것이라는 사실을 깨달았습니다. 내가 옳다고 생각해서 말을 하더라도 상대에게 통하지 않았던 적이 있었는데, 그 이유를 알지 못했습니다. 앞으로는 상대의 생각이나 마음을 우선 받아들이는 것을 소중히 하겠습니다."라고 말했습니다. 이처럼 안심하고 자신의 대인원조 방법을 되돌아볼 수 있는 기회를 워크숍에서는 제공하고 있습니다.

(3) 그룹연습

워크숍에서는 그룹으로도 연습도 진행하고 있습니다. 그룹으로 진행하는 연습은 인원수만 적절하다면 그룹의 숫자가 많아져도 괜찮다고 생각할지 모릅니다. 그러나 그룹발표도 그룹 학습의 연장입니다. 자신이 참가하는 그룹이 발표기회를 얻고, 강사들이 발표에 대한 조언이나 평가(긍정적 코멘트 등)를 해주는 것도 참가자의 학습에 좋은 영향을 미칩니다. 그래서 가능한 한 모든 그룹이 그룹발표의 기회를 가질 수 있도록 해야 합니다. 그룹 수가 4개 정도라면 그룹 당 발표시간은 20분 정도로 가능합니다. 그러나 그룹 수가 10개라면 얼마나 그룹 당 발표시간이 한정되더라도 그룹발표 자체에 적어도 한 시간은 걸립니다. 강사도 어느 정도의 역량을 가지고 있지 않으면, 각 그룹에 대해서 짧고 적절한 코멘트를 하기는 어려울 것입니다. 그리고 많은 그룹들이 계속 발표를 하면 다른 참가자는 시간을 낭비하게 됩니다. 한 시간이나 걸리는 그룹발표 중 참가자들은 집중력을 유지하기 어려울 것입니다. 그래서 그룹 연습 시에는 적절한 규모가 정해져 있습니다. 저희는 5~6명 정도의 인원수를 4개의 그룹으로 설정해서 그룹연습을 진행합니다.

어떤 연습에서는 그룹마다 담당하는 연령대와 성별을 설정하고, ① 자살을 생각하게 된 계기나 이유, ② 자살을 생각하게 될 정도에 이른 사람이 보내는 신호를 고려합니다. 연습은, (a) 개인이 적어보는 단계, (b) 열거한 항목을 그룹핑 하는 단계, (c) 전체발표를 하는 단계의 순서로 진행됩니다. 그룹별로 다른 연령대나 성별에 대해서 실시하고, 전체발표를 통해서 워크숍 참가자들 모두에게 다양한 연령대나 성별의 사람들이 가지고 있는 문제나 과제에 대해 인식시키기 위해서입니다. 젊은층, 중장년층, 남성, 여성별로 안고 있는 과제는 다릅니다. 그것을 인식하고 다양한 사람의 자살위기에 직면할 필요가 있다는 것을 인식시킵니다.

(4) 사례 소개

워크숍에서는 구체적인 사례도 소개합니다. 참가자가 보다 깊은 수준으로 자살위기에 있는 사람을 상상하고, 이해하고, 공감할 수 있도록 궁리하고 있습니다. 여기서 다루고 있는 사례는 한 저명인의 인터뷰로 신문에 기재되어서 화제가 되었던 것입니다. 개호부담, 대출문제 등으로 자살 위기에 놓이게 되었고, 입원 후 2년 이상 투병 생활로 인해, 연예계 활동을 멀리하고 있던 분이었습니다. 본인과 신문사의 허가를 얻어 해당 사례를 워크숍에서 공유하고 있습니다.

〈표 6-2〉 자살위기에 있는 사람의 사례 포인트

① 계기가 된 일, 상황
② 당시 본인의 생각이나 말
③ 당시 본인의 마음 (정신적 고통)
④ 당시 본인의 모습, 상태 (시야 협착)
⑤ 자살기도가 있었을 때의 행동 (의도, 계획)
⑥ 자살기도가 있었을 때의 고민 (양가성, Ambivalence)
⑦ 자살을 단념하게 된 경위 (살아갈 이유를 깨달음)
⑧ 그 후, 재기할 때까지의 상태

여기에서 다루고 있는 사례는, 위의 내용과 같은 내용을 생생하게

담고 있기 때문에, 우수한 면담 기사라고 할 수 있습니다.

이 사례에 대해서는 워크숍 참가대상자의 속성에 맞춰, 사례 변경의 필요성을 느낄 때가 있습니다. 예를 들어, 고등학생이나 대학생 등 젊은 사람들에게는 보다 공감하기 쉬운 젊은이들의 사례로 변경하는 게 어떤가 하는 생각이 듭니다. 그러나 짧은 시간 내에 소개할 수 있으면서, 필요한 요소도 전부 포함하고 있고, 본인 내면의 동요와 객관적인 정보의 두 가지를 균형 있게 제시하고 있는 사례는 그리 많지 않습니다. 그래서 현재까지는 이 사례만을 이 장면에서 사용하고 있습니다.

지금까지의 워크숍 참가자 중 불과 몇 명만이지만, 자기소개에 "자살하려고 하는 사람의 마음을 모르겠다"고 자기 개시하는 사람이 있었습니다. 신입의 발언이 아니라 지역에서 수년 이상 활동했던 전문가가 말했기 때문에 저도 솔직히 놀랐습니다. 공공기관 등에서 사무적인 대응에 힘을 쓰다 보면, 궁지에 내몰려서 심각한 상태에 빠진 사람의 심리상태를 상상할 수 없을지도 모릅니다. 그래서 이러한 개인의 내면적 마음의 움직임을 충분히 묘사한 사례를 소개하는 것은 반드시 필요하다고 생각됩니다.

(5) 역할극

① 역할극 제공방법의 평가

우리 워크숍에서는 역할극이라는 기법을 사용하고 있습니다. 역할극은 타인의 역할을 맡아서 연기하는 것을 말합니다. 역할극을 할 때의 유의점에 대해서는 제7장에서 상세하게 논하겠지만, 앞서 역할극이라고 하는 제공 방법에 대한 선행연구를 소개하겠습니다.

크로스 등(Cross et al., 2007)은 대학병원의 비임상 전문가 76명을 대상으로 한 시간 동안 생명지킴이 양성 연수(직장 내 연수)를 실시하였습니다. 그 결과 지식과 개입을 할 수 있다는 자신감 항목에서 어느 정도 유의한 개선이 보였습니다.

또한, 연수 후에 역할극을 이용한 추가 세션을 직후 또는 6주 후, 이 둘 중 하나의 시기를 선택해 참가하도록 하였습니다. 참가자 중 촬영에 동의한 55명에 대해 생명지킴이 스킬을 행사하는 장면의 역할극을 비디오로 촬영한 후, 0부터 15점으로 점수를 나눠 평가했습니다. 그 결과 55%의 참가자는 12~15점이라는 평가를 받아 만족스러운 결과를 얻었습니다. 반면 45%에게는 6~11점이라는 충분한 결과를 획득하지 못했습니다. 역할극을 이용한 연수에 대한 만족도는 높았고, 29명 중 28명이 '배운 내용을 통합할 수 있었다', '학습에 깊이가 있었다', '의미 있는 체험이었다'는 설문항목에 "매우 동의한다" 혹은 "동의한다"고 응답하였습니다.

펜윗크 등(Fenwick et al., 2004)은 영국의 한 도시에서 두 종류의 제공 방법에 의한 연수를 실시하였습니다. 연수 대상자는 보건복지 영역에서 폭넓게 모집된 정신과 의사, 내과 의사, 정신과 간호사, 사회복지사, 임상심리기술자, 작업요법사 등의 전문가들이었습니다. 어느 연수에 참가할지는 임의의 선택에 맡겼습니다. 연수방법의 첫 번째는 꼬박 하루가 걸리는 일정이었고, 모의환자인 배우가 자살계획을 갖고 있는 사람을 연기하도록 하여, 참가자와 배우가 함께 역할극에 참가하는 연수였습니다. 연수에서는 자살에 관한 사실의 강의와 다양한 상황에서 자살의 위험 평가를 습득할 수 있는 역할극의 3가지 세션이 제공되는 종일연수였습니다(88명). 두 번째 연수방법은 모의환자인 배우 없이, 한 시간의 강의를 두 개로 하여 참가자끼리 30분정도의 역할극을 할 수 있도록 2개의 세션 등으로 나눈 반일 연수였습니다(21명).

두 연수방법 모두 각각 효과를 보였는데, 자살 위험 평가에 대해서는 모의환자인 배우를 사용한 첫 번째 그룹이 보다 높은 효과를 보였습니다. 전반적인 스킬을 측정하는 SIRI-2 득점에서는 반일 연수인 두 번째 그룹에서 보다 높은 효과를 보였습니다. 연수 내용이나 방법에 대한 평가는 높았고, 두 번째 그룹에 대해서는 "반일 연수로는 시간이 부족하다"는 평가가 있었습니다.

이와 같이 역할극을 이용한 연수와 이용하지 않는 연수를 비교한 연구는 아니지만, 역할극을 이용한 연수에는 선행연구 결과만 봐도 일정한 평가를 받고 있기 때문에, 굳이 연수에 모의환자 역할의 배우가 반드시 필요하지는 않다는 것을 알 수 있었습니다.

② 역할극의 〈목적〉

역할극에는 몇 가지 목적이 있습니다. 강사는 역할극의 목적을 이해하고 명확하게 설명한 후에 참가자들이 실시하도록 해야 합니다. 역할극의 목적은 크게 2가지가 있습니다. 타인의 입장에서 상대의 마음이나 생각을 이해하려는 목적과 대인원조 종사자 등이 자신의 스킬 획득을 위해 연습하며 실제 상황에서 실천할 수 있도록 하는 목적입니다. 많은 연수에서 사용되는 역할극은 이 두 가지 목적을 가지고 실시됩니다. 다만, 어느 역할을 맡는지에 따라 역할극의 목적이 다르기 때문에 연수 강사는 그것을 충분히 이해하고 참가자들에게 실시하도록 해야 합니다.

우리가 하는 워크숍에서도 전체로는 자살위기에 있는 사람의 마음이나 생각을 이해하려는 목적과 생명지킴이로서의 스킬을 습득하려는 두 가지 목적을 가지고 실시하고 있습니다. 그러나 역할극에서의 목적은 대인원조의 스킬(생명지킴이로서 필요한 스킬)을 확실하게 습득하는 것입니다. 참가자가 생명지킴이로서의 필요한 스킬을 습득하기 위해서는 상대역, 즉 자살위기에 있는 사람(우리 워크숍에서는 강사)이 역할극의 의도를 이해하고 포인트에 맞게 연기해야 할 필요가 있습니다.

③ 역할극의 〈형태〉

생명지킴이 역의 사람이 하는 역할극에서는 초기개입 시에 필요한 하나하나의 스킬에 대해서 적절한지 아닌지를 강사가 파악하며 수정해줘야 합니다. 강사가 수정한 내용을 다른 참가자들도 듣는다면 학습 효과가 있습니다. 그래서 우리 워크숍에서는 많은 사람이 한꺼번에 실시하는 형태의 역할극은 하고 있지 않습니다.

많은 사람을 대상으로 동시에 역할극을 한다면, 강사의 인원수를 늘려서 모든 역할극에 신경을 쓸 수 있는 형태가 되어야 할 것입니다. 일본자살예방학회에서 준(準)의료직원(paramedical staff) 관계자 50명을 대상으로 생명지킴이 연수를 제공하였다는 이야기는 앞에서도 언급하였습니다. 그 연수는 오스트레일리아에서 개발된 정신건강·구급요법 연수를 토대로 시간을 단축하여 제공된 것이었습니다. 참가자 전원이 3인조가 되어서 동시에 역할극을 진행했는데, 두 개의 조(즉, 6명)당 1명의 강사가 할당되었습니다. 즉, 1회에 50명 정원인 연수에서 정신과 의사 8명이 강사로 참가했습니다 (Kitchener & Jorm, 2002=2007; 內閣府, 2010年).

④ 역할극의 〈부담〉

워크숍에서는 자살이라는 심각한 주제가 다뤄집니다. 모두를 2인조로 동시에 역할극을 실시시키면, 2인조 중 한 명은 아주 무거운 역할(자살위기에 있는 사람의 역할)을 해야 합니다. 상대(생명지킴이 역)가 적절하지 못한 역할극을 한다면 무거운 역할을 했던 사람에게 안 좋은 영향이 남을 수도 있습니다. 참가자가 무거운 역할을 안일하게 하는 것을 피하기 위해서 우리 워크숍에서는 참가자에게 자살위기에 있는 사람의 역할을 맡기지 않습니다. 이러한 방법으로 참가자의 안전을 지키고 있습니다.

⑤ 역할극의 〈길이〉

생명지킴이는 본래 자신의 머릿속에서 구성하면서 자살위기에 놓여 있는 사람과의 관계를 진행합니다. 일반적으로 연수에서 이용되는 역할극은 장시간 동안 실시되는 경우가 있습니다. 장시간의 역할극은 ① 한 명 또는 몇 명의 참가자를 대표로 삼아 다른 참가자 앞에서 장시간의 대화를 시키거나, ② 참가자를 작은 그룹(2인조나 3인조)으로 나눠서 동시에 역할극을 진행시키는 방법을 생각할 수 있습니다. 그러나 우리는 이러한 방법을 채택하지 않기로 하였습니다.

다른 참가자 앞에서 한두 명의 참가자가 오랜 시간 역할극을 하다 보면 대표가 된 참가자는 적절한 피드백을 통해 스킬 습득 가능성이 높아지게 됩니다. 그러나 오히려 장시간의 역할극에 대한 평가가 "매우 좋았다", "이야기를 잘 들었다"와 같이 추상적으로 되기 쉽습니다. 역할극을 한 본인도 어떠한 점이 좋았는지 명확하게 알지 못한 채 습득하지 못하는 경우도 있습니다. 자살위기에 있는 사람에게 초기개입에 필요한 포인트에서 생략해 버렸던 포인트가 없는지 등에 대한 확인이 잘 이뤄지지 않는 경향도 있습니다.

한편 작은 그룹(2인조나 3인조)으로 나눠서 동시에 역할극을 진행할 경우, 각각이 어떠한 내용으로 대화를 할 것인지를 적절하게 지도하기 위해서는 앞에서 기술한 것과 같이 많은 강사가 요구됩니다.

우리 워크숍에서는 초기개입의 긴 흐름을 하나의 질문이나 제안, 또는 그것을 받았을 때의 응답과 합쳐서 두 가지의 발언 정도로, 그리고 잘게 절편으로 나눠서 훈련하는 방법을 사용하고 있습니다. 이런 점 때문에, 역할극에서는 전체의 흐름이 나눠지고 단편적으로 되어버리는 약점을 안고 있습니다.

그렇다고 하더라도, 많은 참가자가 스킬을 확실하게 습득하기 위해서는 스킬을 작게 세분해서 설명하고 반복연습하는 편이 참가자들에게 더욱 쉽게 습득할 수 있는 방법이라고 생각합니다. 그리고 참가자들 중에서 지식과 연수수준에는 차이가 있다는 것을 전제로 연수를 구성하고 있기 때문에, 만약 지식수준이 낮은 사람이 들어온다고 해도 짧은 연습을 반복하다 보면 참가자의 위험을 최소화하면서, 수정하기 쉽다는 장점이 있습니다. 더구나 전체적인 흐름을 알 수 있도록 시청각교재를 사용하고 있기 때문에 워크숍 전체로서는 일련의 흐름을 이해할 수 있는 것은 아닌가 하고 생각하고 있습니다.

5. 워크숍 참가로 상기하게 되는 것들

(1) 참가자에게 미치는 영향

무거운 주제를 취급하는 프로그램에서는 항상 참가자의 심리적·신체적·사회적 상황에 맞춰 배려하는 것이 필요합니다. 자살은 무거운 주제이기 때문에 연수목적의 프로그램이라도 세심한 주의를 기울여서 프로그램을 계획하고 운용합니다.

참가자가 워크숍의 참가를 통해서 자살에 관련된 경험을 생생하게 떠올리게 되는 경우도 있습니다. 가족이나 친구가 자살 또는 자살미수였던 경험이 있는 경우, 슬픔이나 분노가 북받쳐 올라올 가능성도 있습니다. 또한, 자책감이 강해질 가능성도 있습니다.

워크숍에 참가했다고 하더라도, 개개인의 자살의 이유나 배경이 명백해지지 않는 경우가 많기 때문에, 의문에 대한 답을 찾을 수가 없어 소화불량 상태와 같은 느낌을 받는 경우도 있습니다. 전문가라 할지라도 관련된 사람이 자살하거나 자살미수였던 경험이 있다면 위와 같은 생각에 사로잡혀 버릴 수도 있습니다. 더구나 자신이 전문가로서의 관여하는 방법에 대해 반성하는 기분이 일어나거나 반대로 워크숍에서 배웠던 것을 실행할 자신을 갖지 못하는 경우도 생각할 수 있습니다. 이러한 것들로 인해, 심리적인 부담이 한시적으로 늘어나는 것도 생각할 수 있습니다.

(2) 과거의 경험

지금까지 전문가로서 관계했던 분이 자살로 죽었다고 하는 경험을 되돌아보는 세션에서 밝히셨던 분들도 있습니다. 여기에서는 두 분의 사례로 하여, 워크숍의 영향에 대해 생각해 보려고 합니다.

두 명의 전문가를 여기서는 임시로 A씨, B씨라고 부르겠습니다. A씨는 전문가로서 의존증 경향이 있는 중장년층의 X씨에게 관여한 경험에 대해, B씨는 전문가로서 고령자인 Y씨에게 관여했던 경험에 대해 되돌아보기 세션에서 이야기를 해줬습니다. 두 분 다 "자살하고 싶다"는 바람을 가지고 있던 사람에게 관여하고 있었습니다. 두 분 다 경청이나 공감능력의 수준이 높은 분들로 X씨, Y씨의 이야기를 잘 들어주었습니다. 그리고 X씨, Y씨도 자살을 위한 구체적인 수단, 그 수단에 사용될 도구의 보관 장소까지, 각각 A씨, B씨에게 털어놨었습니다. 그런데 안타깝게도 X씨, Y씨 두 분 모두 자살로 목숨을 끊고 말았습니다.

워크숍 참가자인 A씨와 B씨는 아주 따뜻한 마음을 가진 전문가였기 때문에, 강사인 제가 봐도 X씨, Y씨가 각각 A씨와 B씨를 신뢰하고 있었다는 것을 상상할 수 있었습니다. 충분히 경청하고 공감하고 신뢰관계도 쌓았기 때문에, 자살을 생각하고 있다는 사실이나 자살하기 위한 수단까지 X씨와 Y씨가 고백했다고 생각합니다.

우리들의 워크숍을 수강하기 전의 일이었기 때문에, A씨도 B씨도 '안전 확보'의 구체적인 방법을 배울 기회가 없는 상태에서 지원하고 있었습니다. 그 시점에서 당시에 가지고 있던 지식과 전문성을 토대로 최선을 다해 꼼꼼하게 지원을 하셨습니다. 그러나 워크숍을 통해 배우는 내용을 만약 A씨, B씨가 알고 있었다면, 자살수단을 고백받은 후의 대응은 달라졌을 것이라고 예상됩니다.

전술한 것과 같이 우리 워크숍에서는 자살 위험성이 높은 경우에 어떻게 '안전 확보'를 하고 도움을 줄 수 있는 동료에게 연결시켜줄 수 있는지에 대해 구체적으로 학습합니다. 자살의 의도를 묻는 것뿐만 아니라, 그 후 어떻게 행동해야 할지를 함께 배워야만 자살예방으로 이어진다고 생각하기 때문입니다. 그러나 A씨, B씨의 경험은 워크숍 수강 전의 일이었습니다.

(3) 대조적인 반응

A씨는 워크숍의 마지막인 되돌아보기 세션에서 "제가 대응했던 분에 대해 어떻게 했다면 좋았을 것인지 아직도 모르겠습니다."라고 말하였습니다. 이 분의 경우, 워크숍 참가를 통해 과거 자신의 경험을 떠올리면서 지원 과정에서 자신이 사용했던 말과 행동을 연결지어보기도 하고, 차이에 직면하거나 하는 것이 힘들었을지도 모릅니다. 자책하는 마음도 강해서 바로 워크숍의 내용을 다 소화하지 못했을지도 모릅니다.

"더 좋은 대응방법이 있지 않았을까"라고 하는 의심은 대인원조 전문가라면 누구나 품는 의문입니다. 대인원조의 방법에 유일하고 절대적인 답은 없습니다. 다만 "이러한 대응방법이 낫다." "보다 효과적이다."라고 배웠을 때, 과거 자신의 경험과 대조해서 그것을 받아들이는 것이 힘든 경우도 일어날 수 있습니다. 그것을 인정하는 것은 굉장히 힘들 수도 있습니다. 과거의 말과 행동은 수정할 수 없으며, 사람의 목숨 또한 되돌릴 수 없습니다. 우리 워크숍에서는 참가자를 비난하거나 나무라지 않기 위해, 최대한 주의를 기울이며 워크숍을 운용하고 있습니다. 전문가로서의 과거 언동의 좋고 나쁨을 받아들이는 것은 심리적·신체적·사회적 상황이 안정되지 않으면 어려울지 모릅니다. 그래서 전문직 대상의 연수라 할지라도 여러 가지를 배려해야 합니다.

또 다른 B씨는 연수가 끝난 후, "제가 대응했던 사람들에 대해 실제로는 어떤 식으로 했다면 좋았을지 이제야 알 것 같다. 아쉽지만 앞으로 이 활동(자살위기 초기개입 스킬 연구회의 활동)에 참가해서 필요한 지식과 스킬을 배워서 우리 지역에도 널리 알리고 싶다"고 말하였습니다. 같은 것을 경험하고 같은 워크숍을 수강하더라도, 반응은 사람마다 다릅니다. 강렬한 경험을 했더라도 자신의 과거 언동과 잘잘못을 되돌아보고 받아들여서 긍정적으로 앞으로 활용하려고 생각하는 사람도 있을 것입니다.

(4) 되돌아보기의 중요성

참가 형 워크숍에서는 참가자 한 명 한 명이 되돌아보기를 하는 것이 중요합니다. 참가자는 대인원조에 대해서는 일정 수준 이상의 연수를 받았던 경험이 있는 사람들이 많기 때문에 우리 워크숍에 참가하면서 이미 "알고 있었다."라는 감상을 가지는 사람도 있습니다.

한편 워크숍에서 망라하는 내용은 여러 갈래의 복잡한 과정을 거친 것이기 때문에, 일부라도 참가자에게는 처음 접하는 신선한 내용일 수도 있습니다.

그러한 경우, 사람에 따라서는 "이렇게까지는 실천할 수 없을 것 같다."고 느낄 때도 있습니다. "어렵다", "무리다"라는 생각을 하게 되는 경우도 있습니다. 워크숍의 내용을 소화하고 자신의 것으로 만들기 위해서는 시간이 조금 필요한 사람도 있을 수 있습니다.

되돌아보기 시간에는 워크숍에서 '얻은 것'을 중심으로 언어화를 하도록 합니다. 이로 인해 워크숍에서 획득한 지식이나 스킬을 보다 명확하게 하고 자기 것으로 하기 쉽게 만드는 것입니다.

(5) 자기케어의 중요성

워크숍의 되돌아보기 세션에서는 '자기케어'의 중요성에 대해 언급하고 있습니다. 자기케어의 중요성을 설명하고 자기케어 계획을 세워서 실행할 것을 약속한 후, 워크숍을 마무리합니다. 그리고 자살을 주제로 하는 연수가 종료된 후에는, ① 자가용 운전 등은 신중히 할 것, ② 과음은 삼갈 것을 유의점으로 참가자에게 전하고 있습니다.

6. 워크숍 참가 후에 안타까운 결과가 발생한다면

아무리 꼼꼼하게 대응해도 안타깝게도 자살이 일어나는 경우가 있습니다. 예를 들어, '자살위기에 있다'는 것을 주위 사람들도 알고 있었지만, 자살 위험성을 가볍게 판단해버려서 충분한 대응을 하지 못하는 경우도 있습니다. 혹은 '자살 위험성이 높아서 입원이 필요하다'고 판단했더라도 제대로 연결시켜주지 못하는 경우도 아쉽게 있습니다. 한편, 자살위기에 놓여 있어도 정신과 의료서비스로 이어지고 안전하게 보호받을 수 있는 공간(정신과 병원의 병동 내 등)에서 일정기간 입원하며 지냈으며, 치료가 끝난 후에도 '자살 위험성이 낮아졌다'고 판단되어 퇴원한 직후에, 지역에서 안타까운 결과가 발생하는 경우도 있습니다. 심지어 최근의 일부 심리학 부검조사에 따르면, 자살 기수자의 50%가 정신과 치료 중이었던 사실이 알려졌습니다(松本, 2011). 이처럼 주의를 기울였지만, 또는 신중히 판단해서 대처한 줄 알았지만 자살이 일어나는 경우도 있습니다.

　이러한 사고가 일어났을 때, 지역의 시설·기관이나 생명지킴이의 역할이 기대되는 관련자들은 어떻게 하면 좋을까요? 가와니시(河西, 2009)는 대학병원 내에서의 사고 후의 대처 흐름을 소개하고 있습니다. 그 흐름은 ① 사실관계의 파악, ② 사고발생 현장의 확인, ③ 현장에서 조우한 사람의 케어, ④ 병동에서의 짧은 미팅, ⑤ 사고 다음 날의 병동 전체 회의, ⑥ 당사자 개별 팔로우업, ⑦ 자살예방을 위한 학습(사례검토, 강습회) (p. 167)입니다. 이것들의 '병동'을 각각의 조직에 맞게 바꾼다면, 다양한 시설·기관·조직에도 응용할 수 있습니다. 또한, 시설이나 지역 내의 기관·네트워크에서도 다수의 사람들이 관련된 사례에서 안타까운 결과가 발생했을 경우에 응용할 수 있을 것입니다. 보다 상세한 대응방법에 대해서는 高橋祥友·福間詳 編集(2004)에 상세하게 나와 있습니다.

참고로 최근 비상사태에 대한 스트레스 대처법으로 개발된 위기 상황 스트레스 해소(critical incident stress debriefing, CISD: 스트 레스발생 시 단시간에 사람들에게 일어난 일에 대해 이야기를 하게 함으로써, 감정표출을 촉진하고 트라우마 반응의 심리교육을 함으로써 트라우마 후의 심리적 후유증 발생을 예방하려는 구조적 접근법)에 대해서는 '자연경과'에서 보였던 비탄의 회복이 없고, 시행 전보다 상태를 더 악화시킬지 모른다는 메타분석결과가 발표되었습니다. 디브리핑(debriefing)이 한 번인 세션이든 복수인 세션이든 만성적이고 심리적인 후유증으로 확대되는 것을 예방한다는 주장은 실증적으로는 보증된 것이 아니라고 합니다(van Emmerk et al., 2002; Robertset al., 2009). 따라서, 사고 후의 관계자 회의에서는 관계자의 감정표출을 강하게 촉진하는 형태로는 진행하지 않는 편이 좋을 것입니다.

[참고·인용문헌]

Cross, W., Matthieu, M., Cerel, J. & Knox, K. L., (2007), "Proximate outcomes of gatekeeper training for suicide prevention in the workplace." Suicide and Life-Threatening Behavior, 37(6), 659-670.

Fenwick, C. D., Wassilas, C. A., Carter, H. & Haque, M.S. (2004) "Training health professionals in the recognition, assessment and management of suicide risk", International Journal of Psychiatry in Clinical Practice. 8, 117-121.

Green, G., Gask, L. (2005). "The development, research and implementation of STORM(Skills-based Training on Risk Management). Primary Care Mental Health, 3, 207-213.

河西千秋(2009)『自殺予防学』新潮選書

Kitchener, B.A., Jorm, A.F. (2002), "Mental Health First Aid" ORYGEN Research centre, Melbourne. (=2007, 2007年度科学研究費補助金(基盤研究ⓒ)精神学早期介

入と偏見除去のための臨床研修医への短期教育法の効果に関する介入研究：こころ
の救急マニュアル・プロジェクトチーム『こころの救急マニュアル(メンタルヘルス・
フゥストエイド・マニュアル)』

小嶋秀幹(2009)「民生委員・児童委員に対するこころの相談員研修のとりくみ(特集　生き
る力――自殺を防ぐには)」『月肝福祉』92(5)、　31-34.

松本俊彦(2011)「自殺総合対策における精神学医療の課題―総合的な精神保険的対策を
目指して」『世親神経学雑誌』113(1)、81-86.

内閣府(2010)『ゲートキーパー養成研修テキスト』内閣府

Roberts, N.P.,Kitchiner, N.J., Kenardy, J. & Bisson, J.(2009). "Multiple session early
psychological interventions for the prevention of post-traumatic stress disorder."
Cochrane Database Systematic Review. 8(3), CD006869

高橋祥友・福間詳編集(2004)『自殺のポストベンション――遺された人々への心のケア』
医学書院

Van Emmerik, A.A.P., Kamphuis, J.H., Hulsbosch, A.H & Emmerlkamp P.M.G.
(2002). "Single session debriefing after psychological trauma: a meta-analysis."
Lancet, 360, 766-771.

WHO(世界保健機構)(2000=2007)自殺予防「カウンセーラのための手引き」(日本語版初
版、監訳：河西千秋、平安良雄、横浜市立大学医学部精神医学教育より)

Wyman, P.A, Brown, C.H., Inman J. et al. (2008) "Randomized trial of a gatekeeper
program for suicide prevention : 1-year impact on secondary school staff."
Journal of Consulting Clinical Psychology, 76, 104-115.

제7장

워크숍 강사

오카다 스미에(岡田澄惠)

자살위기 개입의 실제

1. 강사와 그룹워크 경험

자살예방 생명지킴이는 정신보건복지의료의 전문가가 아니라도 될 수 있습니다. 자살 위기에 놓여 있는 사람과 접할 기회가 많은 분은 생명지킴이로서의 지식과 스킬을 습득해주셨으면 합니다. 한편 워크숍 인정 강사라는 일은 적성에 맞을 수도 있고 맞지 않을 수도 있습니다. 또한, 누구나 될 수 있다고도 단언할 수 없습니다. 특히 워크숍의 오후 세션은 그룹의 퍼실리테이션(facilitation)을 경험해 본 적이 있는 사람, 즉 그룹워크* 경험자라면 더 잘 운영할 수 있을 것입니다.

여기서 말하는 그룹이란 정신보건복지의료 현장에서의 이용자(client)를 대상으로 하는 그룹을 의미합니다. 그리고 그 중에서도 참가자(client) 간의 상호교류를 촉진했던 그룹 경험이 있는 사람이 강사를 맡기에 적합합니다. 정신보건복지의료 이용자(client)를 대상으로 하는 그룹이 아니더라도 지역주민을 대상으로 하는 모임의 사회자, 수강자 간의 상호교류 강습회의 강사, 또는 소수의 인원을 대상으로 가르치고 있는 교원이 강사를 맡기에 적합할 것입니다. 강의 형식의 그룹워크 경험은 여기서 말하는 그룹워크 경험에 해당하지 않습니다. 이처럼 그룹워크 경험이 있는 사람이라면 리더양성연수(강사양성연수)를 수강함으로써 인정 강사 역할을 맡는 것이 가능합

---

* 사회복지의 한 방법으로서, 복지적 과제를 지닌 이용자(클라이언트)가 구성원이 되는 그룹을 대상으로 한, 의도적인 대처 노력을 그룹워크라고 한다. 단순히 복수의 사람에 의한 그룹작업의 것을 지적하는 것은 아닙니다.

니다.

그룹워크 경험이 없는 사람이 오후 세션의 진행을 갑작스럽게 담당하는 것은 무리일 수 있습니다. 그룹워크 경험이 없는 경우에는 리더양성연수(강사양성연수)를 수료하고, 워크숍 옵져버로 참가한 후에 서브리더로서 자살위기에 놓여 있는 사람의 역할극으로부터 강사를 맡아보는 것이 좋습니다. 역할극 등을 이용한 그룹워크 경험이 없는 사람이라면 당연히 역할극 진행이 미숙할 것입니다. 체험학습의 운영에서 체험은 자기 것으로 만드는 가장 좋은 방법입니다.

2. 역할극이란

우리 워크숍에서는 생명지킴이가 스킬을 습득하는 방법으로 모레노(Moreno)가 개발한 사이코드라마 기법 역할극을 사용하고 있습니다. 역할극이란 역할연기나 모의훈련이라고도 불립니다.

당초 역할극은 다른 사람의 입장이 되어 그 사람의 마음을 느끼기 위해 활용되어왔습니다. 즉, 다양한 사람의 심리적 이해를 깊게 하기 위해 사용되어온 것입니다. 그 후 역할극은 언동 등의 스킬을 습득하기 위해서 활용되었습니다. 이러한 목적으로 사용되는 역할극을 행동리허설이라고도 합니다. 행동리허설로 활용되는 역할극은 타자의 마음을 깊게 이해하는 것이 주된 목적이 아닙니다. 연습의 대상인 언동(소통 등)을 모의적 상황에서 행동리허설하며 연습한 언동이 익숙하도록 하는 것을 목적으로 합니다.

자살위기 초기개입 워크숍에서는 참가자가 생명지킴이의 역할을 하고 자살위기에 놓여 있는 사람의 역할은 강사가 맡습니다. 실제 상황을 상정하고 생명지킴이로서 자살위기에 놓여 있는 사람과의 소통을 연습하고, 적절한 전문가에게 연결해주는 것까지의 스킬획득을 목적으로 합니다.

강사는 사이코드라마에서 말하는 감독(주: 그룹진행이나 전개에 책임을 맡고 있는 사람)이면서 보조 자아(輔助自我, 주: 사이코드라마에서 클라이언트의 상대역이 되어 클라이언트의 역할극을 지원하는 자)에 해당하기 때문에, 관심이 있는 사람이라면 사이코드라마를 공부하면서 역할극 원류의 의미를 깊게 이해할 수 있습니다. 한편 참가자의 스킬 획득을 위해 역할극을 이용하는 것은 SST(social skills training, 주: 사회스킬훈련, 생활기능훈련이라고도 불림)이며, SST를 깊게 이해한다면 참가자의 스킬 획득에 역할극을 활용하는 방법에 대해 깊게 이해할 수 있습니다.

3. 자살위기에 있는 사람의 역할극 부담

자살위기에 있는 사람의 역할극은 무거운 주제를 다루기 때문에 역할도 무겁습니다. 역할극이라고 해도 역할에 몰두하게 된다면 마음이 흔들리게 되고 정신적인 부담이 생깁니다. 강사 스스로는 피로감을 의식하지 못한다고 해도 워크숍 종료 후에는 판단력·집중력이 낮아지게 됩니다. 이러한 정신적 부담에서 비롯되는 부적절한 행동에 대한 위험 관리가 필요한데, 우리 워크숍에서는 자살위기에 있는 사람의 역할을 역할극하는 것을 강사로만 한정하여 참가자가 하지 못하도록 방침을 취하고 있습니다. 또한, 강사의 정신적인 부담이 매우 클 뿐만 아니라, 자살위기에 있는 사람의 역할을 몇 시간 동안 계속한다는 것에는 위험이 따르기 때문에 자살위기에 있는 사람의 역할은 교대로 맡습니다.

참고로 참가자는 워크숍에서 자살위기에 있는 사람을 돕는 역할만을 맡지만, 마지막 세션의 참가자에게는 ① 워크숍을 마치고 귀가할 때까지 주의를 기울이고, ② 취침 전까지, 자기케어를 하도록 하고 있습니다. 그것은 역할극 때에 발생하는 강한 정신적인 부담에 따른 위험을 관리하기 위한 것입니다.

4. 참가자와 강사의 위치관계

참가자는 전원이 한 명의 생명지킴이 역할을 맡습니다. 참가자는 역할극 때마다 자리를 옮기는 것이 아니라 워크숍의 시작할 때부터 앉은 자리에서 자살위기에 있는 사람의 역할을 맡은 강사와 역할극을 합니다. 따라서 역할극을 하는 강사(이하 서브 강사라고 함)는 참가자 전원의 얼굴을 볼 수 있는 위치에 앉게 됩니다. 역할극을 하지 않는 또 한 명의 강사(이하 메인 강사)는 워크숍 진행을 맡습니다.

메인 강사는 역할극이 시작되면 생명지킴이 역할의 참가자 옆으로 이동합니다. 강사가 생명지킴이 역의 참가자 옆에 있음으로써 역할극을 원활하게 진행시키며 긴장하는 참가자들을 지원합니다. 또한, 강사가 회장 안을 돌아다니는 것은 그룹의 긴장감을 완화시키는데 도움이 됩니다. 그 때 주의해야할 점은 강사가 다른 참가자나 역할극을 하고 있는 강사 사이에 서서 시야를 막거나 상호교류를 방해하지 않도록 위치하는 것입니다.

5. 역할극의 원활한 진행을 위해서

(1) 자기개시가 쉽게 이뤄지는 구조를 만든다

역할극은 자발적인 소통을 활용한 연습방법입니다. 참가자 스스로가 소통하기 쉽도록 하드 측면·소프트 측면의 양면의 구조화가 중요합니다.

하드 측면에서는 참가자 이외의 사람이 들어오지 못하나 볼 수 없는 방이어야 합니다. 또한, 밝으면서 어느 정도 개방감이 있는 방이어야 하고, 강사와 너무 떨어지지 않으면서 그룹과 그룹 간에 적절한 거리를 유지할 수 있는 공간이어야 합니다.

또 소프트 측면에서는 워크숍 중에 전화가 걸려오지 않도록 해야하고, 강사와 참가자 이외의 견학자 등이 들어오지 못하도록 하는 등의 배려가 이뤄져야 합니다. 특히 역할극 장면을 대중매체에서 취재하는 것은 피해야 합니다. 또 하나의 소프트 측면은 참가자의 구성에 있습니다. 가능하면 같은 직장이나 같은 직종 등 평소에 얼굴을 자주 보는 사람끼리는 가까이에 앉지 않도록 해야 합니다. 아는 사람끼리면 이야기하기 편하다고 생각하기 쉽지만, 후배 앞에서 창피를 당하고 싶지 않거나, 동료에게 본심을 알리고 싶지 않거나, 또는 아는 사람에게 창피한 모습을 보이고 싶지 않는 등 자발적인 소통이 위축되어 버릴 가능성이 있습니다. 가능하면 보다 다양한 구성원으로 워크숍을 진행하는 것이 거부감도 덜하고 상호교류도 촉진됩니다.

(2) 오전 세션이 활성화되면 역할극하기가 쉬워진다

오후 체험학습의 거부감을 조금이라도 줄이기 위해서는 오전 세션의 참가자 전체에게 부드러운 분위기를 만들어 두는 것이 중요합니다. 오후 세션에서는 역할극을 통해 참가자들이 체험적으로 생명지킴이로서 필요한 스킬을 습득해갑니다. 역할극으로 인한 학습효과를 높이기 위해서는 역할극에 들어가기 전에 안심되고 안전한 공간을 만들어 줌으로써 한 명 한 명이 주제에 집중하는 마음의 준비를 하기 쉽게 만드는 것입니다.

사이코드라마나 SST 등의 그룹을 이용한 대인원조 방법에서 마음의 준비를 할 수 있도록 도와주는 작업을 워밍업(Warming up)이라고 합니다. 그룹 활동을 개시할 때 자기소개나 간단한 게임 등으로 그 자리의 분위기를 부드럽게 만들어주는 프로그램 등이 많이 활용되고 있습니다. 자살위기가 주제인 워크숍에서는 역할극으로 체험학습을 하기 때문에, 오전 세션 전체가 워밍업으로서의 기능을 하는 측면도 있습니다. 따라서 오전 중으로 강사가 해야 할 일은 지식을 제공하는 것과 함께, 안심한 상태에서 새로운 행동이나 소통의 연습을 할 수 있는 그룹을 만들어주는 일이라고 할 수 있습니다.

(3) 참가자에게 들리는 음량과 명료한 말

마이크를 사용하느냐의 여부에 상관없이 강사의 목소리가 참가자에게 잘 전달되어야 하는 것은 대전제로서 필요합니다. 내용을 명확히 알 수 있도록 하기 위해서는 분명하고 명료하게 말해야 합니다. 역할극 장면에서는 오전 세션과 같이 강사용 교재대로 말하면 되는 것이 아닙니다. 강사는 참가자의 반응과 발언 내용에 따라 유연하고 창조적인 임기응변을 통해 대응해갑니다. 어떠한 대사라 할지라도 강사의 발언은 잘 전달되어야 합니다. 역할극 장면에서 교시(敎示)나 지시, 재촉 등을 자살위기에 있는 사람의 역할을 맡고 있는 서브 강사의 발언을 들은 후에 역할을 하기 때문에 명료함이 요구됩니다. 되도록 단순하게 큰 목소리로 말을 하는 것이 좋습니다.

(4) 역할극을 하는 사람을 명확하게 한다

생명지킴이 역할은 참가자가 순서대로 맡습니다. 이때 누가 역할극을 하는 사람인지를 명확하게 하는 것이 중요합니다. "다음은 당신입니다."라는 것을 "다음 차례에 부탁드립니다."라고 말로만 하는 것이 아니라, 그 사람의 가까이에 가서 손짓을 하며 역할극을 촉구합니다. 처음에는 "연습마다 3~4명씩 부탁드립니다."와 같이 미리 누구까지가 같은 과제의 연습(역할극)을 하는지 알 수 있도록 전해놓는다면, 참가자들은 마음의 준비를 할 수 있을 것입니다. 그렇게 된다면 긴장도 다소 완화되고 그 시점의 연습에 대처하기 쉬워집니다.

(5) 역할극은 순번대로

워크숍에는 대인원조 전문가뿐만 아니라 역할극으로 인한 연수 등의 경험이 없는 직종의 참가자도 고려하고 있습니다. 그럴 때 참가자의 긴장을 조금이나마 풀어주기 위해서는 역할극을 하는 순서는 예측 가능한 순서가 좋을 것입니다. 자발적인 신청을 기다리거나 무작위(우발적)로 시키다 보면 예측 가능성이 낮아지기 때문에, 워크숍 전체의 긴장감이 높아집니다. 또 순서대로 진행한다고 해도 기대되는 소통이 자발적으로 못하는 경우에는 '패스'할 수 있습니다. 한 번은 잘 못하고 패스하더라도 다음 차례가 왔을 때는 잘 하는 경우도 많이 있습니다.

때로는 강사가 역할극의 순서를 잊어버리는 경우도 있습니다. 그렇다고 서두를 필요는 없습니다. 강사도 긴장하고 워크숍을 진행하며 참가자의 상황을 보다 보면 머릿속이 복잡해지기 때문에 때로는 순서를 잊어버리는 것도 어쩔 수 없는 일입니다. 하지만 참가자는 자신의 순번을 절대 잊어버리지 않을 것입니다. '가능하면 내 차례는 뛰어넘었으면'이라는 생각은 하겠지만, 다른 참가자가 순서를 기억하고 있다는 것을 인식하고 있습니다. 참가자에게 "다음은 누구 차례입니까?"라고 물으면 됩니다. 그러면, "저부터입니다."라고 누군가 말하거나 손을 들거나 혹은 다른 사람이 가리켜 줄 것입니다.

(6) 참가자의 역할극에 완벽함을 요구하지 않는다

생명지킴이의 발언 내용은 목적이 중심이 아니더라도 초점에 맞기만 하면 괜찮습니다. 경험이 쌓인 대인원조직 종사자라도 집단 안에서는 긴장해버려 평소의 능력을 발휘하지 못하기 마련이며, 더욱이 자원봉사자나 시민 참가자라면 소통 스킬을 어려워할 것이 예상됩니다. 전혀 초점에 맞지 않는 발언이라도 체험학습에 참가해서 도전하고 있다는 점을 높이 평가하고, 제안으로서 모델링(말하면 좋은 것을 구체적으로 전함)을 하거나 교재에 기재되어 있는 예를 가리키면서 역할극을 촉진하는 것도 좋은 방법입니다.

(7) 곤란한 사례의 역할극은 하지 않는다

자살위기에 있는 사람을 연기하는 서브 강사는 교재에 있는 사례의 인물의 모습과 크게 다르지 않은 범위에서 역할극을 합니다. 서브 강사가 대인원조의 전문가일 경우에는 항상 대응에 어려워하고 있는 중증의 조현병 환자나 인격 장애 환자를 연기해버릴 가능성이 있습니다. 그러나 이 워크숍은 정신보건의료 전문가 이외의 분들도 대상이고, 자살 위험 단계를 여섯 단계 중 레벨5 정도로 상정하고 있으며, 생명지킴이가 전문가에게 연결해주는 것을 목적으로 하고 있습니다. 따라서 정신건강 전문가라고 할지라도 대응에 어려워하고 있는 듯한 사례를 연기하는 것은 워크숍의 목적에서 조금 빗나간 것일지도 모릅니다.

(8) 예상과 다른 방향으로 흘러갈 때

서브 강사는 사례의 개요를 이해하고 세미나의 목적도 이해하면서 역할극에 임하지만, 그 때 그 때의 생명지킴이의 말에 촉발된 그 자리 그 자리에서 자발적으로 응답합니다. 역할극에는 시나리오가 없습니다. 이 즉시성과 유연성이 이 워크숍의 특징이며, 강사 입장에서는 상당한 에너지와 스킬이 필요할지 모릅니다. 예상과 다른 방향으로 흘러갈 것 같다면, 잘 흐름을 워크숍의 목적에 맞는 방향으로 끌어올 필요가 있습니다. 그러나 말수가 너무 적다면 이 궤도수정은 불가능합니다. 따라서 평소보다 더 많이 말하면서 대응하여 상황에서 벗어나야 합니다.

(9) 아무 말도 없어서 역할극을 할 수 없는 참가자

참가자가 아무 말도 없을 때가 있습니다. 그때는 교재를 가리키면서 예시대로 말하도록 유도해봅니다. 그래도 말을 하지 않는 경우에는 "패스하시겠습니까?"라고 강사가 묻고 다음 참가자에게 차례를 넘깁니다. 이런 사람은 워크숍 주제와 관련된 어떠한 문제를 안고 있는 것일 수도 있습니다. 그 후 그 참가자의 상태에 주의를 기울입니다. 만약 그 자리에 있는 것조차 힘들어 보인다면, 조용히 퇴출을 권하는 것이 필요할지도 모릅니다. 자살 유가족이든, 클라이언트를 자살로 잃었던 경험을 한 대인원조 전문가이든 역할극을 하다 보면 강렬한 회상(flashback)이 수반될 수 있습니다. 자살을 막을 수 없었다는 등의 강한 자책감이 들거나 당시의 경험이 떠오를 수도 있습니다. 그 경험이 강렬한 경우에는 참가자의 정신적인 부담을 경감시켜주거나 위험을 관리하기 위해, 워크숍에서 퇴출하는 것을 권하는 편이 좋을 수도 있습니다. 그러한 경우에는 강사나 주최자가 이야기를 듣고 진정(cool down)시킨 다음에 귀가할 수 있도록 합니다.

(10) 음료, 다과 준비

워크숍은 체험형으로 실제로 6시간 이상의 장시간에 걸치기 때문에 참가자의 신체적·정신적 피로를 회복시키고 기분전환 시키는 것도 필요합니다. 주최자 측에 음료나 다과를 준비해줄 수 있도록 부탁하고 있습니다. 모의 상황이라고 해도 자살하려는 사람을 지원하는 것은 에너지가 소모되는 일입니다. 그래서 세션 사이의 휴게시간에 뇌의 피로를 풀어주기 위해서라도 소량의 음료나 간식을 섭취하는 것을 장려하고 있습니다. 그것만으로도 워크숍 후반에도 안정된 상태에서 집중력을 유지할 수 있습니다. 특히 4번째 세션이 끝난 후에는 반드시 휴게시간을 가져야 한다고 생각합니다.

6. 역할해제

역할극에서 특정 역할을 맡고 있는 사람의 역할해제는 자살위기에 있는 사람이나 생명지킴이 역할에서 본인으로 돌아오는 것을 의미합니다.

자살위기에 있는 역할을 맡은 채로는 위험이 수반됩니다. 자살위기에 있는 사람의 역할을 맡은 서브 강사의 역할해제는 반드시 세션마다(휴게시간 전) 이뤄져야 합니다. 역할해제는 그 사람 곁에 가서 눈을 마주보며 "당신은 ○○씨지요"라든가 "○○씨(역할 명)가 아니라 ○○(근무처나 직명 등)의 ○○(본명)씨지요"라고 말을 건넵니다. 친숙한 사이라면 "역할해제하세요"라고 단 한 마디로 끝낼 수도 있습니다. 처음일 경우 정중하게 역할해제를 합니다.

우리 워크숍의 경우, 생명지킴이 역할의 참가자는 자살하고 싶다고 하는 마음을 가진 사람의 역할을 맡지는 않기 때문에 굳이 역할해제를 하지 않아도 된다고 생각합니다. 그러나 참가자가 대인구조의 전문가 중심이 아니라 주부 등의 일반인이 중심일 경우는 참가자의 역할해제를 하는 편이 좋을지도 모릅니다. 왜냐하면 모의적인 상황이라 해도 "죽고 싶다"라는 마음을 가진 사람이 '도와주는' 역할을 맡는다는 것은 참가자의 심신에도 영향을 주기 때문입니다. 그러한 경우에는 메인 강사가 참가자 모두에게 워크숍에서 맡은 생명지킴이 역할을 해제할 것을 선언해주기 바랍니다.

[참고문헌]————————————————————

台利夫(2003)『新訂ロールプレイング』日本文化科学社
増野肇(1990)『サイコドラマのすすめ方』金剛出版

제8장

워크숍의
효과 검토

고다카 마나미(小高 真美)

자살위기 개입의 실제

1. 서론

생명지킴이를 양성하는 연수 프로그램은 자살예방을 위한 효과적인 전략 중 하나라고 생각되기 때문에, 해외에서도 많은 프로그램이 개발되어 실시되고 있습니다(Issac et al., 2009). 연수에 소요되는 시간, 연수내용, 수강자의 배경지식은 프로그램에 따라 다양합니다. 몇 시간 만에 끝나는 연수가 있다면, 5일에 걸쳐 실시되는 연수도 있습니다. 대상자도 의료, 복지, 심리, 교육, 군관계자, 지역주민, 자원봉사 활동자 등으로 다양합니다.

해외에서 실시되어온 생명지킴이 연수 프로그램은 연수 참가자의 자살예방에 관련된 지식이나 기술, 태도 개선에 유효하다고 보고되었습니다(Issac et al., 2009). 한편 프로그램의 효과에 대해서는 확실한 합의결과까지는 이루지 못하고 있습니다. 헬스케어, 교육, 사법, 기타 사회과학 영역에서의 개입프로그램에 대해서 그것들이 효과적인지 아닌지를 평가하는 최선의 연구방법은 무작위대조시험(randomized controlled trial : RCT)입니다(トーガーソン& トーガーソン)[*]. 하지

---

[*] 본서에서는 사회조사에 대한 심도 있는 언급은 피했습니다. 대인서비스에서의 프로그램 평가나 RCT에 대해서는 아래의 서적을 참고해 주시기 바랍니다.
1. ピーター・H・ロッシ、マーク・W・リプセイ、ハワード・E・フリーマン(大島巌、平岡公一、森俊夫、元永拓郎監訳)(2010)『プログラム評価の理論と方法──システマティックな対人サービス・政策評価の実践ガイド』日本評論社
2. マイケル・スミス(藤江昌嗣 監訳、矢代隆嗣訳)(2009)『プログラム評価入門──行政サービス、介護、福祉サービス等ヒューマンサービス分野を中心に』梓出版社
3. D・J・トーガーソン、C・J・トーガーソン(原田隆之、大島巌、津富宏、上別府圭子 監訳)(2010)『ランダム化比較試験(RCT)の設計──ヒューマンサービス、社会科学領域における活用のために』日本評論社

만 아이삭 외(Issac et al., 2009)가 생명지킴이 연수의 효과에 대해 영어논문으로 발표된 선행연구를 계통적으로 살펴본 결과, 최종적으로 검토한 13개의 연구 중 RCT를 실시한 연구는 단 한 건이었습니다. 이 한 건의 연구는 32개 학교에 소속되어 있는 교직원 249명(연수 참가군 122명, 비참가군 127명)을 대상으로, QPR 즉, 물음(Question), 설득(Persuade), 다른 사람에게 연결함(Refer)이라는 생명지킴이 연수 프로그램의 효과에 대해 검토한 것입니다(Wyman et al.,2008). 그 결과 QPR연수프로그램 참가자의 자살예방에 관한 지식이나 자기 효능감이 향상되었다는 것이 암시되었고, 교직원을 대상으로 프로그램을 제공에 일정의 효과가 인정 되었다고 보고되었습니다. 아이삭 외의 계통적 문헌연구(Issac et al., 2009) 후에도 RCT로 인한 연구는 거의 실시되지 않았지만, 생명지킴이 연수의 유효성에 대한 연구결과는 다수 발표되었습니다(Cerel et al.,2012; Cross et al., 2012; Johnson & Parsons, 2012; Robinson et al., 2012; Smith et al., 2013; Tompkins et al., 2010; Tsai et al., 2011).

일본에서도 최근에 생명지킴이 양성을 위해 전문가를 대상으로 연수나 도도부현 및 시 차원의 활동 등 다양한 연수가 전개되고 있습니다(秋山他.2012; 今井, 2007; 稲村, 2007; Kato et al., 2010; 加賀他, 2011; 小島他, 2011; 小嶋, 2009; 鈴木他, 2009; 藤澤他, 2011; 本橋, 2009; 宮川他, 2010). 그러나 이 연수효과에 대한 검토는 아직 충분하지 않습니다.

그래서 '자살위기 초기개입 스킬 연구회'(이하, 연구회)에서는 장기적으로 RCT 실시를 염두에 두고 이번의 워크숍의 효과와 안전성을 확인하기 위한 예비적 조사연구를 진행했습니다.

2. 방법

(1) 대상자

효과검토의 대상이 된 사람은 2008년 8월~2009년 3월에 개최된 총 5차례의 워크숍에 참가한 91명입니다. 5차례의 워크숍 중 3차례는 연구회 홈페이지에서 개최를 알리거나 전국 정신보건복지센터나 보건소에서 개최 주요사항을 송부해서 참가모집을 하였습니다. 한 번은 보건소로부터 의뢰를 받아 인정 강사가 보건소로 찾아가 워크숍을 실시하기도 하였습니다. 또 한 번은 연구회 책임자가 근무하는 대학의 동창회에서 졸업생을 대상으로 워크숍을 주최하였습니다.

<표 8-1>은 대상자들의 기본속성입니다. 직업상으로 환자나 복지·행정 서비스의 이용자로서 '자살로 사망한 사람'·'자살미수 이력이 있는 사람'·'자살 생각을 하던 사람' 중 누군가와 관계된 적이 있는 사람은 전체의 84.1%로 10분의 8을 넘었고, 그 상세 내용을 보면, '자살로 사망한 사람'과 관계가 있던 대상자가 36.1%, '자살 생각이 있던 사람'과 관계가 있던 대상자는 30.6%였습니다. 또한, 가족이나 친구, 동료 등 평소에 교류가 있던 사람 중 '자살로 사망한 사람'·'자살미수 이력이 있는 사람'·'자살 생각이 있던 사람'들과 관계하던 경험이 있는 사람은 전체의 64.3%였고, 그 상세 내용을 보면, '자살로 사망한 사람'과 관계가 있던 대상자가 41.9%, '자살미수 이력이 있는 사람'과 관계가 있던 대상자가 29.7%, '자살 생각이 있던 사람'과 관계가 있던 대상자가 28.4%였습니다.

〈표 8-1〉 기본속성 등의 기술통계

	유효응답	n	%
성별 : 여성	70	52	74.3
결혼여부	71		
독신		27	38.0
기혼		38	53.5
이혼		4	5.6
사별		2	2.8
학력	71		
고졸		1	1.4
전문대졸		7	9.9
대졸		43	60.6
대학원졸		17	23.9
그 외		3	4.2
직업	69		
의사		1	1.4
간호사/보건사		12	17.4
심리사		2	2.9
사회복지		30	43.5
약사		1	1.4
개호관련 종사자		2	2.9
대학생		3	4.3
대학원생		4	5.8
그 외		14	20.3
직업상의 자살과 관련 있는 자	69	58	84.1
개인적 관계로 자살에 관계된 경험 : 있음	70	45	64.3
자살대책 연수에 참가경험 : 있음	71	40	56.3
	n	m	SD
연령(세)	69	39.7	11.1
졸업년도(년)	61	11.7	8.4

(2) 조사의 실시 방법

조사대상자에게는 워크숍 장소에서 조사를 하기 위해 워크숍 개시와 종료 직후에 설문지와 연구조사 설명서를 배포하여 설문지 응답 후 제출해줄 것을 부탁하였습니다. 설문지 응답 시간은 대략 15분 정도였습니다.

(3) 효과측정을 위한 조사내용

생명지킴이 연수를 포함하여 자살예방을 위한 프로그램의 목적은 당연히 자살 예방이기 때문에, 본래 그 프로그램이 효과적인지 아닌지를 판단하는 지표는 예방 가능했던 자살사망자 수나 자살사망률이여만 합니다(Rogers et al.,2007) 하지만 안타깝게도 그것을 지표로 삼고 연구를 실시하는 일이 쉽지가 않습니다. 자살자수가 많은 것이 사회적 문제가 되었다고는 해도 그 발생은 비교적 드물기 때문입니다(2011년 일본 내의 암에 의한 사망률은 남성이 346.9, 여성이 222.7<인구 10만 명 당>(国立がん研究センターがん対策情報センター, 2013年)인 한 편, 같은 해 자살사망률은 남성이 32.4, 여성이 13.9<인구 10만 명 당>(内閣府, 2012年)였습니다). 만약 어느 자살예방을 위한 프로그램을 실시함으로써 예방할 수 있던 자살자수를 효과지표로 삼아 신뢰성 높은 효과검토연구를 실시하려 한다면, 방대한 수의 연구대상자(예를 들면, 몇백만 명)가 필요하게 됩니다. 이를 위해 생명지킴이 연수의 효과를 평가지 표로 인해 자살사망자 수나 자살사망자율을 대신으로 삼고, 연수수강자의 자살이나 자살예방에 관한 지식, 태도, 기술, 자기효능감 등을 검토하는 경우가 많습니다.

이번 워크숍의 효과를 측정하기 위해 사용된 조사표는 생명지킴이로서의 역할을 다하기 위한 자기효능감을 측정하는 "자살위기 생명지킴이 자기효능감 척도"(218페이지 Appendix 참조)(이하, 자기효능감 척도), 자살에 대한 태도를 측정하는 "Attitude Towards Suicide Scale" 일본어판(小高, 2012; Kodaka et al., 2012) (이하, ATTS일본어판)[*], 기본속성·기타로 구성되어 있습니다.

자기효능감 척도는 본 연구를 위해 연구회에서 개발한 척도입니다. 자기효능감이란 자신이 어떤 일에 대한 역량을 갖고 있으며, 효과적이라고 믿고 있는 감각을 말합니다(Myers,1993). 자기효능감 척도는 자살위기에 있는 사람에게 초기개입을 하기 위한 지식과 스킬에 대한 워크숍 참가자의 주관적인 자신감을 측정합니다. 척도는 10가지 항목으로 구성되어 있습니다. 조사 대상자는 각각 항목에 대해 0 '전혀 자신이 없다'부터 10 '매우 자신이 있다' 중 해당되는 숫자 하나에 ○표시를 합니다. 항목의 작성에 관련해서는 자살 초기개입에 필요한 지식과 스킬에 대한 자기효능감에 대해서 워크숍의 내용에 대해 타당한 6가지 항목으로 고안해냈습니다. 그리고 과거 선행연구(Gask et al.,2006)를 참고해서 4가지 항목을 추가하였습니다.

ATTS 오리지널판은 한 스웨덴 연구자가 자살에 대한 태도를 측정하기 위해 오랜 기간 동안 척도개발의 성과를 답습하여 개발하였습니다(Renberg & Jacobsson, 2005). 다른 유사한 척도와 비교했을

---

[*] ATTS일본어판의 사용을 희망하는 경우 필두에 우리나라 사회복지 자살에 대한 태도와 그 영향요인에 관한 원저논문(Kodaka et al., 2012) 저자의 연락처가 기재되어 있기 때문에, 그것을 참조해서 저자에게 연락하시기 바랍니다.

때, 항목의 수는 적고 대규모 임상연구에서도 실시가능성이 높다고 여겨지고 있습니다(Kodaka et al.,2011). '태도'란 사람의 인지·감정·행동에 나타나는 어떤 사상에 대한 평가를 말합니다(Myers, 1993). 이번 워크숍의 효과를 검토할 때 사용한 ATTS일본어판은 오리지널제작자에게 번역허가를 취득하고 일본어로 번역, 자살대책연구 전문가에게 검토, 잠정적 일본어판을 이용하여 시행조사, 역번역(back translation), 오리지널 제작자와의 협의, 최종 가필·수정 과정을 거쳐 개발되었습니다(小高, 2012; Kodaka et al.,2012). ATTS일본어판은 37가지 항목으로 구성되어 있고, 각 항목에 대해 5가지(1'매우 그렇다', 2'그렇다' 3'보통이다', 4'그렇지 않다', 5'전혀 그렇지 않다')로 나눠서 응답을 얻습니다.

마지막으로 기본속성 및 기타 질문항목으로는 성별, 연령, 혼인여부, 학력, 직종과 그 직종에 종사한 년 수, 직업상 혹은 개인적으로 교류가 있던 사람 중 '자살로 사망한 사람'·'자살미수 이력이 있는 사람'·'자살을 원하고 있던 사람'과 관계를 맺었던 경험의 유무, 자살예방에 관한 연수 등에 참가했던 경험 유무를 물었습니다. 그리고 워크숍 실시 후에 진행한 사후조사에서 워크숍에 대한 감상이나 의견은 자유기술을 통해 피드백을 받았습니다.

(4) 윤리적 배려

본 조사연구는 루터학원대학의 윤리심사위원회에서 심의되고 그 승인을 받아 실시되었습니다. 대상자에게는 조사목적, 개인의 권리옹호 및 개인정보 보호에 관련되어 기재된 설명서를 배포하였습니다. 설문지는 무기명작성으로 하였습니다. 워크숍의 효과를 검토하기 위해서는 사전조사와 사후조사에서 동일 응답자의 설문표를, 이름 등의 개인 식별이 가능한 정보 이외의 것을 이용해서 연결시킬 필요가 있었으며, 조사대상자가 설정한 임의의 6자리 ID번호를 사전사후조사표에 기재하도록 하였고, 그것을 가지고 사전·사후의 설문표를 처리했습니다. 대상자는 조사표에 응답하고 제출하는 것으로 조사협력에 동의한 것으로 처리했습니다. 응답하거나 조사표를 제출하는 것은 임의에 맡겼습니다.

(5) 데이터 분석방법

이번 효과검토의 대상이 된 91명의 워크숍 수강자 중 워크숍의 사전·사후 설문지 전 항목에 응답한 71명을 효과검토하기 위한 데이터분석 대상으로 삼았습니다. 분석의 대상 이외로 분류된 사람은 사전조사 시간이 종료된 후에 워크숍에 참가했기 때문에 사전조사에 응답할 수 없었던 한 명, 그리고 임의의 ID번호 기재누락 및 기재 미스로 사전·사후조사로 얻은 데이터를 동일인물의 응답으로 연결할 수 없었던 15명, 자기효력감 척도 및 ATTS일본어판 응답에 누락이나 응답 미스가 있었던 4명입니다.

구체적인 데이터분석으로서 자기효능력 척도 10항목과 ATTS일본어판 37항목의 각 항목 득점을 연수 후는 연수 전과 비교하고 유의한 변화가 있는지를 검토하기 위해 중앙치 차의 검정(윌콕슨 부호 순위 검정)을 실시하였습니다.

마지막으로 워크숍에 대한 의견이나 감상을 분류하고 정리했습니다.

3. 결과

(1) 자기효능감의 변화

워크숍 참가 전과 참가 후의 자기효력감 척도의 모든 항목에 대해서 중앙치에 유의한 차이가 보였습니다(표8-2). 점수가 높을수록 보다 '자신감이 있다는' 것을 의미합니다. 즉, 워크숍에 참가함으로서 자살위기에 있는 사람에게 초기개입에 필요한 지식과 기술에 대해 보다 자신감을 가지게 되었다고 할 수 있습니다.

〈표 8-2〉 워크숍 전후의 자기효능감척도 득점

항목	워크숍 전					워크숍 후					
	m	SD	min	max	med	m	SD	min	max	med	z
자살 고위험자의 경향	4.8	2.5	0	9	5	7.1	1.6	1	10	7	6.41 ***
자살 염려 고위험자의 행동양상	4.8	2.4	0	9	5	6.9	1.6	1	10	7	6.30 ***
경청능력	6.8	2.0	0	10	7	7.9	1.3	5	10	8	4.96 ***
자살 고위험자의 상황파악	6.3	2.0	0	10	7	7.5	1.4	4	10	7	5.25 ***
살아갈 희망 모색	5.7	1.9	0	10	6	6.9	1.6	3	10	7	5.40 ***
사회적 자본에 연결시킴	5.7	2.1	0	10	6	6.9	1.5	3	10	7	4.68 ***
우울증과 자살 염려자의 차이	4.2	2.6	0	10	4	5.8	2.0	2	10	6	4.30 ***
자살위험도 판정	2.6	2.6	0	10	2	4.8	2.5	0	10	5	5.79 ***
자살 염려자 상담	4.9	2.7	0	10	5	6.7	1.9	0	10	7	5.41 ***
자살 염려자 대응	4.2	2.7	0	10	4	7.2	1.6	2	10	7	6.85 ***

윌콕슨 부호부 순위 검정: z치는 절대치
m : 평균치, SD : 표준편차, min : 최소치, max : 최대치, mid : 중앙치
*p<0.05; **p<0.01; ***p<0.001

(2) 자살에 대한 태도의 변화

ATTS일본어판의 37가지 항목 중 22가지 항목에서 워크숍 참가 전과 참가 후에 유의한 차이가 보였습니다(표 8-3). 그 항목은 주로 "자살에 대한 용인", "자살예방이나 고위험자 지원", "자살에 관한 인식(지식)"의 3가지 그룹으로 분류해서 생각해볼 수 있습니다. "자살에 대한 용인"의 정도를 측정하는 항목은 점수가 높을수록(항목 번호 2만 점수가 낮을수록), 자살을 용인하지 않는 태도가 강하다는 것을 의미합니다. 워크숍에 참가함으로써 이전보다 자살을 용인하지 않는 방향으로 태도가 변하였습니다. 다음으로 "자살예방이나 고위험자 지원"에 대한 태도를 측정하는 항목은 자살예방이나 자살 고위험자 지원에 대한 자세에 관련된 것입니다. 항목 번호 1, 30, 37은 점수가 낮을수록, 항목번호 6, 13, 24은 점수가 높을수록 예방이나 지원에 보다 긍정적·적극적인 태도라는 것을 의미합니다. 워크숍에 참가한 후에는 참가전과 비교해서 자살예방이나 고위험자 지원에 대해 보다 긍정적·적극적인 태도로 변하였습니다. 마지막으로 "자살에 관한 인식(지식)"에 대해 측정한 항목에서는 자살이나 자살 표명에 대한 지식의 정도를 평가합니다. 점수가 높을수록(항목번호 8, 31은 점수가 낮을수록) 자살에 대한 인식이 보다 진실에 가깝다는 것을 나타냅니다. 참가 전과 비교해서 워크숍 참가자들이 자살이나 자살표명에 대해 보다 옳은 지식을 습득할 수 있게 되었다는 것을 알 수 있습니다.

〈표 8-3〉 워크숍 전후의 ATTS일본어판 득점

항목	워크숍 전					워크숍 후						항목 분류
	m	SD	min	max	med	m	SD	min	max	med	z	
자살고위험자 상시 원조가능	3.2	1.1	1	5	3	2.3	0.8	1	5	2	5.03	***예방
자살은 정당화 될 수 없다	2.7	1.1	1	5	3	2.2	1.1	1	5	2	3.51	***용인
자살은 가족에게는 최악의 행위	2.7	1.2	1	5	2	2.6	1.3	1	5	2	1.03	
자살은 충동적인 행위	3.6	1.0	1	5	4	3.6	1.2	1	5	4	0.32	
불치병으로부터 달아나는 수단으로서 용인	3.9	0.9	2	5	4	4.1	0.9	2	5	4	1.98	* 용인
자살을 결정했다면 타인이 저지하는 것은 불가능하다	4.2	0.8	2	5	4	4.4	0.7	1	5	5	2.11	* 예방
자살은 복수가 목적이다	4.3	0.7	2	5	4	4.4	0.9	1	5	5	1.08	
자살하는 사람의 대다수는 정신병을 앓고 있다	2.6	1.1	1	5	2	2.3	1.0	1	5	2	2.31	* 인식
자살을 저지하는 것은 인간으로서의 의무이다	2.1	0.9	1	4	2	1.9	0.8	1	4	2	1.73	
자살은 숙고한 뒤의 행위이다	3.1	1.0	1	5	3	2.9	1.0	1	5	3	1.49	
자살에 대한 질문을 한다면 자살이 유발된다	3.8	1.0	1	5	4	4.6	0.5	3	5	5	5.33	***인식
자살한다고 협박하는 사람은 자살하지 않는다	3.8	1.0	1	5	4	4.3	0.9	1	5	5	4.01	***인식
자살을 화제로 삼는 것은 부적절하다	4.1	1.0	1	5	4	4.4	0.9	1	5	5	2.79	** 예방
나에게는 고독이 자살의 이유가 된다	2.9	1.4	1	5	3	2.8	1.4	1	5	2	1.39	
많은 사람들이 자살을 생각해 본 적이 있다	2.4	1.0	1	5	2	2.5	0.9	1	5	2	1.30	
자살이 유일한 해결책인 상황도 있다	3.8	1.0	1	5	4	4.2	0.8	2	5	4	3.16	** 용인
내가 원하지 않아도 자살이 유발될 가능성은 있다	3.7	1.2	1	5	4	3.5	1.3	1	5	4	0.94	
자살로 주위 사람들이 편안해질 것이다	4.1	1.0	1	5	4	4.3	1.0	1	5	5	2.21	* 용인
젊은이들의 자살은 이해할 수가 없다	4.2	1.1	1	5	5	4.3	0.9	1	5	4	0.19	
나는 불치병 때문에 자살을 고려할 가능성도 있다	2.8	1.2	1	5	3	3.1	1.3	1	5	3	2.33	* 용인

항목	워크숍 전					워크숍 후						항목분류
	m	SD	min	max	med	m	SD	min	max	med	z	
한 번 자살을 생각해버리면 자살에 대한 생각을 지울 수 없다	4.0	1.0	2	5	4	4.0	0.9	2	5	4	0.41	
자살할 조짐이 없다	3.7	1.0	1	5	4	4.0	0.9	1	5	4	2.78 **	인식
많은 경우 자살에 대한 화제를 회피한다	2.3	0.9	1	5	2	2.1	0.9	1	4	2	1.01	
자살은 개인의 문제이다	4.3	0.9	1	5	5	4.6	0.7	1	5	5	2.50 *	예방
고독이 자살의 원인이다	2.4	1.0	1	5	2	2.2	1.0	1	5	2	1.87	
자살은 도움을 요청하는 행위이다	1.9	0.7	1	4	2	1.8	0.8	1	5	2	1.18	
왜 목숨을 끊는지 이해할 수 없다	4.0	1.1	1	5	4	4.3	1.0	1	5	5	2.31 *	인식
자살 염려가 있을 때, 가족들이 이해해주지 않는다	3.0	0.9	1	5	3	2.8	0.9	1	5	3	2.30 *	그외
불치병에 걸렸다면 자살이 도움이 될 것이다	3.8	1.1	1	5	4	4.2	0.8	2	5	4	3.20 **	용인
나는 고위험자를 도울 마음이 있다	2.1	0.7	1	5	2	1.7	0.8	1	5	2	3.81 ***	예방
누구나 자살할 가능성은 있다	1.7	0.8	1	5	2	1.5	0.6	1	3	1	2.65 **	인식
나는 불치병 때문에 자살하는 사람을 이해할 수 있다	2.3	0.8	1	5	2	2.5	1.0	1	5	2	2.12 *	용인
자살에 대해 말하는 사람은 자살하지 않는다	3.9	1.0	1	5	4	4.4	0.8	1	5	5	3.69 ***	인식
누구나 자살할 권리가 있다	3.8	1.1	1	5	4	4.1	0.9	2	5	4	3.53 ***	용인
자살은 가까운 곳에 원인이 있다	3.7	1.0	1	5	4	3.7	0.9	2	5	4	0.19	
나는 불치병에 걸렸기 때문에 자살이라는 도움이 필요하다	4.0	1.1	1	5	4	4.2	1.0	1	5	4	1.83	
자살은 예방이 가능하다	1.9	0.7	1	4	2	1.7	0.6	1	3	2	2.60 **	예방

윌콕슨 부호부 순위 검정: z치는 절대치
m : 평균치, SD : 표준편차, min : 최소치, max : 최대치, mid : 중앙치
*p⟨0.05; **p⟨0.01; ***p⟨0.001
항목분류 용인: 자살에 대한 용인; 예방: 자살예방이나 고위험자 지원; 인식: 자살에 관한 인식(지식); 공란: 워크숍 전후를 비교해도 득점의 중앙치에 유의한 차이가 보이지 않았기 때문에 항목분류를 하지 않은 항목
㈜ 각 항목의 문언은 보고용으로 간략화 하였습니다.

(3) 워크숍 참가자의 감상·의견

워크숍에 대한 감상이나 의견은 "워크숍 전반", "내용, 진행·학습 방법"(11개 소분류), "기타"로 크게 분류되어 있습니다. 전체적으로 긍정적인 피드백이 많았고, 향후 워크숍의 전개에 대해 검토가 요구되거나 혹은 검토가 필요한 의견도 있었습니다. 상세한 내용은 <표 8-4>를 참조하시기 바랍니다(자유기술로 응답을 얻었기 때문에 표현에 차이는 있지만, 유사한 감상·의견은 집약해서 정리했습니다. 감상·의견의 문언은 본서용으로 알기 쉽게 가필수정(주로 조사의 가필수정)한 부분도 있습니다).

〈표 8-4〉 워크숍참가자의 감상·의견

긍정적인 사항	검토가 요구되는(필요한) 사항
■ 워크숍 전반 ·귀중한 체험이었고, 수강할 수 있어서 좋았다 ·표준화된 프로그램이며, 지금 당장 사용할 수 있는 실천적인 내용이었다 ·준비가 충분히 잘 되어있었다 ·체계적으로 정리된 구성이었다 ·내용이 흥미로웠다 ·정중하고 배려심이 있다 ·실천에 대해 되돌아볼 수 있었다 ·자살문제 이외에도 활용할 수 있는 면담스킬을 습득할 수 있었다 ·많은 사람들이 수강받기를 바란다(특히 비전문가인 사람) ·이 워크숍이 보급된다면 자살자수도 감소할 수 있을지도 모르겠다 ·앞으로도 워크숍을 계속해주기를 바란다	
■ 내용, 진행·학습방법 * 특히 인상에 남는 내용 ·(자살위기에 있는 사람이 보내는) 신호의 종류는 다양하며, 항상 이를 놓치지 않도록 의식할 필요가 있다	

긍정적인 사항	검토가 요구되는(필요한) 사항
·(그룹토의를 통해서) 신호를 상상하기 어려운 연령대도 있으며, 자신은 알아차리지 못했던 신호도 있었고, 중요한 것에만 신경을 쓰고 있어서 그 외의 것을 놓쳐버릴 수도 있다는 것을 알았다 ·자살 고위험자의 심경에 대응할 수 있는 힌트를 얻었다 ·자살 고위험자와 관계를 맺을 때는 과잉반응하거나 말문이 막히지 않도록(진정히) 대응하는 것이 중요하며, 자신의 생각을 강요하지 않고 공감하는 것이 중요하다 ·자살의 위험성을 측정하는 것의 중요성 ·혼자서 문제를 안고 있는 것이 아니라, 네트워크적인 지원이 필요하다 ·초기개입의 흐름의 정리와 구체적인 개입 방법이나 스킬의 습득 ·자살 의지 확인과 방법 ·수용하고 공감하는 것뿐만 아니라 그 다음의 대응에 대해 알고 있던 것이지만, 다시 확인할 수 있어서 좋았다	
* 그룹토의 작업 ·자신의 생각을 정리하거나 새로운 것을 얻을 수 있었다 ·타 직종이나 같은 직종의 종사자라도 다른 직장 사람들과 그룹 작업을 함으로써 의견 차이나 공통점을 알 수 있어서 공부가 되었다	·작업시간을 더 길게 가졌으면 한다 ·과제가 막연하다 ·과제가 여러 가지일 경우 대처해야할 과제 하나를 고르고 싶다
* 역할극 연습 ·의미가 있었다 ·객관적으로 자신의 관여 방법이나 태도를 되돌아볼 수 있었다 ·실제 상황이라고 생각하면서 듣는 것이 중요하다고 느꼈다 ·(자살 고위험자)역을 맡은 강사가 잘해줬다 ·(역할극 후에 역할에 몰두한 강사의) 소감을 들을 수 있어서 좋았다	·시간이 더 필요하다 ·사례의 개요를 자료로 만들어주면 좋겠다
* 자살의 의지·계획을 구체적으로 묻는 연습 ·연습을 하기 전 예상보다 원활하게 할 수 있었다 ·소리 내면서 연습할 수 있어서 좋았다 ·(모두가 함께 연습함으로써) 묻는 방법(표현방법)이 다양해서 참고가 되었다	

긍정적인 사항	검토가 요구되는(필요한) 사항
* 워크숍 구조 ·강의뿐만 아니라 세미나도 있어서 좋았다 ·참가형 워크숍이라서 더 빠르게 이해할 수 있었다 ·(워크숍 도중에) 생각할 수 있는 것(작업)이 좋았고, 생각을 정리할 수 있었다 ·요점이 명확했다 ·('히코우키쿠마'(기초적 카운슬링기술 습득을 위해 본 연구회가 개발한 어조 맞추기의)예가 있어서 알기 쉬웠다 ·강의와 역할극의 균형, DVD·텍스트·롤 플레이의 균형이 좋았다 ·초기개입 프로세스를 색의 변화로 표현했던 방법은 활용도가 높아 보인다 ·'히코우키쿠마'가 알기 쉬워 좋았다	·(이 워크숍의 흐름대로라면 고위험자에게) 관계하는 것에 순서가 있는 것처럼 느껴지지 않을까 싶다
* 교재 ·칼라, 콤팩트, 귀엽다, 노력한 흔적이 있다	·설명 스킬이 조금 더 필요하다
* 워크숍의 길이·시간 배분 ·휴식시간이 충분했고 쿨다운 할 수 있어서 좋았다	·부족하다, 여유를 가지고 ·사전에 휴식시간을 알고 싶다 ·시간 내에 종료해주기를 바란다 ·시간배분에 대해 재검토하기 바란다, 자기소개 시간이 길다
* 강사의 진행 ·좋았다	·진행이 빠른 부분이 있었다 ·강사용 교재를 낭독하는 것은 개선해주길 바란다
* 환경정비 ·간식을 신경써줘서 좋았다	·워크숍 시작 부분에 긴장을 풀어주려는 노력이 필요하다 ·DVD의 음량이 작다
* 더 깊게 학습하고 싶은 내용	·자살에 이르게 되는 계기에 대해 더욱 자세하게 다뤄주기를 바란다 ·(대응 시의) 마음가짐 ·생명지킴이로서의 위험성이나 한계 ·공감적 반응에 대해 더욱 자세하게 다뤄주기를 바란다

긍정적인 사항	검토가 요구되는(필요한) 사항
* 계속연수 및 전문가에 한정된 내용·연수에 대한 희망, 기타	·팔로우업 연수나 스킬 업 연수를 실시해주기를 바란다 ·전문가를 대상으로 하는 내용이 있으면 좋겠다 ·전문성이나 직종별로 대상을 좁힌 워크숍 (을 희망한다) ·(워크숍은) 현장에서 취급되는 문제를 충분히 충족시킬 수 있는 설정되어 있지 않다 ·실제로 상담에 찾아온 사람의 상황은 더욱 복잡하다, 그러한 사례를 검토하는 것도 포함해주기를 바란다 ·인격장애, 알코올 및 약물 의존증이 있는 사람을 (깊게 이해하고 싶다) ·(자살 고위험자는 자신에 대해) 타인들이 '불쌍하다'고 생각하면 거리를 두려고 하는데, 이 워크숍은 그럴 위험성이 있을 것 같다
■ 워크숍참가 전후의 개인적 경험이나 의식의 변화 * 워크숍참가 전의 개인적 경험 ·워크숍 수강 전에는 고위험자에게 대응할 때 쩔쩔매거나 당황하거나 자살의 의지를 묻는 것을 망설였다 ·(자살 고위험자를) 대응할 때 '자살예방'의식이 없었을지도 모른다 ·(자살 고위험자를 지원하는 상황에서) 자신의 경험에 의거해서 대응하고 있었다	
* 워크숍참가 전후의 개인적 경험이나 의식 변화 ·대응에 자신감을 갖게 되었다 ·적극적으로 관여할 수 있을 것 같다 ·불안감이 감소되었다 ·자살에 대한 오해를 풀 수 있었다 ·혼자서 안지 말고 많은 사람들이 함께 지원하는 것의 중요성을 알게 되어서 마음이 편안해졌다 ·불치병으로 인한 자살이나 자살의 권리 등에 대한 가치관이나 윤리에 대해 깊게 생각해보고 싶다	·실제로 대응할 수 있을지 모르겠다 ·경험을 쌓지 않으면 안 된다 ·단기간의 워크숍으로 스킬을 습득할 수 있었는지 의문이다

긍정적인 사항	검토가 요구되는(필요한) 사항
* 앞으로의 포부 ·실천에 활용하고 싶다 ·직장에 공유하고 싶다 ·훈련을 더 받고 싶다 ·리더양성연수를 받고 싶다	
■ 기타(구체적인 질문, 참가 동기 등) (생략)	

주1: 각 피드백의 ( )안에는 실제 코멘트를 보조설명하기 위해 추가 기입 했습니다.
주2: 유사한 의견은 하나로 집약했기 때문에 여기서 게재된 피드백은 복수의 인원이 응답했
　　을 가능성이 있습니다.

4. 고찰

(1) 워크숍의 독자성

　일본에서 지금까지 실시되어온 자살예방 대책을 위한 연수 프로그램의 대부분은 카운슬링의 기초에 대해 학습하는 것이 연수내용의 중심이었습니다(今井,2007; 稻村,2007; 加賀他,2011; 小島他, 2011; 小嶋2009). 한편 생명지킴이로서의 역할을 다하기 위해서는 자살 고위험자를 판별하고 그들을 치료나 지원으로 이어지게 할 수 있는 적절한 지식이나 기술을 습득할 필요가 있습니다(Issac et al., 2009). 본 워크숍은 경청, 수용·공감 등의 카운슬링기술이나 자살예방에 관한 기초지식 습득은 물론, 치료나 지원(여기서 말하는 지원이란 공공기관이나 전문가의 지원뿐만이 아니라 가족이나 친구, 지인, 이웃, 자원봉사 등, 비형식적인 관계에서 얻을 수 있는 지원도 포함합니다)으로 이어지도록 하기 위한 지식이나 기술을 종합적으로 습득할 것을 목적으로 하고 있습니다. 그리고 그 내용이나 학습방법은 우리나라의

정신보건의료복지의 실정이나 과거 선행연구에서 밝혀진 근거를 토대로 구축하였습니다. 그래서 본 워크숍은 일본의 생명지킴이 양성을 위한 연수 프로그램으로서는 선구적인 것이라고 생각합니다.

(2) 지식·기술이 불충분한 상태에서 고위험자에 대한 대응

이번 워크숍의 효과 검토에 협력해주신 조사 대상자 중 직업상 84.1%(기수는 55.6%)의 분들이 자살기수·미수·생각 중 어느 하나에 해당되는 분들과 관여되어 있었습니다. 그런데 자살대책에 관한 연수나 강연회에 참가한 적이 있는 사람은 전체의 56.3%에 불과했습니다. 자살에 관한 지식이나 기술을 습득할 수 있는 교육을 받을 기회가 충분하지 못한 가운데, 평소의 임상현장에서는 자살 위험이 높은 사람을 대응할 수밖에 없다는 것이 현 상황이라는 것을 알 수 있었습니다. 유럽과 미국에서도 이 점이 과제로 지적되어 있습니다 (Dexter-Mazza et al.,2003; Feldman & Freedenthal, 2006). 우리나라에서는 연수의사를 대상으로 하는 자살예방교육에 대한 연구결과(秋山他, 2009; 鈴木他,2009; 藤澤他, 2011)가 있지만, 향후에는 본 워크숍처럼 현임자 연수는 물론 보건·복지영역의 전문가 양성과정에서도 자살대책에 관련된 교육을 적극적으로 도입할 필요가 있지 않을까 싶습니다.

(3) 워크숍 참가로 인한 자기효력감의 개선

본 연구회에서 개발한 워크숍은 자살위기에 놓여 있는 사람에게 초기개입을 하기 위해 필요한 지식과 기술에 대한 자기효력감을 높이는 것에 효과적이라는 점이 알려졌습니다. 자기효능감이 높아지면 보다 바람직한 업무 수행으로 이어진다는 것은 여러 가지 연수를 통해서 실증되어 있습니다(Salsa & Cannon-Bowers,2001). 자살대책에 관련된 임상업무에 있어서도, 지원자가 자살 고위험자에게 적절한 지원을 하지 못하지 않을까라는 불안을 가지면 그것이 고위험자 지원에 장벽이 된다는 연구결과가 나왔습니다(Valente & Saunders, 2004). 그러므로 자살 고위험자를 지원하기 위한 지식이나 기술에 대한 자신감을 갖는 것은 고위험자를 효과적으로 지원하기 위해서라도 반드시 필요한 요소라고 할 수 있습니다. 본 워크숍에 참가함으로써 자살위기에 놓여 있는 사람에게 초기개입하기 위한 지식과 기술에 대한 자기효능감이 높아진다면, 현장에서의 임상업무나 일상생활에서 자살 고위험자를 만났을 때 이전보다 적극적으로 대응할 수 있을 것으로 기대됩니다.

(4) 워크숍 참가로 인한 태도 개선

자살에 대한 태도를 보면, 워크숍 참가 전과 비교했을 때 참가 후의 조사대상자가 자살을 용인하지 않으려는 태도가 강해졌습니다. 또한, 자살예방이나 고위험자 지원에 보다 긍정적인 태도를 갖게 되었습니다. 그리고 자살에 관해 보다 올바른 인식을 얻을 수 있었다는 것을 알 수 있었습니다. 자살 고위험자를 지원할 때 지원자의 자살에 대한 태도가 고위험자를 지원하는 행동에 영향을 미친다고 합니다(Bagley & Ramsay, 1989; Samuelsson et al., 1997). 예를 들어, 자살을 용인하는 태도가 강한 지원자일수록 자살 고위험자에게 카운슬링

하는 것이 효과적이지 않다는 연구결과도 있습니다(Neimeyer et al., 2001). 즉, 워크숍 참가로 인해 자살을 용인하지 않는 태도가 강해졌다는 것은 참가자가 보다 효과적으로 고위험자 지원이 가능해졌다는 가능성을 의미합니다. 또 자살예방이나 고위험자 지원에 대한 긍정적인 태도나 자살에 대한 옳은 인식을 갖게 되었다는 것은 이전보다 적극적이고 적절하게 고위험자를 지원할 수 있게 되었다는 것을 기대할 수 있었습니다.

또 의사나 간호사를 대상으로 하는 선행연구에 따르면, 자살 고위험 환자에 대한 분노를 표출하는 등의 부정적인 태도를 취하는 것은 고위험자에 대한 치료적이지 않은 대응과 관계하고 있었습니다(Demirkiran & Eskin, 2006). 즉, 고위험자에게 치료 효과가 있는 지원으로 이어질 수 있도록 자살에 대한 '바람직한' 태도의 획득이 중요한 것 같습니다. 본 워크숍 참가자에게 볼 수 있던 태도변화는 장래적인 효과적 자살예방·대책 실천으로 이어질 가능성이 있기 때문에 의의가 매우 깊다고 생각합니다.

한편, 워크숍 전후로 유의한 변화가 없었던 태도 항목도 있었습니다. 그 항목들은 워크숍 참가 전부터 생명지킴이로서 '바람직하다'고 상정되는 태도를 가지고 있었기 때문이라고 생각됩니다. 본 연구의 대상자는 자발적으로 워크숍에 참가한 사람이 많으며 경험 연수가 비교적 긴 대인원조 전문가였습니다. 그러한 배경을 가지고 있던 대상자는 워크숍 참가 전부터 이미 어떠한 '바람직한' 태도를 갖추고 있었을지 모릅니다. 향후에는 대인원조 전문가뿐만 아니라 민생·아동위원이나 자원봉사자 등의 지역 내의 생명지킴이로서 중요한 역할을 맡을 것으로 기대되는 대인원조 전문가 이외의 사람들을 중심으로 하는 워크숍을 개최하거나 워크숍 참가에 따른 태도 변화도 검토해갈 필요가 있을 것입니다.

(5) 워크숍참가자의 감상·의견

워크숍에 관한 피드백의 대다수는 긍정적이고 워크숍에 대해 높이 평가하는 것이었습니다. 반면 향후 워크숍 보급을 위해서 검토가 요구되거나 혹은 검토가 필요한 피드백도 얻을 수 있었습니다.

"(이 워크숍의 흐름이라면 고위험자에 대한) 관여 순서가 있는 것처럼 느껴지지 않을까", "진행이 빠를 때도 있다", "강사용 교재를 읽기만 하는 것은 개선해주기를 바란다"에 대해서는 리더 양성연수 때, 인정 강사를 목표로 하는 사람이라면 특히 유의하도록 할 필요가 있을 것입니다. 특히 고위험자와의 관계의 순서에 대해서는 워크숍 여기저기에서 관여 순서가 있는 것은 아니라는 것을 강조하려 했지만, 참가자가 반복해서 의식할 수 있도록 강화해야 할지도 모르겠습니다. 게다가 "워크숍 도입으로 긴장을 완화시키려는 노력이 필요하다"라는 의견에 대해서는 현행 워크숍에서 사용되고 있는 자기소개 이외에 분위기 조성 프로그램(ice break)을 실시하는 것에 대해서도 검토해보려고 합니다.

시간부족에 대한 의견도 몇 가지 보였습니다. 워크숍 개발에 맞춰 연구회에서는 워크숍 실시 시간 수에 대해서 깊게 논의하였습니다. 본 워크숍에서 제공하는 내용량은 2일 이상의 연수에 해당하는 것일 지도 모릅니다. 한편으로 하루하루 늘 바쁜 업무에 시달리는 대인원조전문가에게는 2일 이상의 연수에 참가하는 것이 쉬운 일이 아니라고 생각되어 연수기간을 1일로 정한 경위가 있습니다. 향후 워크숍을 지속적으로 모니터링해서 2일 이상의 연수가 타당하다고 연구회에서 판단된다면, 팔로우업 연수 등의 추가적인 연수의 실시도 검토하도록 하겠습니다.

그리고 더 깊게 학습하고 싶다는 내용이나 팔로우업 연수, 스킬업 연수, 전문가 대상의 연수 등을 실시해달라는 요청도 있었습니다. 위와 같은 요청은 본 워크숍 참가로 인해 자살대책에 대한 관심이 깊어졌고 보다 깊은 연찬(研鑽)을 쌓고 싶다는 긍정적인 자세의 표현일 것입니다. 새로운 연수프로그램 개발에 대해서는 향후 연구회의 과제로 삼는 것과 동시에, 연구회 이외에서 개최되는 연수에서 이러한 요구를 충족할 만한 프로그램이 개발된다면 그 정보를 제공하고자 합니다.

마지막으로 워크숍에서 학습한 것을 실전에서 활용하는 것에 대해 불안의 목소리가 나오기도 했습니다. 이번 워크숍의 효과검토에서는 워크숍 직전과 직후의 자기효능감 및 자살에 대한 태도에 대해 비교분석을 하였습니다. 참가자가 일상의 임상 업무에 돌아갔을 때, 현장에서 매일 어느 정도 워크숍 참가가 도움이 되었는지에 대해서는 검토하지 않았습니다. 향후에는 워크숍 참가 후의 자살 고위험자 지원의 실태에 대한 추적조사를 행할 필요가 있을 것입니다.

(6) 조사의 과제

본장에서 소개한 조사연구에는 몇 가지 한계가 있습니다. 가장 먼저 대상자가 71명밖에 안 되는 소수인원이라는 점입니다. 두 번째로 워크숍 참가에 의해 얻을 수 있던 효과가 얼마동안 지속될 수 있는지 명확하지 않다는 점입니다. 더욱이 워크숍에 참가하지 않은 사람과도 비교검토가 실시되지 않았습니다. 향후에는 대상자의 확대나 추적조사의 실시, RCT 등의 보다 과학적인 연구기법을 이용한 워크숍의 효과검토가 필요하다고 생각합니다. 물론, 워크숍 참가자들로부터 워크숍이 "도움이 되었다"라는 의견을 많이 받았지만, 전술한 것처럼 현장에서 자살 고위험자를 지원하는 중에 워크숍 참가를 통해 지원행동이 개선되었는지는 불명확합니다. 워크숍 참가 후의 지원 실태에 관해서도 주목해야 한다고 생각합니다.

(7) 마지막으로

자살위기 초기개입 스킬 워크숍은 자살위기에 있는 사람에게 초기개입할 때, 지식과 기술에 대한 자기효능감을 높여줌과 동시에 자살예방과 대책에 대처하기 위한 '바람직한' 태도를 기르는 데 어느 정도 효과가 있다는 것을 알 수 있었습니다. 또한, 워크숍 참가로 인해 참가자의 심신상의 건강을 해치거나 임상 업무에 지장을 미치는 등의 문제는 보고되지 않았습니다. 참가자로부터는 수많은 긍정적 피드백을 받았고 이를 종합적으로 평가하면, 워크숍의 실시 가능성이 높다는 것을 알 수 있었습니다. 향후에는 워크숍의 보급을 목표로 하고, 보다 과학적인 효과검증을 위한 연구를 계속해나갈 필요가 있을 것입니다.

<추가>
　본장은 "小高真美, 福島喜代子, 岡田澄恵, 山田素朋子, 平野みぎわ, 島津賢子, 自殺危機初期介入スキル研究会「自殺危機初期介入スキルワークショップの開発とその効果に関する予備的研究」『自殺予防と危機介入』, 2011年, 31号, pp.33-42"를 수정보완한 것입니다.

　본 연구는 루터학원대학 학내연구조성장려금의 도움을 받아 실시되었습니다.
　조사에 협조해주신 모든 분들께 감사의 뜻을 표합니다.

[인용문헌]────────────

秋山恵子, 大山寧寧, 河西千秋他(2012)「初期研修医を対象としたうつ病診療・自殺念慮対応研修の概要と実施報告」『新奈川医学会雑誌』39、303-304.

Bagley, Ch. & Ramsay, R. (1989) Attitudes toward suicide, religious values and suicidal behavior : Evidence from a community survey. Eds. R.F.W. Diekstra, R. Maris, S. Platt, et al. : Suicide and Its Prevention : The Role of Attitude and Limitation, 78-90, Leiden, E.J. Brill.

Cerel, J., Padgett, J.H., Robbins, V. et al. (2012) A state's approach to suicide prevention awareness : gatekeeper training in Kentucky. Journal of Evidence-Based Social Work. 9, 283-92.

Cross, W., Matthieu, M.M., Lezine, D, et al. (2010) Does a brief suicide prevention gatekeeper training program enhance observed skills? Crisis, 31, 149-59.

Demirkiran, F. & Eskin, M. (2006) Therapeutic and nontherapeutic reactions in a group of nurses and doctors in Turkey to patients who have attempted suicide. Social Behavior and Personality, 34, 891-906.

Dexter-Mazza, E.T. & Freeman, K.A. (2003) Graduate Training and Treetment of Suicidal Clients : the Students' Perspective. Suicide and Life-Threatening behavior, 33, 211-218.

Feldamn, B.N. & Freedenthal, S. (2006) Social Work Education in Suicide Intervention and Prevention : an Unmet Need? Suicide and Life-Threatening Behavior, 36, 467-480.

藤澤大介, 鈴木友理子、加藤隆弘他(2011)「初期臨床研修医における、患者の自殺行動への対処スキル」『精神神経学雑誌』特別、S-217.

Gask, L., Dixon, C., Morriss, R. et al (2006) Evaluating STORM skills training for managing people at risk of suicide. Journal of Advanced Nursing, 54, 739-750.

今井博泰(2007)「江別市内の世親保健福祉関連職種を対象とした研修会開催の報告」『帰途方圏生活福祉研究年報』31、61-66, 2007.

稲村茂(2007)「うつ病に焦点を当てた自殺予防のためのロールプレイ──グループという仕組みから」『集団精神療法』23, 34-38.

Isaac, M., Elias, B., Katz, L.Y. et al. (2009) Gatekeeper training as a preventative intervention for suicide : a systematic review. Canadian Journal of Psychiatry, 54, 260-268.

Johnson, L.A, & Parsons, M.E. (2012) Adolescent suicide prevention in a school setting : use of a gatekeeper program. NASN School Nurse, 27, 312-7.

加賀安子、今野和恵、上野峰他 (2011)「鶴岡市自殺予防対策 ゲートキーパー研修の報告 庁内各部門との連携をめざして」『山形県公衆衛生学会講演集』37回、71-72.

Kato, T. Suzuki, Y., Sato, R., et al (2010) Development of 2-hour suicide intervention program among medical residents : First pilot trial. Psychiatry and Clinical Neurosciences, 64, 531-540.

小嶋秀幹(2009)「民生委員・児童委員に対する心の相談員研修の取り組み(特集 生きる力──自殺を防ぐには)」『月刊福祉』92、31-34.

小島勝、千葉由紀子、杉橋桃子他(2011)「相談・支援者のための『自殺予防ゲートキーパー』研修の取り組み」『北海道立精神保健福祉センター年』43、55-58.

小高真美(2012)「ソーシャルワーカーの自殺に対する態度と自殺予防」『ソーシャルワーク研究』38、17-24.

Kodaka M ., Inagaki, M., Poštuvan V. et al (2012) Exploration of factors associated with social worker attitudes toward suicide. International Journal of Psychiatry, Advance online publication.

Kodaka M., Poštuvan V., Inagaki M., et al. (2011) A systematic review of scales that measure attitudes toward suicide. International Journal of Social Psychiatry, 57, 338-361.

国立がん研究センターがん対策情報センター(2011)「人口動態統計によるがん死亡データ(1958年～2011年)」 http://ganjoho.ncc.go.jp/professional/staticstics/statistics.html.

本橋豊(2009)「秋田県における総合的な自殺予防対策の推進」『月刊福祉』92、25-30.

宮川治美、兒玉幸子、田島美幸他(2010)「地域医療機関での自殺予防対策『心のケアナース養成研修会』」『精神科』17、660-668.

Myers, D.G (1993) Social Psychology : Fourth Edition. USA, McGraw-Hill.

内閣府(2012)「2012年版 自殺対策白書」 http://www8.cao.go.jp/jisatsutaisaku/whitepaper/w-2011/html/honpen/part1/s1_1_03.html.

Neimeyer, R. A., Fortner, B, & Melby, D. (2001) Personal and professional factors and suicide intervention skills. Suicide and Life-Threatening Behavior, 31, 71-82.

Renberg, E.S & Jacobsson, L. (2003) Development of a questionnaire on attitudes towards suicide (ATTS) and its application in a Swedish population. Suicide and Life-Threatening Behavior, 33, 52-64.

Robinson, J., Cox, G., Malone, A, et al. (2012) Systematic review of school-based interventions aimed at preventing, treating, and responding to suicide-related behavior in young people. Crisis, Advance Online publication.

Rogers, P.L., Sudak, H.S., Silverman, M.M. et al. (2007) Evidence-based practices project for suicide prevention. Suicide and Life-Threatening Behavior, 37, 154-164.

Salas E. & Cannon-Bowers, J. A. (2001) Annual Review of Psychology, 52, 471-499.

Samuelssonm M., Sunbring, Y., Winell, I. et al. (1997) Nurses' attitudes to attempted suicide patients. Scandinavian Journal of Caring Sciences, 11, 232-237.

Smith, A.R., Silva, C., Convington, D.W. et al. (2013) An assessment of suicide-related knowledge and skills among health professionals. Health Psychology, Advance online publication.

鈴木友理子、加藤隆弘、佐藤玲子他(2009)「臨床研修医を対象とした、自殺対応スキルおよび偏見除去に関する研修法の効果に関するパイロット研修」『精神神経学雑誌』特別、S-310.

トーガーソン、D・J＆トーガーソン、C・J(原田隆之、大島巌、津富宏、上別府圭子監訳)(2010)『ランダム化比較試験(RCT)の設計──ヒューマンサービス、社会科学領域における活用のために』日本評論社.

Tompkins, T.L., Witt, J. & Abraibesh, N.(2010) Does a gatekeeper suicide prevention program work in a school setting? Evaluating training outcome and moderators of effectiveness. Suicide and Life-Threatening Behavior. 40, 506-15.

Tsai, W.P,. Lin, L.Y., Chang, H.C. et al. (2011) The effects of the Gatekeeper Suicide-Awareness Program for nursing personnel. Perspectives in Psychiatric Care. 47, 117-25.

Valente, S. & Saunders, J.M. (2004) Barriers to suicide risk management in clinical practice : a national survey of oncology nurses. Issues in Mental Health Nursing, 25, 629-648.

Wyman, P.A., Brown, C.H., Inman, J.et al. (2008) Randomized trial of a gatekeeper program for suicide prevention : 1-year impact on secondary school staff. Journal of Consulting and Clinical Psychology, 76, 104-115.

Appendix 자살위기 생명지킴이 자기효능감 척도

이하의 문장에 대해 당신은 얼마나 자신이 있습니까? '0'(전혀 자신이 없다)부터 '10'
(굉장히 자신이 있다) 중 해당하는 숫자 하나에 ○표 해주시기 바랍니다. 3~10번 설문항목
은 당신이 자살을 생각하는 사람과 관여되어 있다는 것을 상정해서 답해주시기 바랍니다.

1. 어떠한 사람이 자살할 확률이 높은지 알고 있다.
   전혀 자신이 없다　　　　　　　　　　　　　　굉장히 자신이 있다
   　　　　0　1　2　3　4　5　6　7　8　9　10

2. 자살을 생각하는 사람이 어떠한 모습을 보이고 행동을 하는지 알고 있다.
   전혀 자신이 없다　　　　　　　　　　　　　　굉장히 자신이 있다
   　　　　0　1　2　3　4　5　6　7　8　9　10

3. 자살 위기에 있는 사람이 자신과 다른 사고방식을 가진 사람이라도 그 사람의 이야기
   에 귀를 기울인다.
   전혀 자신이 없다　　　　　　　　　　　　　　굉장히 자신이 있다
   　　　　0　1　2　3　4　5　6　7　8　9　10

4. 자살을 생각하는 사람이 놓여있는 상황을 파악한다.
   전혀 자신이 없다　　　　　　　　　　　　　　굉장히 자신이 있다
   　　　　0　1　2　3　4　5　6　7　8　9　10

5. 자살을 생각하는 사람이 살아가는 희망을 갖도록 함께 찾는다.
   전혀 자신이 없다　　　　　　　　　　　　　　굉장히 자신이 있다
   　　　　0　1　2　3　4　5　6　7　8　9　10

6. 자살을 생각하는 사람에게 적절한 도움을 줄 수 있는 사람이나 장소에 연결해준다.
   전혀 자신이 없다　　　　　　　　　　　　　　굉장히 자신이 있다
   　　　　0　1　2　3　4　5　6　7　8　9　10

7. 우울증 증상이 가벼운 사람과 자살을 생각하고 있는 사람과의 차이를 판별한다.
   전혀 자신이 없다
   　　　　　　　　　　　　　　　　　　　　　굉장히 자신이 있다
   　　　　0　1　2　3　4　5　6　7　8　9　10

8. 어느 정도 자살 위험도가 높은지 그 사람과 한 번만 이야기를 나누면 판단 할 수 있다.
   전혀 자신이 없다　　　　　　　　　　　　　　굉장히 자신이 있다
   　　　　0　1　2　3　4　5　6　7　8　9　10

9. 자신의 지식이나 기술을 활용해서 자살을 생각하는 사람의 상담에 응한다.
   전혀 자신이 없다　　　　　　　　　　　　　　굉장히 자신이 있다
   　　　　0　1　2　3　4　5　6　7　8　9　10

10. "자살을 생각하고 있다"는 고백을 받았을 때, 어떻게 대응하면 좋은지 알고 있다.
    전혀 자신이 없다　　　　　　　　　　　　　　굉장히 자신이 있다
    　　　　0　1　2　3　4　5　6　7　8　9　10

*본 척도의 무단배포·복제를 금함

자살위기 개입의 실제

● ● ●

본서의 마무리 단계로 들어가서, 2012년 자살자수가 3만 명을 하회한 것으로 알려졌습니다. 전국적으로 다양한 자살예방 대책이 실시되어온 성과가 나타나고, 1998년부터 14년간 이어져온 '자살자수 3만 명 이상'의 상태에서 벗어날 수 있었는지 모릅니다. 그래도 일본의 자살사망률이 선진국 중에서 매우 높다는 사실에는 변함이 없고, 1997년 전까지의 자살자수가 2만5000명 정도였다는 것과 비교해도 자살자의 수는 아직 높은 수준입니다. 향후에도 지속적으로 자살예방 대책을 진행하는 것이 요망될 것입니다.

본서의 집필에 이르기까지 많은 분들이 도움을 주셨습니다. 자살위기 초기개입 스킬 연구회의 설립부터 함께 해주시고 본서에도 문장을 투고해주신 오카다 스미에(岡田澄恵)씨와 오다카 마미(小高真美)씨의 공헌은 이루 헤아릴 수 없습니다. 워크숍을 만들 때는, 야마다 스호코(山田素朋子)씨, 히라노 미기와(平野みぎわ)씨, 시마즈 다카코(島津賢子)씨가 특히 힘써 주셨습니다. 그리고 고가 토모코(古賀知子)씨, 사토 마나미(佐藤まなみ)씨, 가와구치 마치(川口真知)씨, 노무라 키미코(野村紀美子)씨, 마루야마 겐이치(村山賢一)씨, 오하라

마치코(小原眞知子)씨, 기요나가 후미코(喜代永文子)씨, 게즈카 가즈히데(毛塚和英)씨, 무카이 쓰토무(向井勉)씨는 본 워크숍을 제공하는데 없어서는 안 될 역할을 해주셨습니다.

연구회 개최는 시라이 사치코(白井幸子) 루터학원대학 명예교수, 가와니시 치아키(河西千秋)요코하마시립대학 보건관리센터 교수(현, 삿포로의과대학 교수)등의 도움이 있었기 때문에 가능하였습니다. 그리고 학내연구 장려금을 제공해주고, 또 본 활동을 지원해준 루터학원대학, 사무업무를 도와주신 루터학원대학 커뮤니티 인재양성센터에 감사의 마음을 전합니다.

워크숍 제공을 시작한 당초부터 저희들의 활동의 의의를 이해하고 보급에 노력을 해주셨던 분들은 각 지자체 및 기관의 자살대책 담당자들입니다. 특히 오카자키 나오토(岡崎直人)씨, 야마가타 노리코(山縣紀子)씨, 나카미야 구미코(中宮久美子)씨, 후쿠무라 가즈미(福村和美)씨, 야마시타 신지(山下眞史)씨, 다카시 후미코(高品扶美子)씨, 스기키 유미코(杉木由美子)씨, 마스다 사유리(増田さゆり)씨, 와타나베 게이코(渡辺圭子)씨, 마에다 사치코(前田幸子)씨, 마쓰우라 히토미(松浦仁美)씨 등이 내용에 대한 소중한 피드백을 주신 덕분에 워크숍 개선에 도움이 되었습니다. 그 후에도 각지의 지자체에서 새롭게 담당을 해주실 분들의 이해 덕분에 본 워크숍은 전국적으로 보급되고 있습니다. 여기에서 모든 분의 성함을 게재할 수 없다는 것이 죄송스러울 뿐입니다.

개최 이력이 있는 도도부현은 홋카이도(北海道), 미야기현(宮城県), 후쿠시마현(福島県), 군마현(群馬県), 사이타마현(埼玉県), 치바

현(千葉県), 도쿄부(東京都), 가나가와시(神奈川県), 니가타현(新潟県), 도야마현(富山県), 이시카와현(石川県), 아이치현(愛知県), 미에현(三重県), 오사카부(大阪府), 효고현(兵庫県), 나라현(奈良県), 와카야마현(和歌山県), 히로시마현(広島県), 야마구치현(山口県), 도쿠시마현(徳島県), 에히메현(愛媛県), 고치현(高知県), 나가사키현(長崎県), 구마모토현(熊本県)으로 도도부현 중 절반 이상에서 개최되었습니다. 또한, 루터학원대학에서는 누구나 참여 가능한 형태로 개최하고 있는 워크숍에 상기 이외의 거의 대부분의 현에서 참가를 받고 있습니다.

도도부현 차원에서는 군마현(群馬県), 니가타현(新潟県), 이시카와현(石川県), 오사카부(大阪府), 야마구치현(山口県)가 눈에 띄게 많이 개최했습니다. 이들 도도부현에서는 지역의 주요인물인 분들(보건사, 정신보건복지 상담원 등)이 높은 비율로 우리 워크숍을 수강하고 계십니다. 또 야마가타현 가이난(和歌山県海南) 보건소의 관할지역, 동 오사카시(東大阪市), 이와키시(いわき市), 슈난시(周南市)에서의 개최횟수가 굉장히 많았고, 지역의 주요인물들이 높은 비율로 수강을 받고 있습니다. 인구 규모가 작은 곳 중에는 인구 8천 명이 조금 넘는 유자와정(湯沢町), 약 2만 명의 히카리시(光市), 혹은 약 4만 명의 다무라시(田村市)에서 여러 번 개최되었습니다.

특징 있는 활동으로 니가타현(新潟県)에서는 약사회가, 사이타마시(さいたま市)에서는 교육위원회가 조직적으로 본 워크숍의 실시 추진을 위한 노력을 펼쳐주고 있습니다. 이 일은 정신보건복지의료의 대인원조 종사자에 한하지 않고 다른 전문가(약사, 학교 교원)들

사이에서도 높은 지식과 기술을 가진 생명지킴이 양성이 추진되고 있다는 것을 의미합니다. 또 이시카와현(石川県)에서는 의료 소셜워커협회가, 도야마현(富山県)에서는 정신보건복지사협회가 전문가 단체로서 실시를 위한 활동을 펼치고 있습니다. 고베시(神戸市)에서는 자살예방 생명지킴이 양성 전문 NPO법인 '생명지킴이 지원센터'가 설립되어 우리 워크숍을 높은 등급의 연수로 자리매김시켜 보급하고 있습니다.

생명지킴이 양성 활동은 저희들만의 활동으로 끝나지 않고 다양하게 진행되고 있습니다. '죽고 싶다'고 생각하는 사람에게 "죽지 않아도 돼요, 살아봅시다."라고 생각하게 만드는 것은 대인원조활동 중에서도 난이도가 높은 지원활동중 하나입니다. 그러한 일을 할 수 있는 사람(생명지킴이)을 양성하기 위해서는 내용이 농축된 연수가 어느 정도 시간이 제공되면서 이뤄지는 것이 필수조건이라고 생각합니다. 향후 더 많은 지역에서 2시간 정도의 강의방식이 아닌 실천적인 워크숍이 개최되면서 자살예방 생명지킴이 양성이 지속되기를 바랍니다.

2013년 5월

후쿠시마 기요코(福島喜代子)

● ● ● ●

이 책은 '자살예방의 생명지킴이의 스킬과 양성'이라는 부제에서 알 수 있듯이, 생명지킴이에 대한 이해와 실제적인 교육 내용을 중심으로 기술되어 있다. 저자는 연수회의 특성이 현장 중심으로 이뤄질 때 그 효과성을 얻을 수 있다는 점에서 글을 통한 연수 교육에 대한 우려감을 갖고 있는 것도 사실이다. 이러한 우려감 때문인지, 저자는 최대한 연수회장의 분위기도 함께 책에서 드러내려고 한다. 대표적으로 '~입니다'체를 사용하는 세밀함까지 보여주고 있다.

이 책의 구성은 자살예방 연수, 생명지킴이 양성에 요구되는 요소, 자살예방 생명지킴이 양성 워크숍의 구성, 목적 그리고 내용 근거 등을 중심으로 이뤄져 있다. 저자는 자살 시도자와의 신뢰관계를 구축하는 전제로서 자살위기에 있는 사람에게 자주 보이는 특징을 이해해두는 것이 중요하다고 말한다. 그리고 양가성(ambivalent), 시야협착, 정신적 고통, 살아갈 이유를 찾고 싶다 등을 핵심의 내용으로 말하고 각 내용에 대해 간략히 설명하고 있다. 이 가운데 '살아갈 이유'는 긍정적인 삶의 태도와 직접적인 관계가 있다는 점에서 좀 더 설명이 필요할 것으로 보인다.

● ● ●

빅터 프랭클(Viktor E. Frankle)이 로고테라피를 통해서 설명하고 있듯이(이하의 관련 내용은 양정연, 「초기 경전에 나타난 선종의 의미」, 『선문화연구』 15 참조), 일상적인 생활 속에서 삶의 의미와 목적은 현재의 자기로부터 마땅히 되어야할 자기 즉, 참된 인간 본질의 완성으로 나아갈 수 있도록 한다. 그는 자신을 초월하는 것은 실존행위를 표시하는 것이라고 보고, 이 존재 양식은 심리학적인 것이 아니라 실존적인 것이라고 하였다. 그는 인간이 자신의 삶에서 어떤 의미를 찾고자 하는 노력을 인간의 원초적 동력으로 보고, 삶의 의미는 어떤 주어진 상황 속에서 한 개인의 삶이 갖고 있는 고유한 의미인 것으로 표현하였다. 그렇다면, 삶의 의미를 추구한다는 것은 결국 인간 존재에 대한 근본적인 물음이라는 것이고 이를 통해 그 존재 가치에 대한 답의 제시가 가능하다는 점을 알게 된다.

이런 점에서 저자가 말하는 신뢰관계를 위한 구축의 전제로서 그 핵심으로 제시한 내용들은 인간의 관계성 사이에서 드러나고 이해될 수 있는 내용이라는 것을 알 수 있을 것이다. 삶의 의미와 목적은 자아존중감과 매우 높은 상관관계를 보인다는 점에서 자살 시도를 설명하는 하나의 요인인 '남에게 짐이 된다는 생각'을 감소시키는 것으로 이해될 수 있겠다.

저자는 상담 현장에서 해야 하는 일, 어떻게 말을 해야 하며, 그렇게 말하는 이유는 내담자가 어떤 상태에 있기 때문인지 등에 대해

● ● ●

상당히 구체적인 예시와 함께 소개하고 있다. 저자가 적지 않은 우려감을 가지면서도 이 책을 출간하였던 이유는 현장에서 활동하는 전문가들에게 또 하나의 경험과 기법, 기술을 생각해볼 수 있는 계기를 마련해줄 수 있기 때문이었다.

저자의 의도는 책이 현장에서 당장 응용이 가능하게 구성되었다는 점과 생명지킴이 교육에 실질적인 도움을 줄 수 있는 좋은 가이드 역할을 수행할 수 있다는 점에서 충실히 달성되었다고 생각한다.

2018년 5월
양정연

저자 소개

후쿠시마 기요코(福島喜代子)

루터학원대학 종합인간학부 교수
오사카대학(학사), 캘리포니아대학 로스앤젤레스(UCLA) 대학원(사회복지학 석사), 일본사회사업대학대학원박사후기과정(사회복지학박사)
사회복지사, 대학학부 졸업 후, 사회복지 중앙단체에 근무.
귀국 후, 루터학원대학에서 근무 중.
전문은 정신보건복지, 사회복지, 그룹활동, 대인원조 트레이닝.

- 주요저서·논문:
  『自殺対応とソーシャルワーク―つなげる実践と専門性』『ソーシャルワーク研究』338-3, 156-168. (単著, 2012)
  「社協マンのための『綜合的な相談援助』講座～深みと広がりのある相談援助のコツ」『NORMA社協情報』227-232号連載(単著, 2009)
  『新·社会福祉士』養成講座6 相談援助の基盤と専門職』(編著, 中央法規出版, 2010)
  『ソーシャルワーク実践スキルの実証的研究』(単著, 筒井書房, 2005)
  『ソーシャルワークにおけるSSTの方法』(単著, 相川書房, 2004) 외 다수

오카다 수미에(岡田澄恵) 【제7장 집필】

쇼와(昭和)여자대학. 무사시노(武蔵野)대학. 일본사회사업대학, 죠치사회복지전문학교 비상근강사. 자살위기 초기개입 스킬 연구회 인정강사. SST보급협회 인정강사.
1970~2008, 가나카와현 복지직으로서 아동상담소, 장애자갱생상담소, 복지사무소, 정신보건센터, 부인상담소, 신체장애자요호시설, 현립병원 등에 근무. 루터학원대학대학원 수료(사회복지학석사)

고다카 마나미(小高真美) 【제8장 집필】

독립행정법인 국립정신신경의료연구센터 정신보건연구소 자살예방종합대책센터 연구원. 자살위기 초기개입 스킬 연구회 인정강사. 2004년까지 아이치(愛知) 미즈호 대학 인간학부 인간학과 인간복지코스 전임강사. 그 후, 현재에 이르기까지 독립행정법인 국립정신 신경의료연구센터 정신보건연구소 근무. 콜롬비아대학 대학원 박사전기과정 수료(이학석사). 루터학원대학대학원 박사후기과정 수료(사회복지학박사)

역자 소개

양정연

서울대 종교학과 졸업, 동국대 불교학과 박사, 한림대 생사학연구소 HK교수, 생명교육융합대학원 교수로 재직하고 있다. 불교교학(티벳불교, 중국불교)을 전공하였으며 생사학 연구를 수행하고 있다.

- 논문 및 저서: 「근대시기 '종교' 인식과 한국불교의 정체성 논의」, 「람림(Lam rim)에서의 죽음 억념과 수행-생사학적 관점을 중심으로」, 「타이완〈安寧緩和醫療條例〉법제화의 시사점」, 「행복과학에 대한 불교적 성찰」, 『죽음의 성스러운 기술』(역서), 『(한 권으로 보는) 세계불교사』(공저) 외 다수.

생사학총서 4
자살위기 개입의 실제
자살예방 '생명지킴이' 양성

초 판 인 쇄	2018년 05월 25일
초 판 발 행	2018년 05월 30일
지 은 이	후쿠시마 기요코(福島喜代子)
옮 긴 이	양정연
발 행 인	윤석현
발 행 처	도서출판 박문사
책 임 편 집	최인노
등 록 번 호	제2009-11호
우 편 주 소	서울시 도봉구 우이천로 353 성주빌딩 3층
대 표 전 화	02) 992 / 3253
전 송	02) 991 / 1285
홈 페 이 지	http://www.jncbms.co.kr
전 자 우 편	bakmunsa@hanmail.net

ⓒ 한림대학교 생사학연구소 2018 Printed in KOREA.

ISBN 979-11-89292-03-4 93100   정가 19,000원